QUELQUES VÉRITÉS À VOUS DIRE

CLAUDE GUÉANT

QUELQUES VÉRITÉS À VOUS DIRE

en particulier à un grand professionnel
toujours à la recherche de la vérité.
Bien à vous. Claude Guéant

l'Archipel

Un livre présenté par Liliane Delwasse

Notre catalogue est consultable à l'adresse suivante:
www.editionsarchipel.com

Éditions de l'Archipel
34, rue des Bourdonnais
75001 Paris

ISBN 978-2-8098-2279-3

Avant-propos

J'ai été ministre, secrétaire général de la présidence de la République, directeur de cabinet de Nicolas Sarkozy au ministère de l'Intérieur et à celui des Finances, directeur général de la police nationale, préfet de région. Une « belle carrière », comme on dit. J'ai fait partie du cercle des puissants, associé durant des années à toutes les décisions qui comptaient. Je rencontrais les chefs d'État et les patrons du Cac 40, fréquentais quotidiennement les ministres, côtoyais les grands banquiers et les personnalités du monde de la culture. En 2007, l'hebdomadaire *Le Point* m'avait consacré sa une avec un titre provocateur : « L'homme le plus puissant de France ». Une contre-vérité qui m'a valu nombre de nouveaux ennemis dont je me serais bien passé. J'appartenais au pouvoir en place, mais je n'étais pas *le* pouvoir.

Puis, en 2012, Nicolas Sarkozy a perdu l'élection présidentielle. Quelques semaines plus tard, j'ai été battu aux législatives dans la circonscription de Boulogne-Billancourt. Je n'ai pas abandonné la vie politique pour autant. J'ai animé des réunions publiques de l'UMP, répondu aux invitations de la presse pour porter la parole de l'opposition. J'ai aussi découvert un nouveau métier en m'inscrivant au barreau. Après une vie de travail acharné, seul depuis la mort de mon épouse cinq ans auparavant, je ne pouvais me résoudre à rester sans activité, à ronger mon frein toute la journée sans voir personne. Une nouvelle vie commençait, sans doute moins trépidante que celle que j'avais connue jusqu'à présent, mais que j'embrassais avec enthousiasme, sans amertume ni regret.

En deux mois, tout a basculé. Mon existence est devenue un enfer. Il ne se passait guère une journée sans que je ne sois traîné dans la boue. Nourrie par des violations tendancieuses du secret de l'instruction, la presse me présentait comme un voyou. Rien ne me fut épargné, pas même une complicité dans la mort de Robert Boulin, selon un quotidien qui soulignait que j'étais membre du cabinet du ministre de l'Intérieur à l'époque. Un prétendu humoriste de France Inter a été jusqu'à réclamer à l'antenne que l'on m'euthanasie. Quelle honte pour le service public de se prêter à de telles infamies!

Dans les attaques dirigées contre moi, la gauche pilonnait à l'artillerie lourde, ne s'embarrassant d'aucune nuance ni du souci de la vérité. À droite, quelques rares responsables ont fait le service minimum en évoquant la présomption d'innocence. Roselyne Bachelot, que j'ai toujours aidée de mon mieux dans la gestion de ses dossiers lorsqu'elle était ministre et qui me sautait au cou dès qu'elle m'apercevait, a osé me traiter de voleur et de menteur. Un proche du pouvoir socialiste a tenu à me faire savoir que mes ennuis viendraient de deux personnalités de mon propre camp, dont il m'a donné les noms. Est-ce vrai? Je ne l'exclus pas. Dans une «famille» politique, écarter un rival potentiel est presque un réflexe naturel. Les commentateurs, eux, instruisaient mon procès sur la place publique, sans avoir vu aucune pièce des dossiers d'instruction. Ces pseudo-juges médiatiques conduisent les audiences, prononcent la condamnation et la mettent à exécution. Certains affabulaient sur mes activités professionnelles, prétendant que je réaliserais des affaires juteuses dans l'aéronautique. En réalité, j'ai effectué des démarches auprès d'organismes financiers pour sauver une petite entreprise d'aviation et ses quatre cents emplois, sans gagner un centime.

Plus grave : on s'en est pris à mes enfants en colportant sur eux des tissus de mensonges. J'ai aussi reçu des lettres d'insultes, mais elles étaient bien moins nombreuses que les messages de soutien. Chaque jour, je dois vivre avec le sentiment que les gens que je croise ne portent sur moi qu'un regard de réprobation. Une illusion sans doute, mais qui ne me quitte pas, malgré le soutien indéfectible de mes proches. Pourtant, je suis sûr de mon innocence. Malgré la tourmente, je ferai face jusqu'à ce que la vérité triomphe.

N'en déplaise à ceux qui parlent sans savoir, jamais je n'ai commis une indélicatesse ou une irrégularité. Je tiens à le dire aux Français, à ceux qui m'estiment comme à ceux qui ne m'aiment pas. Je veux dénoncer l'entreprise conduite contre mon honneur et ma réputation. Une entreprise de destruction professionnelle, affective, psychologique et même physique. Une entreprise de destruction pilotée et orchestrée par de fins connaisseurs du jeu médiatique…

J'ai toujours mené une existence austère, faite de travail et de dévouement. De beaucoup de sacrifices personnels aussi. Une vie d'honnêteté au service des autres. Je souffre du sort qui m'est fait, plus encore pour ceux que j'aime et qui partagent ma peine. Le temps est venu de dire ma vérité. De raconter ce qu'a été ma vie de haut fonctionnaire, puis d'homme politique dévoué, aux antipodes de l'image qu'on a voulu donner de moi. Ce sera l'occasion de revenir sur quelques pages de l'histoire de notre pays auxquelles j'ai été associé et d'évoquer certains défis qui s'annoncent pour la France.

1

La chute

Tout a commencé le 27 février 2013. Il était 7 h 30. Je venais d'achever mon petit-déjeuner en écoutant les informations d'Europe 1 lorsque mon interphone sonna. J'étais interloqué : je ne reçois guère de visites, encore moins à cette heure matinale. Je décrochai le combiné : « Monsieur Guéant, vous allez faire l'objet d'une perquisition dans le cadre de l'instruction ouverte à propos de l'arbitrage Tapie. » Abasourdi, j'appuie sur le bouton qui déclenche l'ouverture de l'immeuble. Quelques secondes plus tard, plus d'une dizaine de personnes se tiennent sur mon palier : trois juges d'instruction, deux représentants du parquet, deux membres du conseil de l'ordre des avocats et six policiers.

À peine sont-ils entrés que la perquisition commence. L'expertise de mon ordinateur ne dure que quelques minutes : il était resté éteint depuis cinq ans. Seule ma femme s'en servait. Mes dossiers sont fouillés. Les policiers saisissent des documents qu'ils estiment être en rapport avec l'instruction : le numéro de téléphone de Bernard Tapie dans mon répertoire, une coupure de presse, un cahier dans lequel j'avais pris quelques notes lors d'une conversation au sujet de cette affaire. Cette intrusion dans mon foyer est désagréable, mais elle ne me cause aucune inquiétude. Rien ne peut m'être reproché : je ne suis jamais intervenu pour infléchir d'une manière ou d'une autre l'arbitrage Tapie.

Pourtant, l'un des juges s'arrête sur une feuille manuscrite qu'il vient de trouver dans le tiroir d'une commode. Il s'agit de notes que j'avais rédigées avant de quitter le ministère de l'Intérieur, pensant qu'elles pourraient m'être utiles si des mises en cause médiatiques à mon endroit recommençaient. Dessus figurent quelques mots relatifs à la Libye : « 14 février 2006, réunion suite voyage Libye avec DM et Rondepierre Civipol – 22 septembre 2005, dîner Takieddine – Tripoli 1er octobre 2005 (arrivée le 2, départ le 3). » À son comportement, je devine que ce juge était en quête d'un élément relatif à la Libye, malgré l'absence de lien avec la perquisition en cours.

Non compétents sur ce dossier, les magistrats ne saisissent pas le document mais rendent compte de son existence au parquet, qui avait un représentant sur place. Le parquet ordonne alors une deuxième perquisition dans le cadre de l'enquête préliminaire sur le supposé financement libyen de la campagne présidentielle de Nicolas Sarkozy. Le représentant du parquet me précise que cette deuxième perquisition n'a pour seul objet que de saisir la feuille manuscrite, et m'assure qu'elle ne dépassera pas dix minutes. Entre mon domicile et mon cabinet, elle durera cinq heures. Ils éplucheront tout.

Après avoir fouillé ma corbeille, la procureure s'empare d'un objet qui ne m'est que trop familier : un classeur de velours rouge, rangé dans ma table de nuit. Page après page, elle le feuillette. Je l'observe à distance. Il me faut beaucoup de maîtrise pour ne pas exploser. Ce classeur est le registre de condoléances des obsèques de ma femme. La procureure le dépouille avec minutie, chaque phrase qu'elle lit est semblable à un coup de poignard. Personne n'a jamais consulté ce registre, ni mes amis, ni même mes enfants. Il ne contient rien qui puisse concerner l'enquête. C'est un viol de ce que j'ai de plus intime : ma douleur.

La vente des tableaux

J'apprendrai par la suite que le parquet a dû s'y reprendre par deux fois pour obtenir une ordonnance du juge des libertés lui permettant de procéder à cette deuxième perquisition, tant ses motivations étaient ténues. Celle-ci se déroule d'ailleurs de façon étrange : j'ai la trouble impression que les enquêteurs savent ce qu'ils vont trouver. Comme lorsqu'ils se dirigent spontanément vers le tiroir dans lequel je range mes relevés bancaires. Ils saisissent ceux portant mention de deux virements sur mon compte, un de 500 000 euros en mars 2008 et un autre de 25 000 euros en octobre 2012, ainsi que des factures payées en liquide entre 2002 et 2009, rangées dans une chemise portant la mention « achats ».

Depuis, je me mords les doigts d'avoir conservé ces factures qui ne présentaient aucun intérêt et qui me valent tant d'ennuis. Au moins, cette conservation démontre-t-elle que je ne voyais rien d'irrégulier ni d'anormal dans ces règlements. Immédiatement, je fais une déclaration, qui est ajoutée au procès-verbal : les 500 000 euros correspondent à la vente de deux tableaux du XVIIe siècle que j'avais acquis quinze ou vingt ans auparavant. Les 25 000 euros correspondaient à la rémunération trimestrielle de mes fonctions de président du conseil d'orientation d'un fonds d'investissement. Les paiements en espèces avaient été effectués par le biais des primes que j'avais perçues lorsque j'étais au ministère de l'Intérieur au début des années 2000. Dans le même meuble figuraient toutes les pièces justificatives relatives à la vente des tableaux. La procureure a eu en main mon contrat avec le fonds d'investissement. Pourquoi ces pièces n'ont-elles pas été saisies ? Je l'ignore. Il est vrai qu'elles étaient à décharge…

En revanche, les autres éléments de la perquisition, qui selon la loi doivent rester secrets, seront portés à la connaissance du *Canard enchaîné*. Il m'a aussi été rapporté que le syndicat de la magistrature préparait la même opération avec Mediapart… Le dimanche 28 avril en fin de matinée, le directeur du *Canard* me téléphone pour m'informer des éléments dont il a connaissance et me proposer un entretien dans l'après-midi afin que je puisse donner mon point de vue. Je le rencontre avec un de ses journalistes, et réitère les explications données au parquet. Mes interlocuteurs rendront compte de mes réponses mais, comme le fait souvent ce journal, pour mieux les critiquer. Toujours facile lorsqu'on a le dernier mot…

Dès le lendemain, je suis mis en cause par l'ensemble des médias. Outré que l'on puisse mettre en doute mon honnêteté, je commets une erreur : je décide de répondre aux sollicitations des médias pour m'expliquer. Le soir même, et toute la journée du lendemain, j'enchaîne les interviews à la presse écrite, à la radio et à la télévision. Sans doute aurais-je mieux fait de publier un bref communiqué, indiquant que je réservais mes explications à la justice. En voulant me justifier, j'ai alimenté la polémique. Que l'on se mette à ma place : comment se taire lorsqu'on est traîné dans la boue ? D'autres prétendues affaires suivront, avec le même cortège de contre-vérités et d'exécutions médiatiques.

2

Mes racines

Je n'ai jamais été de ceux qui affichent leurs sentiments. D'un naturel pudique, je n'aime guère m'exprimer sur ma famille ou mes proches. Même si les hasards de l'existence ont fait de moi un homme public, je tiens à conserver loin de la lumière ce qui fait ma vie privée. Mais, comme pour tout être humain, mes racines ont été déterminantes dans ce que je suis devenu. Chacun est forgé par son éducation, les lieux où il a grandi, les modèles qui lui ont été donnés. C'est pourquoi, malgré mes réticences, j'en dirai quelques mots qui aideront à comprendre qui je suis, qui j'ai été.

Les parfums de mon enfance

Je suis né en janvier 1945 dans le Pas-de-Calais, à Vimy, un village sur les derniers contreforts des collines de l'Artois entre Arras et Lens. Lors de la Première Guerre mondiale, ce village fut entièrement détruit et toute sa population évacuée vers des régions épargnées. Vimy est environné de nécropoles militaires. Le Mémorial canadien domine la plaine au milieu des érables, en souvenir des soldats venus d'Amérique pour nous libérer. Le cimetière national de Notre-Dame-de-Lorette accueille soixante mille croix au-dessus des tombes de soldats français. Le cimetière de La Targette est consacré aux Allemands. Plus loin s'étend une multitude de petits cimetières anglais, aux pierres et au gazon impeccablement entretenus. Cet environnement était le cadre des promenades dominicales de mes jeunes années.

Pour un enfant, le triste spectacle des tombes n'est pas sans influence sur l'homme qu'il deviendra. Être confronté très tôt aux notions de guerre et de paix ne rend pas pacifiste, ni davantage revanchard, mais impose une certaine gravité face à la vie et la mort. Sans doute aussi face à la souffrance et au malheur. J'écoutais, fasciné et terrifié, les récits des anciens sur leurs combats à la baïonnette au sortir des tranchées. Mon grand-père instituteur, Henri Guéant, était de ceux-là. Il avait fait trois ans de service militaire avant de rester sous les drapeaux durant toute la guerre, malgré une blessure à Verdun. Il fut décoré de la Croix de Guerre, puis de la Légion d'honneur. Devenu officier, il fut de nouveau incorporé en 1939 et fait prisonnier à Dunkerque avant de gagner la Pologne à pied avec ses compagnons de captivité.

Vimy était un village agricole. Une trentaine d'exploitants se consacraient à l'élevage et à la polyculture : blé, orge, betteraves sucrières. J'étais souvent réveillé à l'aube par le pas des chevaux qui tiraient les charrettes. En fin de journée, les fermières ramenaient les vaches pour les traire. À l'approche de l'été, précédées du curé du village, ces femmes marchaient en procession afin de solliciter du ciel de bonnes récoltes. Le village était aussi peuplé d'ouvriers.

À quelques kilomètres, on apercevait les terrils et les chevalets des puits de mine. Nombreux étaient les mineurs qui, en dehors des corons, avaient là leur maison. Aux heures de relève, ils attendaient, accroupis comme on l'est au fond de la mine pendant les pauses, le car qui les emmenait vers leur « fosse ». Beaucoup mouraient de silicose, beaucoup étaient blessés aussi. Il ne se passait guère d'année sans qu'à l'école nous ne soyons rassemblés autour d'un camarade qui venait de perdre son père à la mine. À chaque coup de grisou, tout le monde évoquait la catastrophe de Courrières qui, en 1906, avait causé plus de mille morts.

Cette population ouvrière votait communiste. Comme dans la majeure partie du département, le Parti régnait sur la commune. Le maire et ses adjoints passaient leurs vacances en Russie. Ils avaient créé une société de gymnastique qui ne s'inscrivait dans aucune tradition locale, mais qui était la réplique de celle qu'ils avaient admirée en URSS. Plus tard, lorsqu'à l'Ena je dus effectuer un stage en entreprise, je le fis aux Houillères de Douai. Je suivis aussi un stage ouvrier comme mineur de fond. Je voulais connaître leur vie. L'expérience se révéla difficile. Tirer à quatre pattes des étançons de galeries de 60 kilos par 30 °C m'épuisait. Ne pouvoir se débarrasser de la poussière de charbon, malgré plusieurs douches, donnait le sentiment de ne jamais s'éloigner de son travail. Mais il me reste aussi en mémoire des images magnifiques : le spectacle des « foudroyeurs » qui, pour réduire la pression du sol, provoquaient l'effondrement des plafonds des galeries en retirant les soutènements. Tout s'écroulait autour d'eux dans un fracas dantesque. Ces hommes paraissaient les maîtres de l'univers souterrain.

Mon enfance fut modeste. Mon père était employé dans une entreprise de transport et ma mère institutrice. Les conditions de vie après la guerre de 1939-1945 étaient rudimentaires. Personne dans le village n'avait l'eau courante. Des points de distribution étaient installés dans les rues, chacun allait s'approvisionner avec des récipients transportés sur des brouettes. Ces lieux de distribution étaient animés et chaleureux, les gens y restaient longtemps pour bavarder. Comme toutes les familles du village, la mienne possédait un jardin potager dans lequel j'aimais aider mon père. Avec mes parents et mon frère, nous ne partions que rarement en vacances. L'été, nous passions parfois une journée à la mer, à Berck ou au Touquet, sur le littoral du Pas-de-Calais. Mon plus grand dépaysement estival consistait à séjourner quelques semaines chez mes grands-parents paternels, à une trentaine de kilomètres.

Le reste du temps, comme tous les petits campagnards, nous jouions dans la forêt ou dans les prairies, nous construisions des abris et répétions les aventures des héros de nos lectures. Plus tard, je pratiquerai le football. Je n'étais qu'un joueur moyen mais je courais vite et j'étais infatigable.

Cette enfance comme l'adolescence qui a suivi furent aussi des périodes studieuses. La lecture me passionnait. Entre la bibliothèque de ma grand-mère, qui vivait dans le même village, celle de mon grand-père et celle de mes parents, je dévorais les romans. Dans ce milieu d'instituteurs, j'avais sous la main tous les grands classiques de la littérature française. S'ajoutaient des collections entières d'auteurs moins renommés que les maisons d'édition plaçaient auprès du corps enseignant. C'est ainsi que j'ai lu les ouvrages de Léon Blum, toute l'œuvre de Georges Bernanos, Romain Rolland, Georges Duhamel ou Roger Martin du Gard. La lecture était mon passe-temps favori, même si les longs jours de pluie qui mouillaient l'automne comme le printemps ne laissaient guère d'opportunité aux autres loisirs.

Après l'école primaire, j'ai fréquenté le lycée d'Arras. Tous les matins, à 6 h 30, je quittais la maison pour parcourir deux kilomètres à pied, avant de prendre le train à la gare, qui sera supprimée au début des années 2000. Qu'il pleuve ou qu'il neige, je n'ai jamais raté l'école. J'étais bon élève. Au baccalauréat, je décrochai une mention très bien, la seule du lycée. Dans la salle du théâtre d'Arras, où se tenait la distribution des prix, je reçus une grosse pile de livres des mains du proviseur. La même année, j'obtins un accessit au concours général d'anglais.

Mais ce qui fut décisif pour mon avenir fut d'obtenir une bourse me permettant de passer un an aux États-Unis pour suivre des cours de terminale au lycée d'Owatonna (Minnesota). J'étais hébergé dans une famille d'avocats, les Walbran, des catholiques irlandais avec lesquels je conserverai des liens. Pour un petit campagnard qui n'avait jamais voyagé plus loin que la Belgique, une telle expérience prenait des allures d'épopée. Le voyage en bateau d'abord, avec l'inoubliable arrivée dans le port de New York au petit matin. Vint ensuite la découverte d'une autre civilisation, une excursion à travers les États-Unis jusqu'à Washington, où tous les boursiers ont été reçus à la Maison-Blanche par le président Kennedy. Au milieu de deux mille boursiers, je n'ai pu que l'apercevoir. Il s'est adressé à nous durant une demi-heure, dans un discours sur la compréhension entre les peuples. En comparaison des mœurs politiques françaises, il semblait surréaliste que le chef de l'État reçoive tous ces jeunes gens dont il n'avait rien à attendre. Quelques mois plus tard, le 22 novembre 1963, John Kennedy sera assassiné. J'ai vécu ma découverte de l'Amérique comme une ouverture aux autres mais aussi comme un appel du large.

Un campagnard à Paris

Jusqu'alors, je désirais devenir professeur, une vocation naturelle dans une famille d'instituteurs. Mais, à mon retour des États-Unis, mes ambitions avaient évolué. J'avais fréquenté un ami de ma famille d'accueil, un ancien consul à la retraite qui se montrait si éloquent lorsqu'il évoquait son métier que je voulais désormais devenir diplomate. C'est cette vocation provisoire qui m'a poussé à préparer l'Ena.

Je suis d'abord entré à Sciences Po Paris, considérée à l'époque comme la meilleure porte d'entrée vers l'Ena. J'ai aimé cette école qui m'a offert l'occasion de suivre les cours de professeurs aussi prestigieux que Georges Vedel, René Rémond ou Raoul Girardet. Les enseignements étaient originaux. Ils embrassaient l'histoire de l'humanité en même temps qu'ils approfondissaient des thèmes extrêmement pointus, comme les relations monétaires internationales et l'économie générale, cours que je suivais auprès de Raymond Barre. Le futur Premier ministre régnait sur notre amphithéâtre avec un ton très magistral, ne tolérant pas le moindre écart. Un jour qu'il déroulait son cours, sans s'interrompre une seconde, il lança d'un ton monocorde : « Je prierai le lecteur du journal *Le Monde* au troisième rang de quitter la salle », avant de reprendre son propos.

Les provinciaux, dont j'étais, faisaient un peu bande à part à Sciences Po. Ils ne se liaient guère avec les Parisiens. Nous n'appartenions pas au même milieu. Les Parisiens se connaissaient entre eux, ils avaient le plus souvent fréquenté les mêmes lycées. Ils étaient aussi plus à l'aise financièrement, ne serait-ce que parce qu'ils habitaient chez leurs parents et n'avaient pas à payer un loyer. Ils ne frayaient guère avec les provinciaux. Ce n'était pas mépris de leur part mais une difficulté à se lier avec des personnes d'origine différente.

Profitant de ma nouvelle vie parisienne, je fréquentais le théâtre de l'Odéon, qui proposait des places à des prix dérisoires pour le dernier balcon. Parallèlement à Sciences Po, j'étais inscrit en licence de droit. J'étais assidu aux séances de travaux dirigés, qui étaient obligatoires, mais je n'ai jamais assisté à un seul cours magistral. Je me suis tout de même bien débrouillé : j'ai remporté une mention en sortant lauréat de la faculté. J'avais obtenu une bourse pour préparer l'Ena. Après un premier échec, j'ai réussi le concours à ma seconde tentative.

Avant d'entreprendre ma scolarité à l'Ena, comme tous mes camarades de promotion, je suis parti pour dix-huit mois de service militaire. Une période passionnante durant laquelle j'ai eu la chance, après mes classes à Carpiagne (Bouches-du-Rhône) et l'école des officiers à Saumur, de commander un peloton de combat d'un des régiments les plus prestigieux de l'armée française : le RICM (Régiment d'infanterie chars de marine). Dans ce cadre, j'ai passé cinq mois en République centrafricaine, où notre escadron assurait la sécurité du régime de Jean-Bedel Bokassa. Notre unité entretenait une relation complexe avec le président centrafricain, car l'un de nos adjudants, d'origine vietnamienne, avait été sous-officier avec Bokassa du temps où ce dernier était dans l'armée française. Plutôt que de créer une complicité, ce passé commun marquait une distance. Celui qui n'avait pas encore été sacré empereur n'était de toute évidence pas du genre à frayer avec les hommes de troupe. Un jour, il a reçu notre escadron à dîner au palais présidentiel. Une scène digne de Versailles sous Louis XIV : Bokassa était placé seul à une grande table où lui étaient servis des mets somptueux tandis que nous étions répartis dans des tablées où nos assiettes n'étaient remplies que de poulet et de manioc. Il ne s'est évidemment jamais adressé à nous.

Dans ce régiment semi-professionnel, le contact avec des jeunes de toutes origines et de tous niveaux de formation se révéla une expérience des plus enrichissantes. Plongé jusqu'alors dans le monde universitaire, je n'avais pas conscience des préoccupations et des façons de vivre des jeunes de mon âge. Cette expérience se révéla instructive à un autre titre. Elle m'a donné la conviction que le service militaire obligatoire n'était plus la réponse à nos besoins de défense. Au bout de dix-huit mois, malgré une formation intensive, j'avais conscience que je n'étais pas en mesure d'être performant sur un théâtre d'opérations. On ne s'improvise pas militaire : c'est un vrai métier qui exige une longue préparation.

À l'Ena : une scolarité peu enthousiasmante

Je ne me suis jamais demandé si je passais à côté d'une partie de ma jeunesse. Mes études me captivaient et m'auront permis d'exercer des métiers passionnants. Je me trouvais sous les drapeaux lorsque éclatèrent les événements de Mai 68. Avec mes futurs camarades de l'Ena, nous peinions à comprendre ce qui se passait. Quelques mois auparavant, alors que nous étions étudiants, nous n'avions rien vu venir. Seule répercussion du mouvement que nous avons vécue depuis les casernes : nous avons été réveillés à l'aube un dimanche matin, avec pour mission de nous tenir prêts à protéger les dépôts de carburants de Donges contre d'éventuels manifestants. Chacun s'était vu attribuer une arme : j'ai hérité d'une mitrailleuse AA-52 dont je ne savais pas me servir.

À la fin de mon service national à Bangui, mon retour en France fut différé. L'armée de l'air française ne disposant sur place que d'un seul avion, celui-ci fut disponible avec une semaine de retard. J'ai donc raté le jour de l'attribution des stages préliminaires pour les élèves de l'Ena. J'ai hérité de la seule place encore disponible : la préfecture des Deux-Sèvres. Pour moi qui souhaitais rejoindre une ambassade, ce fut une déception. Mais le contact avec la réalité locale et la satisfaction d'obtenir des résultats visibles m'ont finalement convaincu de choisir le corps préfectoral plutôt que la diplomatie.

À l'Ena, la scolarité en elle-même ne m'a pas enthousiasmé. Je venais de me marier et trouvais plus d'attraits à ma nouvelle vie personnelle. J'avais le sentiment que l'enseignement de l'école d'administration ne m'apportait pas grand-chose de plus que ce que j'avais appris dans les études qui avaient précédé. Ce fut tout de même l'occasion d'approfondir certaines connaissances, de découvrir de nouvelles disciplines comme l'informatique, dont c'était les balbutiements. Mais je garde surtout le souvenir d'une suite de sélections en vue du classement final.

L'Ena fait souvent l'objet de critiques au motif qu'elle formerait des fonctionnaires formatés aux mêmes modes de raisonnement, à la même conception des valeurs de la société et aux mêmes choix de politiques économiques. Ce n'est pas totalement faux. L'Ena est une école de formation, elle enseigne la gestion publique mais ne prépare pas à l'originalité. Cela dit, il est normal que les hauts fonctionnaires soient formés aux règles qu'ils appliqueront. Alors que l'on est de plus en plus attentif à la formation dans tous les domaines professionnels, il serait paradoxal que les responsables de l'administration soient moins bien préparés que les autres. Concernant le reproche sur l'uniformité, c'est plus le quasi-monopole de l'Ena pour la haute fonction publique qui pose problème. À mes yeux, une plus grande ouverture vers l'université serait souhaitable. Car ce n'est pas la formation initiale mais les personnalités des uns et des autres qui font la différence au cours de leur carrière.

Dans toutes les promotions de l'Ena, certains laissent une marque dans la gestion de notre pays. Dans la mienne figuraient quelques futurs grands noms : Jean-Louis Bianco, qui me précédera dans les fonctions de secrétaire général de l'Élysée auprès de François Mitterrand ; Jean-Claude Trichet, gouverneur de la Banque de France puis de la Banque centrale européenne ; Michel Bon, président de France Telecom ; Alain Richard, ministre de la Défense ; Jean-Paul Huchon, président de la région Ile-de-France. Je conserve un souvenir à propos de ce dernier. Lors d'une assemblée générale, comme il y en avait beaucoup à l'époque, un groupe d'élèves appela à signer une pétition de soutien pour une militante maoïste condamnée pour une action de pillage dans une épicerie Fauchon. Avec quelques autres, je m'y étais opposé. Jean-Paul Huchon, à l'initiative de cette pétition, intervint pour ironiser sur le fait que tous les élèves qui se destinaient au ministère de l'Intérieur avaient refusé de signer. Sans doute avaient-ils déjà un sentiment de l'ordre plus développé…

Au cours de ma carrière, j'aurai l'occasion de recroiser les uns et les autres avec plaisir, mais je ne conserverai pas de contact régulier avec ceux de ma promotion. Une fois sortis de l'école, les anciens élèves sont plus façonnés par des logiques de corps ou de ministères que par la fidélité à d'anciens camarades.

3

Un beau métier

Sorti dix-septième de l'Ena, j'ai choisi d'entrer au ministère de l'Intérieur pour devenir préfet. La fonction de préfet est une spécificité française, bien que l'on trouve des équivalents dans d'autres pays. Créés sous Napoléon, les préfets ont pour mission de faire respecter la loi dans les départements où ils font figure de relais du gouvernement. Si, à l'origine, les préfets étaient considérés comme les instruments d'une acception centralisée du pouvoir, leur rôle a beaucoup évolué depuis la décentralisation de 1982. Les compétences des services de l'État dont ils ont la charge se sont rétrécies à mesure que celles des divers niveaux de collectivités locales s'élargissaient. Les préfets sont devenus les interlocuteurs du pouvoir central auprès des acteurs locaux. À mes yeux, ce tournant n'a fait que renforcer le caractère passionnant du métier.

Un préfet doit faire usage de sa liberté

Au fil des années, j'ai été en poste dans les régions Centre, Franche-Comté et Bretagne, ainsi que dans les départements du Finistère, de l'Hérault, des Hauts-de-Seine, des Hautes-Alpes, d'Ille-et-Vilaine et de Guadeloupe. Au cours de mes différentes affectations, j'ai la faiblesse de croire que je me suis toujours montré actif dans l'exercice de mes fonctions. Nos concitoyens attendent tellement de l'action publique, ils se montrent si reconnaissants quand ils ont le sentiment qu'elle est efficace, qu'agir du mieux que l'on peut me semble être une obligation morale.

L'opinion et les élus imaginent souvent qu'un préfet passe son temps à recevoir ou à solliciter des instructions de l'État. En réalité, il s'agit d'un métier de très grande liberté. Un préfet se doit de mettre en œuvre les instructions gouvernementales, mais il est aussi amené à prendre des décisions. Les circulaires quotidiennes envoyées par les différents ministères exigent presque toutes d'être traitées prioritairement, même si le caractère d'urgence n'est pas flagrant. Je me souviens d'un célèbre ministre de la Culture dont chaque chef de bureau se croyait investi d'une mission de la plus haute importance et réclamait que des questions de queues de cerise prennent une dimension quasi universelle. Face à toutes ces demandes, vous êtes obligé de déterminer les priorités.

Le préfet dispose d'une marge d'action et d'initiative considérable. S'il estime, par exemple, que la priorité est de lutter contre les inondations, il lui revient d'être persuasif, de convaincre les maîtres d'ouvrage, de bâtir les plans de financement. S'il décide, fût-ce sur un coup de cœur, de favoriser la restauration d'un monument historique, c'est aussi son libre choix. S'il souhaite développer une filière de formation pour un métier qui manque de compétences, il lui revient encore de chercher des partenaires. Sans en référer au ministre compétent, il peut décider de se plonger au cœur d'un conflit social pour tenter de le résoudre, ou de laisser faire. Il peut prendre à bras-le-corps un problème de création d'entreprise, ou ne pas intervenir. Il peut accélérer les procédures ou les laisser se dérouler à leur rythme. Pour résumer : le préfet peut refuser d'être un simple administrateur de dossiers pour devenir un entrepreneur du service public.

Les ministres, qui connaissent bien le corps préfectoral, savent qu'il faut jouer de cette liberté car le préfet connaît mieux qu'eux les interlocuteurs locaux. Il faut donc lui laisser des marges de manœuvre. Je me souviens de l'exemple de Christian Fremont, mon regretté collègue qui contribua largement à dénouer il y a quelques années le conflit qui opposait les salariés de la SNCM[1] à leur employeur, bloquant le trafic maritime entre la Corse et le continent. Oserais-je dire qu'il y était parvenu parce qu'il n'avait pas suivi les instructions qu'il recevait ? Disons que le ministère avait sa vision du conflit depuis Paris, qui ne reflétait pas forcément les réalités du terrain.

Le maintien de l'ordre public a beaucoup changé depuis que je suis entré dans le métier. En 1972, dans le Finistère, nous avions une manifestation agricole tous les trois jours sur le prix du lait. Certaines étaient très violentes. Je me souviens de l'une d'elles à Brest : les protestataires ont fait dévaler sur les forces de l'ordre un camion chargé de ferraille laissé par son chauffeur dans une rue en pente. Nous avions comptabilisé huit jambes cassées parmi les gendarmes mobiles. Lors d'une autre manif à Quimper, à laquelle je n'ai pas assisté, un cul-de-jatte installé sur un pont de l'Odet descellait les pavés pour alimenter les manifestants. Toute la ville contait encore son « exploit », avec le brin de fierté et de cette solidarité combative qui caractérise les Bretons.

Les conflits, fort heureusement, sont devenus plus pacifiques. Notre démocratie a su générer des mécanismes de négociation qui évitent le plus souvent les violences, et les manifestations de rue sont moins fréquentes. C'est heureux pour les préfets, car ce sont eux qui se trouvent en première ligne.

Un préfet doit en partie sa liberté au fait qu'il est un « fusible » de l'action gouvernementale. C'est souvent

1. Société nationale Corse-Méditerranée.

implicite, parfois explicite. Comme me le disait à l'automne 2000 le directeur de cabinet du ministre de l'Intérieur, lorsque j'étais préfet de la zone de défense Ouest au moment du naufrage de l'*Ievoli Sun*[1] : « Tu prends l'affaire en main. On ne sait pas comment cela va tourner. Le gouvernement ne souhaite pas être en première ligne… » C'est un métier de liberté, de proximité, de responsabilité, mais c'est aussi un métier paradoxal. Car, au risque de surprendre, je dirais que le cœur de la fonction se trouve dans ce qui ne figure pas au nombre de ses compétences officielles…

Celui vers qui l'on se tourne

Le préfet dirige les services de l'État dans une région ou un département, mais l'essentiel est ailleurs. Il est celui vers lequel on se tourne quand on a besoin d'un fédérateur, d'un arbitre, d'un intervenant public plus neutre que les autres. Le préfet n'a pas le temps de nouer des liens de connivence, il change d'affectation tous les deux ou trois ans. Il n'est pas élu, il ne dépend localement de personne. Sa seule ligne d'horizon est l'intérêt général. Sauf exception, le préfet est donc celui que l'on considère comme légitime pour intervenir dans un conflit ou une situation difficile.

Bien sûr, cela suppose que le titulaire de la fonction soit compétent. C'est d'ailleurs l'un des défis d'un gouvernement : bien choisir ses représentants. Car l'État a besoin de préfets qui ne soient pas seulement de bons administrateurs, des chefs de service rodés au droit public et à la gestion des ressources humaines. Le gouvernement a d'abord besoin d'hommes et de femmes capables de s'engager. Des représentants suffisamment modestes pour

1. Le chimiquier italien a fait naufrage au large de Cherbourg le 31 octobre 2000.

ne pas écraser les autres, mais assez convaincants pour favoriser des actions collectives. Des serviteurs de l'État qui prennent leurs responsabilités et qui exercent pleinement leur métier.

Quand j'étais ministre, j'avais coutume de dire qu'un bon préfet se définit par deux qualités. La première réside dans sa capacité à entraîner les acteurs locaux. Quand le gouvernement décide, par exemple, de lancer un programme d'emplois aidés, certains préfets obtiennent immédiatement des résultats grâce à la qualité des relations qu'ils ont nouées sur le terrain. D'autres n'en obtiennent jamais. La deuxième qualité consiste à répondre aux objectifs fixés par le gouvernement sans importuner les différents ministères à chacune de leurs démarches. Lorsque je suis devenu directeur adjoint au cabinet du ministre de l'Intérieur, un préfet téléphonait tous les matins à la même heure pour rendre compte de ce qui se passait dans sa région et demander des instructions. C'était harassant et contre-productif!

Une société humaine a toujours besoin de recours, mais aussi de catalyseurs dans l'action. Dans cette optique, le préfet est souvent celui à qui l'on fait appel. Cela varie selon les régions, en fonction de l'acceptation de l'autorité. Dans le Midi, on se passerait volontiers de l'État. Dans l'Est, on le respecte. Cela dépend aussi des personnalités et de la nature des problèmes. Mais le préfet dispose de responsabilités, de moyens financiers et d'un réseau institutionnel qui lui permettent le plus souvent de rapprocher des positions divergentes. Dans nombre de dossiers, il peut rendre service en étant plus à l'aise que d'autres pour s'exposer, y compris au risque de l'échec. Un préfet peut plus facilement qu'un élu prendre une décision qui déplaît. Il est aussi commode de se reposer sur lui pour la conduite de certaines démarches.

En tant que préfet des Hautes-Alpes, de 1991 à 1993, je me suis attaqué à un dossier de la plus haute importance : la reconversion des établissements sanitaires du Briançonnais. Ces structures sont nées avec la tuberculose. Au sein de ce département, auquel je me suis beaucoup attaché, le soleil et l'altitude étaient des éléments constitutifs des soins prodigués aux tuberculeux. Ils concouraient à leur guérison. Si ces établissements s'étaient dotés de plateaux techniques et de compétences médicales qui leur donnaient une véritable excellence, leur capacité était devenue excédentaire.

Malgré les sursauts récents de la maladie, des fermetures s'imposaient, avec toutes les conséquences que cela impliquait en termes d'emploi. Il fallait que quelqu'un s'en occupe. Quelqu'un qui disposait de plus d'influence que les seuls directeurs régional et départemental des affaires sanitaires et sociales. Quelqu'un qui ne soit pas un élu effrayé par le risque politique de préparer la fermeture d'un établissement. Il fallait trouver une solution en laissant le moins de gens possible sur le bord de la route. L'objectif n'était pas hors de portée : malgré la nécessité de réduire les capacités sanitaires, le besoin était criant de créer des établissements médicalisés d'accueil pour personnes âgées.

Je me suis donc lancé dans la préparation de plusieurs conversions d'établissements, en concertation avec les élus, les autorités sanitaires et, surtout, le personnel des établissements. L'objectif : que chacun retrouve un emploi. La politique politicienne devait malheureusement s'en mêler. Un soir, après une ultime réunion avec le personnel d'un établissement appelé Les Neiges, je reçus un appel à la préfecture. Alors que les élections législatives se profilaient, le directeur de cabinet du ministre de la Santé m'intima l'ordre de stopper le projet de conversion. J'eus beau protester, arguer de l'accord du personnel que je venais d'obtenir, l'instruction était sans appel. J'étais consterné. Fort heureusement, le projet que j'avais lancé sera mis en œuvre quelques mois plus tard.

La reconquête de la qualité de l'eau

Le rôle de recours survient aussi quand des situations tournent au blocage, avec parfois des conséquences graves. Ce fut le cas en Bretagne, au début des années 2000, lorsque je pris en main un conflit au sein d'une entreprise d'équarrissage chargée de la destruction des déchets d'abattoir. Dans une région d'élevage, la grève de l'équarrissage signifiait, à court terme, des problèmes sanitaires et économiques d'une extrême gravité : les cadavres d'animaux n'étaient plus collectés et les déchets d'abattoir n'étaient plus évacués pour être détruits. Il fallait très vite trouver une solution.

Un soir, je me suis retrouvé à une heure avancée de la nuit avec l'employeur et les représentants des salariés. Un souvenir fort. L'employeur, dont le siège social était à Paris, se révéla un négociateur coriace qui s'était organisé pour ne pas céder. Les représentants syndicaux se montraient de meilleure composition, mais ce fut très dur. Le climat était tendu, les échanges parfois violents. Et puis j'avais ce sentiment étrange que tous mes interlocuteurs avaient pour métier la mort. Je parvins à mettre fin au conflit en relevant – au plus bas – les tarifs. Le ministère de l'Agriculture, qui paie la part de l'activité d'équarrissage relevant des missions de service public, fut prévenu le lendemain. Il se montra très heureux d'un tel dénouement.

L'activité de préfet ne consiste pas seulement à répondre aux sollicitations ou à réagir en fonction des circonstances. Il a un autre devoir essentiel : concourir à éclairer l'avenir, mobiliser les énergies pour que les territoires prennent les tournants qui conviennent. Au cours de mes deux ans en tant que préfet de la région Bretagne, j'ai mené une croisade pour la reconquête de la qualité de l'eau. L'eau est un bien précieux et rare, tout le monde en convient désormais. Or l'eau bretonne rencontre des problèmes de qualité qui tiennent au nombre des animaux d'élevage : les effluents et l'usage abusif des engrais polluent. Il est trop facile de condamner aujourd'hui le modèle agricole breton. J'aime beaucoup la Bretagne, la grandeur austère de ses paysages, ses côtes toujours changeantes, la force de caractère de ses habitants ainsi que l'attachement qu'ils portent à leur identité.

Mon premier poste fut celui de directeur de cabinet du préfet du Finistère. En revenant à Rennes, trente ans plus tard, j'ai pu mesurer le chemin parcouru. Cette agriculture, tant décriée à Paris, a sauvé la Bretagne de la misère. En 1971, quand j'étais à Quimper, les grands projets portaient sur l'électrification rurale et les adductions d'eau potable. Les jacqueries succédaient aux manifestations violentes tandis que le monde rural se mourait. Nul ne peut oublier cette réalité. Mais nul ne peut nier non plus que la qualité de l'eau, qui a résulté du développement local, était devenue très préoccupante. J'ai tout de suite considéré que ma première mission était de créer une union sacrée autour de la restauration de sa qualité. Il y allait de l'image de la Bretagne et de l'avenir des filières agricoles. Le préfet était le seul à pouvoir prendre la tête de ce combat – mes successeurs ont continué à œuvrer dans cette voie.

Au-delà des associations environnementales, les élus et les syndicats agricoles étaient conscients de la gravité de la situation. Restait à convaincre des dizaines de milliers d'agriculteurs de modifier leurs pratiques... Comment éviter de leur faire craindre pour leurs revenus et pour la transmission de leur exploitation? En pareille situation, les élus peuvent difficilement répondre aux angoisses de leurs électeurs. Les responsables agricoles, comme tous les syndicalistes, même d'une exceptionnelle qualité – et ils l'étaient –, sont d'abord les mandataires de leur base. Ils ne peuvent s'exprimer en leur nom que dans des limites étroites. Il m'appartenait donc de proposer une nouvelle perspective, celle d'une agriculture respectueuse de l'environnement dont les produits seraient valorisés en proportion des efforts accomplis.

J'ai rencontré à de multiples reprises les responsables agricoles et ceux des associations de protection de l'environnement. Il fallait que chacun accepte de faire un pas vers l'autre. Que les associations reconnaissent le droit des éleveurs à vivre de leur travail et celui des industriels à vivre de la transformation des produits d'élevage. Mais aussi que les éleveurs admettent qu'en empoisonnant les eaux et les sols ils fragilisaient leur propre métier. Peu à peu, les rapprochements se sont faits. L'amour que les Bretons portent à leur région a joué un rôle décisif. Je suis convaincu qu'il aurait été très difficile qu'un autre que le préfet mène cette bataille. Alors que des élections se profilaient, l'une de mes grandes satisfactions fut de voir parapher par une quarantaine d'élus, de responsables professionnels et de représentants associatifs une charte de la qualité de l'eau. Cette charte comportait des objectifs et des engagements pour tous, y compris pour les agriculteurs.

Depuis, la qualité de l'eau bretonne progresse. Ce combat a permis des avancées. À l'époque, le ministère de l'Environnement refusait que l'on détruise les déchets et les lisiers car il estimait que cela encouragerait la création de nouveaux élevages. Désormais, on brûle les déchets, on en fait du gaz et des engrais sans que cela provoque une explosion du nombre d'établissements agricoles. L'Union européenne vient même de reconnaître les progrès accomplis dans ce domaine. Une fois de plus, les Bretons ont eu le courage d'entreprendre une révolution conceptuelle. Cela valait bien que quelqu'un les y aide.

Mon épouse à mes côtés

Le préfet dénoue des conflits, bouscule des obstacles, résout des affaires. Dans les Hautes-Alpes, j'ai pu régler en un mois le dossier administratif et financier de la construction d'une usine d'embouteillage d'eau de source à Chorges. Une eau dont les bouteilles se trouvent aujourd'hui sur les étagères de tous les supermarchés. Avec la coopération de toutes les parties prenantes, ce projet a créé vingt-cinq emplois dans un village de deux cents habitants. Une formidable victoire ! Les non-initiés ne peuvent pas imaginer le nombre de procédures qu'un dossier aussi petit que celui-ci requiert : un permis de construire, un agrément de la qualité de l'eau mise en bouteilles, le respect de la réglementation sur les établissements industriels... Sans oublier la multiplicité des financements à rassembler, qui viennent de l'Europe, de l'État, de la région, du département. Si un tel projet n'est pas pris à bras-le-corps, il ne voit pas le jour avant des années.

En Franche-Comté, j'ai été heureux de faire aboutir la création d'une Scop (société coopérative ouvrière de production) qui rassemblait les salariés d'une usine de fabrication de sacs plastiques sur les ruines financières de leur entreprise mal gérée par son propriétaire. J'ai également pu apporter ma contribution à la résurrection de l'abbaye de Boscodon, datant du XIIe siècle. À l'initiative de deux personnalités d'exception, mère Jeanne-Marie et frère Isidore, cet édifice est redevenu un lieu de culture, de spiritualité, de lumière. Au cours des années, j'ai bouclé plusieurs contrats de plan entre l'État, la région et d'autres collectivités grâce à leur volonté commune. J'ai aussi participé à des projets de caractère national, sans voir leur achèvement. Même si l'on a conscience d'être utile, c'est un des aspects frustrants du métier : on ne voit que rarement l'aboutissement de ce qu'on entreprend.

En 2011, le jour où j'ai appris par la presse la mise en service du TGV Rhin-Rhône, il m'est revenu en mémoire tout ce que j'avais réalisé à la tête du comité de pilotage de ce projet lorsque j'étais en Franche-Comté. Je me souviens de la conviction dont j'avais dû faire preuve pour le faire accepter. Je me rappelle aussi la détermination qu'il m'avait fallu pour m'opposer à Dominique Voynet, élue de la région et ancienne ministre de l'Aménagement du territoire, qui y était hostile. Je m'étais battu pour convaincre que le TGV ne pouvait pas devenir un simple omnibus et qu'il ne pouvait pénétrer au cœur de Besançon. J'ai ressenti la même satisfaction pour la ligne à grande vitesse qui rapproche depuis l'été 2017 Rennes de Paris. Un parfait complément ferroviaire du plan routier breton, voulu en son temps par le général de Gaulle.

Préfet est l'une des rares professions qui permet, tout au long de sa carrière, d'aller au-devant de la France dans toute sa diversité. Souvent à deux, car le rôle de l'épouse ou l'époux d'un préfet n'est pas négligeable. Dans l'exercice de mes fonctions, ma femme m'a toujours apporté une aide précieuse. Elle tenait la préfecture comme sa propre maison, la rendant accueillante pour tous ceux que nous recevions. Des personnalités locales, mais aussi des représentants d'associations, des enfants des écoles. Elle veillait aussi à ne pas dépasser le budget. D'une certaine façon, les conjoints de préfets sont des collaborateurs bénévoles du service public. Ma femme voyait d'autres personnes que celles que je rencontrais. Elle me livrait des points de vue différents, plus proches des sentiments de la population. Avec la discrétion, l'humilité et la générosité qui la caractérisaient, elle consacrait son temps libre à des actions auprès des enfants malades et des personnes âgées. Sans que ce soit le but recherché, elle offrait un autre visage de l'État.

La présence de mon épouse à mes côtés fut pour moi un soutien essentiel, car le rôle de préfet empiète beaucoup sur la vie personnelle. Les contraintes de la fonction empêchent de voyager trop loin de son lieu d'affectation. Si un mouvement social est en cours, si le risque d'inondation est important, un préfet ne peut s'absenter. Cette logique est parfois un peu excessive : lorsque j'étais en poste à Rennes, au prétexte du plan Vigipirate, il me fut interdit de me rendre à Paris pour participer au dîner du trentième anniversaire de ma promotion de l'Ena…

L'extraordinaire richesse humaine de notre pays

Au-delà du sentiment d'être utile à l'intérêt général, d'autres satisfactions sont plus personnelles. Découvrir la diversité des paysages, des cultures, des milieux sociaux, est un privilège immense et unique. Je suis lucide, je sais que j'étais amené à côtoyer bien plus souvent des personnes investies de responsabilités que de simples anonymes. Mais j'ai eu la chance de rencontrer des gens extrêmement divers, des porteurs de projets, des personnes dans la souffrance, des hommes et des femmes animés par une vision de l'avenir. Je lisais en eux qu'ils étaient prêts à se battre pour leur région et pour leur pays. Ce fut pour moi une expérience humaine d'une richesse indescriptible.

Jamais je n'oublierai ce dimanche après-midi passé en famille dans le chalet d'alpage d'un maire des environs de Gap. Sa voix et celle de son épouse étaient l'expression de la sagesse et d'une profonde humanité. Ce couple vivait simplement, des revenus du lait de leurs brebis et de quelques vaches. Dans la vallée, ils cultivaient aussi des champs de lavande. Ils accueillaient des enfants en difficulté, parfois handicapés, qu'ils aimaient comme les leurs. Avec toute leur affection, ils leur faisaient découvrir la beauté de la montagne, leur apprenaient le travail. Leur regard sur les affaires du monde traduisait une hauteur de vue qui valait les éditoriaux des plumes les plus renommées.

Jamais je n'oublierai le regard des enfants autistes remis sur le chemin d'une vie presque normale dans un exceptionnel établissement de Montbéliard que j'inaugurais. J'y suis resté toute la matinée au lieu de l'heure et demie prévue. Depuis, je demeure un militant de la cause des autistes, comme de celle des autres handicapés que notre société n'intègre pas suffisamment. Je serai très fier de la décision du gouvernement de Nicolas Sarkozy d'augmenter de façon considérable l'accueil des handicapés dans les écoles ordinaires. Une décision aussi bénéfique pour les enfants souffrant de handicap que pour ceux qui n'en sont pas atteints.

Jamais je n'oublierai l'infinie tristesse des gens que je croisais dans les banques alimentaires, ces êtres humiliés que la vie avait empêchés de subvenir à leurs propres besoins. Je garde une image indélébile d'une distribution de nourriture à Montbéliard, des visages de ces personnes qui conservaient leur dignité en venant chercher l'aumône publique. Des êtres cabossés par l'existence qui n'avaient pas d'autre choix. Cela me rappelait une cérémonie à laquelle j'avais assisté à l'âge de dix ans : le directeur de mon école, qui croyait bien faire, avait remis devant l'ensemble des élèves une paire de chaussures flambant neuves à un petit camarade dont les parents vivaient dans le dénuement. Ce petit camarade s'était enfui sans les chaussures…

La honte des humiliés est toujours insoutenable. C'est pourquoi un fonctionnaire ne peut pas se satisfaire de mettre en œuvre des règles et des procédures : il doit sans cesse penser aux personnes auxquelles elles s'appliquent, à leurs difficultés, à leurs souffrances. Jamais je n'oublierai la dignité des victimes de licenciement collectif. Un plan social est toujours une épreuve, mais il l'est plus encore dans des régions frappées par un chômage massif où les usines ferment les unes après les autres. Je me suis engagé sans compter pour que ces drames sociaux se passent le moins mal possible. La satisfaction du devoir accompli est rarement aussi grande que lorsque toutes les personnes licenciées retrouvent un emploi. J'ai eu du mal à cacher mon émotion le jour où j'ai croisé dans la rue des gens qui me remerciaient pour mon aide dans leur reclassement.

J'ai beaucoup appris sur la nature humaine face à des hommes et des femmes qui perdaient tous leurs repères après la fermeture de leur entreprise. Alors qu'ils ne savaient plus de quoi leur avenir serait fait, qu'ils vivaient dans l'angoisse de devoir vendre leur maison ou de priver leurs enfants de vacances, ils apparaissaient déterminés, combatifs. Quelle leçon ce fut d'entendre ce délégué CGT d'une usine d'outils de Besançon exiger d'être reclassé le dernier, alors qu'il possédait les qualifications pour retrouver un poste rapidement ! Malgré des offres de la part d'une municipalité, il resta fidèle à son engagement. Je n'oublierai pas non plus l'enthousiasme des chercheurs dans les laboratoires de Bretagne et des Hauts-de-Seine devant les perspectives qu'offraient leurs découvertes. Ni la joie des ouvriers et des ingénieurs de Peugeot lors de la présentation du prototype de la 607 à l'usine de Sochaux. Je n'oublierai pas la fierté des artisans, héritiers de la tradition horlogère, dans le Doubs. Je n'oublierai pas le dévouement des sapeurs-pompiers lors des opérations sur le terrain et leur retour à la caserne, étourdis de fatigue.

De mes années passées en préfecture, je garde le souvenir de grandes satisfactions mais aussi des moments plus sombres. Je n'oublierai jamais les catastrophes et les accidents auxquels j'ai dû faire face : un déraillement de train dans les Hauts-de-Seine, des avalanches dans les Hautes-Alpes, des inondations en Franche-Comté et en Bretagne. Lorsque j'étais en fonction dans les Hauts-de-Seine, Chapour Bakhtiar, le dernier Premier ministre du chah d'Iran, résidait à Suresnes. En août 1991, alors qu'il faisait l'objet d'une protection des services français, il ne donna plus signe de vie durant deux jours. La police judiciaire fit ouvrir son appartement: il avait été assassiné. Je me suis rendu aussitôt sur les lieux. Son corps était allongé sur le canapé, une épouvantable odeur de sang régnait dans la pièce.

Lors d'une éruption volcanique en Guadeloupe, nous avons dû évacuer la Basse-Terre pour mettre la population à l'abri. Un immense nuage de poussière s'était répandu, prenant tout le monde par surprise. Les gens qui habitaient sur les flancs de la montagne fuyaient, le visage couvert de cendres dans une scène digne de l'Apocalypse. Tous les hôpitaux ont été évacués par bateau vers Pointe-à-Pitre. Les patients d'un hôpital psychiatrique peinaient à garder leur calme. Je me souviens de leurs visages, condensés de toutes nos angoisses et de toutes nos faiblesses. Ils sont une part de nous-mêmes qui ne cessera jamais de m'interroger. Pour ma part, à trente et un ans, sans un centime, j'avais la charge de recueillir, sur la partie du département qui n'était pas menacée par le volcan, cinquante mille personnes qu'il fallait nourrir et loger...

À travers cette multitude d'expériences, je me suis imprégné de toutes les diversités qui font l'unité de la France. Ces cultures sont faites de l'héritage des langues anciennes, elles sont le fruit des paysages et de l'histoire. Dans une France devenue si mobile, les nouveaux habitants intègrent les usages des villes et des territoires qui les accueillent. Les identités culturelles s'imposent plus ou moins vite, mais demeurent. J'ai connu la Bretagne à une époque où la coiffe était encore portée au quotidien dans l'ensemble du pays bigouden. Désormais, on ne la porte plus guère que dans les fêtes, mais la tradition ne meurt pas.

À l'université de Rennes, des chercheurs ont créé une langue bretonne unifiée. Des dizaines de milliers d'enfants apprennent aujourd'hui ce langage qui n'est pas tout à fait celui que parlaient leurs grands-parents, mais qui reste la marque de leur identité. Lorsqu'on a défini dans cette région la carte des « pays », inventée par le gouvernement Jospin pour conduire des projets d'aménagement du territoire, celle-ci pouvait pratiquement se superposer à la carte des comtés du Moyen Âge. Tout change, mais rien ne change vraiment. Il en est de même en Franche-Comté, une terre d'idéologie collective où les mentalités ont été façonnées par les incessantes invasions au cours de son histoire. Face aux envahisseurs successifs, qui détruisaient leurs monuments, la population a tissé une solidarité qui la protégeait et lui permettait de survivre. Cet héritage a perduré.

Je ne veux pas ressasser mon passé, mais je considère qu'être préfet fut une chance insigne : celle d'avoir souvent eu le sentiment de rendre service, d'avoir ouvert quelques chemins à mes concitoyens. Mais ce fut avant tout une chance de rencontrer la France et sa population, d'observer ses faiblesses, ses attentes, sa richesse.

4

Directeur général de la police nationale

Le hasard joue souvent un grand rôle dans les carrières administratives. En parallèle de mes affectations de préfet, je fus amené à passer plus de quinze ans au ministère de l'Intérieur. Les ministres successifs auprès desquels j'ai œuvré ont sans doute remarqué l'estime que je porte aux policiers et ma volonté de faciliter l'exercice de leur métier. Sans doute aussi, au fil du temps, mes faibles compétences originelles dans ce domaine se sont-elles transformées en expertise. Il est vrai qu'un préfet ou un sous-préfet est amené à gérer des questions de sécurité. Il doit établir des plans pour faire face aux catastrophes de tout ordre : avalanches, accidents d'avion, inondations, émissions de radiations nucléaires, incendies de forêt. Il veille à la mise à jour du plan Orsec et ses déclinaisons. Lorsque les sinistres sont importants, il prend le commandement des sapeurs-pompiers. Il met aussi en place des exercices pour s'assurer que les dispositifs théoriques sont opérationnels. Surtout, il rencontre quasi quotidiennement les responsables de la police et de la gendarmerie de son département ou de sa région. C'est une de ses missions majeures, bien qu'heureusement peu apparente : maintenir l'ordre républicain.

Au-delà de mes fonctions en préfecture, j'ai connu ma première expérience au sein de la police lors de mon passage au cabinet du ministre de l'Intérieur Christian Bonnet, de 1977 à 1981. En tant que conseiller technique, mes missions se limitaient à la gestion de la logistique et aux relations avec les syndicats de policiers. Un peu plus de dix ans plus tard, j'allais connaître davantage de responsabilités.

Un ministre nommé Pasqua

Le gouvernement d'Édouard Balladur entra en fonction le 31 mars 1993, avec Charles Pasqua comme ministre de l'Intérieur. Le lendemain, je rejoignais son cabinet en tant que directeur adjoint chargé de la politique de sécurité. Cette nomination fut un peu le fruit du hasard. Je connaissais Charles Pasqua pour l'avoir côtoyé lorsque j'étais secrétaire général de la préfecture des Hauts-de-Seine et lui président du conseil général du département. Après avoir essuyé le refus d'un de ses anciens collaborateurs, il me proposa le poste. Ma prise de fonction se déroula dans un climat tendu : dès le premier week-end, nous avons été confrontés à deux énormes bavures qui provoquèrent deux morts. Après plusieurs années passées sous la tutelle de ministres socialistes, la police semblait démobilisée. Le retour de Charles Pasqua place Beauvau et son discours de soutien aux forces de l'ordre avaient rétabli une certaine confiance. Ces deux bavures nous compliquaient la tâche.

Je fus l'adjoint de deux directeurs de cabinet successifs. Philippe Massoni, qui resta un mois avant de rejoindre la préfecture de police, puis Joël Thoraval, un grand préfet humaniste et chrétien. Chaque soir, après une journée harassante, il se plongeait dans l'étude de la Bible. Portant plus d'intérêt à l'administration générale qu'aux questions de sécurité, il me déléguait une grande partie de la gestion de ce domaine.

Déçu que la loi d'orientation et de programmation qu'il souhaitait mettre en œuvre n'avance pas, Charles Pasqua me demanda de la faire aboutir. Quelques mois plus tard, c'était chose faite. À la rentrée 1994, le Parlement fut en état de débattre de ce grand texte refondateur de la doctrine de sécurité. Le volet programmation prévoyait des moyens financiers et humains pour la modernisation de la police, qui en avait bien besoin. Il fut scrupuleusement respecté au début par le gouvernement Balladur, mais beaucoup moins au cours des années suivantes. En raison des problèmes financiers qu'affrontait le pays, mais aussi sans doute parce que ceux qui avaient voulu la loi n'étaient plus au pouvoir. Pourtant, cette réforme redéfinissait la conception même de la sécurité intérieure, en prenant acte du développement des polices municipales et des entreprises de sécurité privées, mais aussi en encadrant la vidéosurveillance. Ce texte amorçait une réforme statutaire d'ampleur en fusionnant les corps de police en tenue et les corps en civil, en cherchant une meilleure valorisation des compétences des fonctionnaires et en leur permettant un niveau de formation amélioré. Il réformait aussi les modes de travail afin de permettre à l'institution de gagner en productivité avec davantage de présence dans la rue, de prévention et de répression du crime.

Au retour des vacances d'été 1994, Joël Thoraval devait prendre les fonctions de préfet d'Ile-de-France. Il fallait donc le remplacer. Dans un premier temps, Charles Pasqua me fit savoir qu'il avait pensé à moi pour le poste. À dire vrai, je me sentais encore un peu « tendre » pour une telle responsabilité. Quelques jours plus tard, le ministre m'annonça sa décision finale : il nommait à la tête de son cabinet Édouard Lacroix, alors directeur général de la police nationale (DGPN). Par le jeu habituel des chaises musicales, son poste se retrouvait vacant. Pasqua me nomma pour le remplacer, avec cette phrase définitive : « Vous avez conçu la réforme de la police. Eh bien, à présent vous allez la mettre en œuvre ! » C'est ainsi que je me retrouvais directeur général de la police, sans doute le poste le plus exposé du ministère.

Je mis effectivement en œuvre cette réforme, avec le concours de nombreux collaborateurs d'exception. Je ne citerai qu'un nom : Michel Gaudin, directeur du personnel et de la formation de la police. Je l'avais connu lorsqu'il était mon interlocuteur quotidien en tant que responsable des services du département des Hauts-de-Seine. Plus tard, en 2002, je m'empresserai de proposer son nom à Nicolas Sarkozy pour devenir à son tour DGPN, puis préfet de police. Michel Gaudin était un travailleur hors pair, attentif à tout, traçant son sillon sans jamais se départir de son calme ni de son humour pince-sans-rire. Je suis très fier du travail que nous avons accompli pour cette réforme.

En quelques mois, nous avons sorti trois cents textes d'application de la loi, bousculant les rythmes et les usages. Au lieu des deux mois habituels pour faire signer un texte par les ministres concernés, nous ne mettions que vingt-quatre heures. Pour réduire les délais, nous envoyions jour après jour une jeune attachée d'administration centrale faire le siège des secrétariats des ministres signataires. Elle ne partait jamais avant d'avoir obtenu gain de cause. La plupart des comités techniques paritaires rendirent des avis unanimes, parfois après des réunions de dix-huit heures qui s'achevaient au petit matin. Je tiens d'ailleurs à saluer les organisations syndicales ; les responsables de l'époque possédaient une hauteur de vue qui nous a permis d'aboutir à des accords gagnant-gagnant. Gagnant-gagnant, parce que la réorganisation du travail redonnait à la police l'équivalent de six mille emplois tout en permettant des améliorations substantielles des rémunérations et des perspectives de carrière. Un jour, j'eus le grand plaisir d'entendre un ami me rapporter avoir entendu Jean-Marc Sauvé, alors secrétaire général du gouvernement, affirmer que cette loi était la seule vraie réforme de la fonction publique depuis la Libération.

Faire évoluer la police

Bien sûr, il fallut un peu aider le mouvement. En 1996, après que Jean-Louis Debré avait remplacé Charles Pasqua place Beauvau, notre réforme avait du mal à passer. Je proposai alors au ministre d'entreprendre un tour de France pour présenter et expliquer les évolutions. Au total, je rencontrerai près de vingt mille fonctionnaires de police. Au gré de mes déplacements, quelques pièges me furent tendus. Dès la première réunion à Marseille, un syndicaliste avait poussé à s'exprimer la veuve d'un policier qui venait de se suicider. Ce jour-là, je suppose que j'ai trouvé les mots qui convenaient. Des mots d'humilité, mais aussi l'annonce de protections nouvelles pour la police. Cette séance de travail fut finalement fructueuse et marquée de confiance réciproque.

Une autre réunion difficile eut lieu à Rouen. Alors que nous avions l'habitude de commencer chaque rencontre par la projection d'une vidéo dans laquelle s'exprimaient le Premier ministre Alain Juppé et le ministre de l'Intérieur Jean-Louis Debré, leurs interventions provoquèrent une salve de protestations dans la salle. Lorsque je dus monter à la tribune pour prendre la parole, je n'en menais pas large. Robert Broussard, figure policière s'il en est, me faisait de grands gestes pour me dire : « Ça chauffe, je ne sais pas comment vous allez faire ! » Finalement les esprits s'apaisèrent et la réunion s'acheva dans le dialogue.

Cette réforme de la police nationale reste à mes yeux la démonstration que l'on peut faire bouger la fonction publique. Elle prouve que l'on peut proposer aux fonctionnaires de relever de grands défis, de changer leur mode de fonctionnement. Que l'on peut même leur demander davantage de travail. Contrairement à la critique mensongère du gouvernement de François Hollande, c'est aussi ce qui a été fait avec la révision générale des politiques publiques sous la présidence de Nicolas Sarkozy.

Mais, pour y parvenir, il faut une volonté politique. Il faut que les fonctionnaires y trouvent leur compte. Il faut dialoguer avec eux, leur laisser percevoir que leurs efforts se traduiront par une amélioration du service rendu à nos concitoyens. Il faut qu'ils sentent qu'on les respecte, et cela ne peut se faire que si c'est la vérité. Quels fonctionnaires de police refuseraient la perspective de voir les Français se sentir davantage en sécurité et leur en être reconnaissants ? Qui pourrait récuser des changements dans les horaires pour être plus présents aux heures où il y a davantage de délinquance ? Qui déclinerait la promesse d'une vie professionnelle permettant l'exercice de toutes les facettes du métier de policier ? Qui rejetterait par principe un programme de développement de la police technique et scientifique pour que les enquêtes bénéficient des formidables progrès de la science ? Quand le travail est routinier, la police se montre volontiers frondeuse, râleuse, revendicative. Mais lorsqu'elle est confrontée à de grands défis, elle ne ménage ni son temps ni sa peine.

La police n'est pas qu'affaire d'administration et d'optimisation du fonctionnement des services. C'est d'abord une affaire d'hommes et de femmes. C'est la raison fondamentale pour laquelle j'ai toujours entrepris de renforcer les responsabilités de chacun, par des ajustements de structures, la modification des effectifs des commissaires, des officiers, des gradés ou des gardiens de la paix. Au risque d'être taxé d'optimisme, je suis convaincu que si l'on confie des responsabilités à un individu, celui-ci les exercera avec enthousiasme. D'où le mouvement de réduction des effectifs de commissaires – les cadres supérieurs – et des officiers – les cadres intermédiaires. Moins ils seront nombreux, plus ils exerceront de responsabilités et s'épanouiront. Dans le même temps, ils permettront à la grande masse de leurs collaborateurs de trouver eux aussi davantage de satisfaction et de motivation dans l'exercice de leurs missions.

Il reste beaucoup à faire pour que l'ensemble fonctionne selon ce schéma. Trop souvent, le poids des habitudes reprend le dessus : le supérieur commande et le subordonné exécute. Bien sûr, le chef doit être obéi, surtout dans de tels métiers où les interventions en groupe ne peuvent qu'être parfaitement coordonnées pour la sécurité de chacun. Mais ne commande-t-on pas plus efficacement avec la coopération de ses collaborateurs ? En les associant à la préparation de la décision et à l'évaluation des résultats ? Je suis convaincu qu'un responsable de service ne peut ni prendre des décisions totalement pertinentes ni créer l'adhésion à ses instructions sans une analyse préalable des missions avec les fonctionnaires qui ont la pratique quotidienne de tel ou tel quartier.

Cette problématique représente encore un immense chantier pour la police nationale, avec des marges de progrès considérables. D'autant que les fonctionnaires de police sont, dans leur immense majorité, des professionnels sur qui l'on peut se reposer, à la fois passionnés par leur métier et dignes de la plus grande estime. Ils exercent une profession très difficile et se retrouvent souvent incompris de la population. Prenons un exemple banal : tout le monde considère naturel et nécessaire que les policiers interpellent un automobiliste qui franchit un feu rouge. Pourtant, la plupart des gens s'indignent de perdre du temps avec les vérifications d'usage lorsqu'ils franchissent un feu « orange sanguine ». Dans le premier cas, on trouve respectable le policier qui fait son devoir. Dans le second, on peste contre son manque de discernement, oubliant que ce n'est pas lui qui fait la loi et qu'il se mettrait en faute en prenant des libertés avec son application.

La souffrance des policiers

Quotidiennement, la police fait usage de la force. Elle détient, selon l'expression consacrée, le « monopole de la contrainte légitime ». En théorie, cela fonctionne parfaitement. En pratique, cela se révèle plus complexe. Les textes de loi sur la légitime défense, par exemple, doivent être mieux adaptés à l'exercice de leur fonction. La réforme décidée par le gouvernement de François Hollande dans ce domaine n'a pas apporté de réponses suffisantes. Celle-ci consiste à aligner les conditions d'utilisation des armes des policiers sur celles des gendarmes. Elle risque en fait de créer davantage de problèmes qu'elle n'en résout. Il faut aller plus loin : créer une présomption de légitime défense.

Il n'est pas admissible qu'un policier ne soit à l'abri d'une mise en cause que s'il se laisse tirer dessus. Les textes semblent clairs, mais la réalité est tout autre. Selon la loi, un policier peut utiliser la contrainte, mais sans excès ni brutalité. Ayant toujours combattu avec la plus extrême vigueur les violences policières, et même les écarts de conduite ou de langage, je peux cependant témoigner qu'il n'est jamais facile de maîtriser un individu sur le terrain. Face à un délinquant violent qui se rebelle, il faut faire preuve d'un sang-froid inouï pour prendre des coups sans y répondre – n'oublions pas que cinq mille policiers sont blessés chaque année. Il en est de même pour les CRS et les gendarmes mobiles, qui subissent parfois durant des heures des jets de projectiles et des insultes sans se départir de leur calme.

Les métiers des forces de l'ordre sont aussi difficiles car ils mettent ceux qui l'exercent au contact des échecs les plus graves de notre société. Il est forcément éprouvant de secourir une épouse battue qui quitte son domicile avec ses enfants, de recueillir une femme violée, d'interpeller un jeune drogué en manque, d'intervenir sur une scène de crime. Je me souviendrai toujours de cette conversation avec deux policiers chevronnés qui me relataient le meurtre d'un enfant. Deux mois plus tard, ils étaient encore chaque nuit en proie à d'horribles cauchemars.

C'est pour cette raison que je suis fier d'avoir introduit au sein de la police des moyens de soutien psychologique. Jusque-là, on considérait que nul n'en avait besoin dans ce « métier d'hommes ». Eh bien si, on en avait besoin ! Le service de soutien psychologique que j'ai créé a progressivement été porté à une cinquantaine de personnes. Très vite, il a été reconnu comme indispensable, non seulement pour la gestion du stress mais aussi pour toutes les difficultés de la vie personnelle. Plus tard, comme préfet du Doubs, j'ai fait en sorte que ce soutien s'étende aux sapeurs-pompiers, après avoir vu l'un d'eux pleurer sur son lit d'hôpital. Blessé en intervention, cet homme me raconta que, quelques années auparavant, il avait récupéré les restes déchiquetés d'un de ses collègues qui avait été happé par le mécanisme d'une moissonneuse batteuse. Il n'avait alors bénéficié d'aucune forme de soutien…

→ un mot à dire sur les barrières PERMANANTES et la haine grandissante envers la police + BAC Nord + les misérable?

À côté d'un cercueil

Difficiles au quotidien, les métiers des forces de l'ordre peuvent aussi exiger des qualités d'héroïsme. Comment pourrais-je oublier l'assaut du Raid à Roubaix, le 29 mars 1996, sur une maison où s'étaient retranchés des islamistes prêts au sacrifice ? Un épisode qui a été quelque peu oublié par le grand public, mais pas par ceux qui ont participé à l'opération.

Cinq ans avant le 11 septembre 2001, une équipe qui se réclamait de Ben Laden s'était formée dans le département du Nord. Partis un temps en Bosnie combattre aux côtés des musulmans, ces individus étaient revenus en France avec un important approvisionnement en lance-roquettes et en armes lourdes. Devenue le « gang de Roubaix », cette bande a entrepris de trouver des fonds pour financer sa « guerre sainte » en dévalisant des magasins et en attaquant un fourgon blindé. À plusieurs reprises, ces malfaiteurs ont tiré sur des policiers, abattant même de six balles dans la tête un pauvre homme au volant de sa voiture. Trois jours avant une réunion des ministres des Finances du G7 à Lille, le gang tenta de faire sauter une voiture devant un commissariat de la ville avec trois bonbonnes de gaz placées dans le coffre. Heureusement, l'explosion échoua. Le 29 mars, le Raid se retrouva à pied d'œuvre devant la maison où ils s'étaient retranchés, dans la rue Henri-Carrette de Roubaix. À peine les policiers eurent-ils fait sauter la porte qu'ils essuyèrent des rafales de kalachnikov avant d'être bombardés de grenades. La maison prit feu, le plancher du premier étage s'effondra. Les terroristes refusèrent de se rendre. Dans les décombres de la maison, quatre corps seront retrouvés. D'autres membres du groupe seront arrêtés en Belgique.

Bien sûr, les policiers et les gendarmes qui interviennent en pareille circonstance sont équipés et formés. Mais même les équipements les plus perfectionnés ne sont pas à toute épreuve. Il faut posséder une force morale exceptionnelle pour ouvrir une porte derrière laquelle on sait que se trouvent des hommes prêts à vous tirer dessus. Ce qui est vrai pour les unités d'élite l'est aussi pour les policiers du quotidien, qui ne savent jamais de quoi leur prise de service sera faite. Parfois, le pire survient. Ce fut une grande satisfaction d'avoir vu le nombre de morts en opération baisser d'année en année. Cette diminution n'était pas due au hasard, mais le résultat d'une politique volontariste et systématique d'organisation, de formation et d'équipement. Pour autant, inutile de se voiler la face : aucune politique n'est totalement infaillible dans ce domaine.

La conscience du danger et la proximité quotidienne avec la misère humaine font que chaque drame au sein de la police est vécu avec intensité parmi les effectifs. Lorsqu'un policier meurt dans le cadre de ses fonctions, une minute de silence est organisée dans les commissariats de France. Tous les fonctionnaires sont submergés par l'émotion, beaucoup ne peuvent retenir leurs larmes. Dans l'esprit de chacun, une pensée s'impose : « Ç'aurait pu être moi. » Le métier de policier n'est jamais facile. Jamais !

Je me rappelle la mort en Corse de René Canto, un homme du Raid. C'était le 16 avril 1996. Je me sentais particulièrement responsable de cette unité, qui était placée sous mon autorité directe.

Après de nombreux échecs contre le terrorisme et le banditisme en Corse, le Premier ministre, Alain Juppé, exigeait des résultats. Pour les obtenir, il fallait changer de méthodes et d'hommes. Les services locaux ne suffisant pas, il fut décidé d'envoyer le Raid en renfort. Les filatures se firent plus pressantes, les arrestations se multipliaient. Au cours de l'année, plus de cinquante-cinq individus impliqués dans des attentats ont été arrêtés. Un soir, vers 19 h 30, je reçus un appel de Corse : une équipe du Raid suivait un véhicule suspect lorsqu'un passager en était sorti et avait fait feu. Le capitaine René Canto avait été abattu. Je le connaissais. Avec l'ancien patron du Raid, Robert Broussard, et les responsables actuels, nous avons pris le lendemain un Transall pour la Corse. Nous emmenions avec nous une unité de l'OCRB[1] pour relever le Raid, dont j'avais décidé le retour à Paris.

1. Office central pour la répression du banditisme.

À l'hôpital d'Ajaccio, je croisais le maire de la ville que je remerciai pour sa présence. Qu'un élu vienne saluer la dépouille d'un soldat de la République me semblait naturel. Pourtant, le maire bredouilla qu'il était là pour rendre visite à un lointain parent… J'étais stupéfait : venir s'incliner devant un policier tué en service n'était même pas venu à l'esprit du maire de cette grande ville d'Ajaccio. Qu'importe que la dépouille du fonctionnaire se trouve au sein de l'hôpital dont il présidait le conseil d'administration ! Nous sommes rentrés en Transall avec le Raid. Le cercueil, drapé de l'étendard tricolore, à nos côtés. N'ayant pas déjeuné, nous avons croqué des pommes ensemble. À notre arrivée à Villacoublay, le ministre de l'Intérieur nous attendait avec la famille de René Canto. Je descendis de l'avion en premier, précédant le cercueil porté par les hommes du Raid en hommage à leur camarade. J'avais la sensation d'avoir tout le poids du monde sur mes épaules. L'ensemble des policiers présents partageait ce sentiment. Comme ceux qui, au même moment, manifestaient leur émotion en observant une minute de silence dans leur service. J'ai conservé le contact avec l'épouse de René Canto. Elle et ses enfants ne se sont jamais remis du drame. Je les ai aidés plusieurs années, j'espère que mes successeurs ont fait de même.

Durant toute la période où j'ai officié comme responsable de la police, j'ai vécu de nombreux deuils. Trop, beaucoup trop. À chaque fois, la grande famille des forces de l'ordre se réunissait dans l'émotion. Tous savaient malheureusement que ce ne serait pas la dernière fois.

5

La prise d'otages de l'école maternelle de Neuilly

Au cours de mon expérience au ministère de l'Intérieur, j'ai vécu des moments de grande tension dont l'issue pouvait être dramatique. La première fois, ce fut quelques semaines seulement après ma prise de fonction au cabinet de Charles Pasqua. Le 13 mai 1993, lors de la prise d'otages à l'école maternelle Charcot de Neuilly.

Qui est «HB»?

Ce jour-là, vers 9h30, un individu armé d'un pistolet automatique fit irruption dans une salle de classe où se trouvaient vingt et un enfants âgés de trois à quatre ans avec leur institutrice. L'individu, qui porte un survêtement bleu et une cagoule noire sous son casque de moto, fait fermer les stores et remet à l'institutrice une lettre destinée au ministre de l'Intérieur: une demande de 100 millions de francs en billets usagés et lingots d'or en échange de la libération des enfants. L'homme précise qu'il porte un sac rempli d'explosifs qu'il n'hésitera pas à faire sauter. La missive, signée «HB», est accompagnée d'un article de presse relatant un attentat bénin revendiqué par le même pseudo, qui avait endommagé l'accès d'un parking à Neuilly cinq jours auparavant.

L'école est immédiatement bouclée, les unités d'élite des forces de l'ordre sont dépêchées sur place en urgence. Dès qu'elle est rendue publique, l'information provoque une immense émotion dans le pays. Le nouveau gouvernement d'Édouard Balladur est confronté à sa première crise. Au ministère de l'Intérieur, les initiales «HB» nous interpellent. Selon les références policières, ces deux lettres désignent «Herri Batasuna», une organisation autonomiste basque. Pourtant, la prise d'otages de jeunes enfants ne correspond pas à ses modes d'action. Ce n'est que lorsque le médecin des sapeurs-pompiers entrera dans la classe que l'individu révélera la traduction de sa signature: «HB» signifie «Human Bomb»!

Place Beauvau, le dispositif de crise est mis en place. Malgré l'existence d'un PC opérationnel équipé de tous les moyens de transmission à l'étage de la DGPN[1], c'est le bureau du ministre qui devient le siège des opérations. Les membres du cabinet, les responsables policiers, et parfois le préfet de police, reçoivent et analysent les informations avant de transmettre les instructions aux services. Au fil des heures, on tire des lignes téléphoniques supplémentaires dans le bureau, on apporte des plateaux-repas que l'on avale en cinq minutes.

Les situations de crise se ressemblent toutes, mais elles sont aussi toutes différentes. Le fait que les otages soient des enfants donne à la situation un caractère exceptionnel. D'abord d'un point de vue humain (qu'imaginer de pire que des enfants tués?) mais aussi politique (l'émotion de la population rend l'échec inenvisageable). Si la tension est constante, Charles Pasqua demeure calme et concentré. La première nuit, il dormira sur le canapé de son bureau. Comme nombre d'hommes politiques habitués aux nuits de veille au Parlement, il possède la faculté de s'endormir

1. Direction générale de la police nationale.

instantanément et de se réveiller une heure plus tard en parfaite condition. Pour ma part, je rentrerai à mon domicile, situé à moins d'un kilomètre du ministère, pour dormir deux heures dans le cadre d'un système de relais avec les autres participants de l'état-major de crise.

Sur place, le chef du Raid, Louis Bayon, commande le dispositif. Il parvient à faire installer un système d'écoute et d'enregistrement d'images qui lui permet de savoir ce qui se déroule à l'intérieur de la salle de classe. Ce dispositif de surveillance a un objectif opérationnel : comment faire pour évacuer les enfants ou neutraliser HB ? Le preneur d'otages ne commet aucune brutalité à l'égard des enfants. Leur institutrice réussit à les apaiser. Des repas sont remis aux élèves par l'intermédiaire de l'institutrice. Vers 13 heures, Louis Bayon, désarmé, va négocier lui-même avec le ravisseur. Il obtient la libération de deux élèves. Il fait valoir à HB que ce n'est pas en conservant sous la menace un grand nombre d'enfants qu'il parviendra à ses fins. Dans le quart d'heure, il obtient la libération de trois autres enfants. L'un d'eux – c'est un pur hasard – me touche de près : il s'agit de la fille du conseiller de Charles Pasqua pour la presse, dont l'épouse travaille également avec nous.

Nicolas Sarkozy intervient

Pour une raison que nous ne comprenons pas bien, HB demande qu'on lui présente la carte d'identité du ministre de l'Intérieur. Peut-être veut-il s'assurer de la représentativité de ses interlocuteurs. Peu de temps après, Nicolas Sarkozy se rend sur place en tant que maire de Neuilly. Le moins que l'on puisse dire, c'est que Charles Pasqua n'est pas enchanté. Il est même très irrité. Il craint que cette intervention du porte-parole du gouvernement ne gêne les négociations avec la police, voire que Nicolas Sarkozy soit lui-même retenu en otage. Je crois aussi qu'il s'agaçait de ce qu'il considérait être un « coup de pub » de la part de son ancien rival pour la mairie de Neuilly. D'autant que Nicolas Sarkozy va jusqu'à accompagner Louis Bayon à l'intérieur de la salle où sont retenus les otages.

D'autres enfants sont libérés, dont l'un en échange d'un poste de radio. HB accepte que l'institutrice fasse des allers-retours à l'extérieur de la classe pour servir d'intermédiaire avec les négociateurs. D'un courage sans limites, elle ne demandera jamais à être exfiltrée. Une première partie de la rançon est apportée. Nicolas Sarkozy relaye une nouvelle fois Louis Bayon pour obtenir la libération d'autres enfants. Au total, il entrera neuf fois dans la salle de classe. Plus tard, il me confiera qu'il n'en menait pas large. Petit détail : le dernier enfant qu'il sortira fera pipi sur lui… Le premier soir, quatorze enfants ont été libérés. Le quinzième le sera plus tard dans la nuit. Les six enfants restants demeureront sous la menace jusqu'au dénouement.

HB apparaît contradictoire. Il ne se montre pas méchant avec les enfants, acceptant qu'ils soient nourris, qu'ils reçoivent des vêtements de rechange et des moyens de couchage. Il permet qu'une femme médecin des sapeurs-pompiers leur rende visite. À un moment, il remet même aux enfants une enveloppe contenant une partie de l'argent, comme s'il cherchait à les « dédommager ». Mais il peut aussi se montrer inflexible. HB veut son argent, il ne se contente pas des sommes partielles qui lui ont été remises. Il menace constamment de tout faire sauter. Le risque est réel : nos experts ont confirmé en observant les images des caméras que son dispositif pouvait exploser à tout instant.

Le 14 mai au matin, les négociations reprennent. Au ministère, nous rassemblons la somme d'argent demandée. La priorité est la vie des enfants. Mais rassembler un tel montant n'est pas si simple. Le Premier ministre a dû adresser une réquisition au caissier de la Banque de France.

Les 40 millions, placés dans une cantine, sont mis dans le coffre d'une 4L garée dans la cour du ministère. Pourquoi une 4L ? Parce que si nous sommes contraints de la remettre au ravisseur, il sera facile de la suivre.

À l'heure qu'il est, nous étudions surtout les possibilités d'intervention. HB a échafaudé un plan pour quitter Neuilly et disparaître avec l'argent. Bien sûr, il veut des garanties. De notre côté, nous étions prêts à nous asseoir sur bon nombre de principes pour sauver les enfants, mais nous ne pouvions pas courir le risque de laisser un individu aussi dangereux partir en toute liberté. La possibilité juridique de le neutraliser au moment où il quitterait l'école pour gagner la voiture est étudiée avec le ministère de la Justice. Le véhicule avec l'argent est amené à Neuilly en fin d'après-midi. Contre toute attente, HB ne sort pas. Le procureur de la République lui renouvelle sa proposition de se rendre, il répond négativement.

La nuit où tout bascule

Dans la nuit du 15 mai, à 4 h 30, HB réclame du café. Il est décidé de verser un somnifère dans la boisson. Le plan est établi : s'il s'endort, les hommes du Raid pénétreront dans la salle de classe pour sortir les enfants. L'objectif était – autant que possible – d'interpeller HB, mais sans prendre aucun risque pour les enfants ou les hommes du Raid. À 4 h 50, la femme médecin apporte le thermos. HB trouve que le café a mauvais goût et accuse son interlocutrice d'avoir cherché à le droguer. Nous craignons que la situation ne dégénère. Ce ne sera pas le cas. HB annonce au médecin qu'il va se reposer et s'endort. Le médecin quitte la salle. Le scénario est affiné avec les responsables du Raid. Le médecin pénètre à nouveau dans la classe alors que HB est toujours endormi. À 7 heures, les enfants se réveillent. Le médecin les réunit, leur demande de ranger leurs jouets puis les fait s'allonger derrière des matelas dans une partie éloignée de la pièce. Elle enlève sa blouse devant la caméra : c'est le signal. À ce moment-là, c'est moi qui suis de permanence au ministère. Sans hésitation, je donne le feu vert par téléphone. À 7 h 27, les hommes du Raid pénètrent dans la pièce. HB s'éveille, il bouge. La menace est là. Trois coups de feu claquent. Il est mort. Le dénouement tient du miracle : aucune victime parmi les otages ou les forces de l'ordre.

Le reste de la journée se déroule dans une forme de brume en raison du manque de sommeil accumulé. À 17 heures, je rentre chez moi à pied en remontant la rue du Faubourg-Saint-Honoré. J'ai l'impression de marcher dans du coton tant la fatigue physique et nerveuse a été grande. Ma femme étant dans les Hautes-Alpes auprès de notre fils qui passait son bac, je me retrouve seul dans notre appartement. J'ai dormi quatorze heures d'affilée.

HB se nommait Erick Schmitt, un pauvre garçon devenu dépressif après la faillite de son entreprise d'informatique. Mais il était avant tout un individu qui menaçait de faire sauter seize bâtons d'explosif au milieu d'enfants.

Que retenir de cette affaire? Avant tout le magnifique courage de l'institutrice, de la jeune femme médecin, de Louis Bayon et de ses hommes du Raid. Je me permets d'ajouter le courage de Nicolas Sarkozy. Je retiens aussi avec un peu d'amertume ce qui a suivi : une information judiciaire a été ouverte sur les causes de la mort de HB. Pourquoi? Parce que le procureur se demandait si la police n'avait pas agi contre la loi. Je fus moi-même interrogé quelques mois plus tard par un juge d'instruction. Ce magistrat, je dois le reconnaître, fit preuve de beaucoup de tact. Mais cela n'effaçait rien.

Je n'accepte pas cet éternel acharnement à chercher la faute des policiers, y compris dans de telles circonstances.

Comment une société peut-elle se reposer sur la police pour assurer sa sécurité tout en la suspectant en permanence? Je connais le fonctionnaire qui a tiré sur HB. Sa femme était également officier. Cet homme n'avait rien d'un tueur, il a tiré parce que c'était son devoir. Il a tiré pour sauver la vie des enfants, parce que le danger était là. HB tenait dans sa main son système de mise à feu durant toute la prise d'otages. Un mouvement du doigt de sa part signifiait qu'il était peut-être en train de le déclencher. Si tel avait été le cas, l'image de cadavres ensanglantés d'enfants de trois ans hanterait encore les mémoires de toute la France. Des familles entières auraient été moralement détruites jusqu'à la fin de leurs jours. Mais cela n'a pas eu lieu. Parce que la police a fait son devoir.

6

L'Airbus d'Alger

Je connus une autre crise dans l'année qui suivit. C'était la veille de Noël 1994, en fin d'après-midi. J'étais directeur général de la police nationale depuis quelques mois. Je me trouvais avec ma famille en Anjou. Comme la plupart des Français, je m'apprêtais à réveillonner lorsque mon directeur de cabinet me téléphona pour m'informer qu'un avion d'Air France faisait l'objet d'une prise d'otages à Alger, avec de nombreux compatriotes à bord. Immédiatement, j'ai laissé ma famille pour rentrer à Paris en voiture. L'autoroute était déserte, je suis arrivé au ministère à peine deux heures plus tard.

Après un rapide passage à ma salle opérationnelle, juste à côté de mon bureau de la rue des Saussaies, je descendis chez le directeur de cabinet du ministre de l'Intérieur. Le point sur la situation fut rapide : les deux cent vingt-six passagers de l'Airbus d'Air France qui devait rejoindre Paris avaient été pris en otages vers 11 heures par quatre hommes armés qui avaient pénétré dans l'avion et exigé la fermeture de toutes les portes. Portant des uniformes et se présentant comme des policiers de la sécurité présidentielle, ils avaient d'abord entrepris de contrôler les passeports des passagers, fouillant ceux qui retenaient leur attention. Manifestement, ils cherchaient à distinguer les Algériens des autres ainsi qu'à identifier d'éventuels officiels du pays.

Outre des pistolets-mitrailleurs, ils portaient des grenades à la ceinture. Ils avaient aussi entrepris la confection d'une bombe en rassemblant des bâtons d'explosif avec du sparadrap. Très vite, ils se présentèrent comme des moudjahidine du GIA (Groupe islamique armé) et réclamèrent la libération d'Abassi Madani et Ali Belhadj, deux responsables du FIS (Front islamique du Salut) emprisonnés en Algérie. En début d'après-midi, pour montrer leur détermination, ils avaient abattu un passager : un policier algérien identifié comme tel par ses papiers d'identité. Les autorités algériennes refusant de céder à leurs revendications, ils firent venir un autre passager de nationalité vietnamienne à la porte de l'appareil avant de l'abattre et de jeter son corps sur le tarmac. La situation était dramatique, et elle pouvait le devenir bien plus encore.

L'avion décolle vers la France

Dans la soirée, les preneurs d'otages abandonnèrent leur demande de faire libérer les deux responsables du FIS. Ils revendiquaient désormais de s'entretenir avec eux par téléphone. Les autorités algériennes firent mine d'accepter et établirent un contact radio à 1 h 30, dans la nuit du 25 décembre. La discussion fut interrompue lorsque le commando comprit qu'il s'était fait berner : il s'entretenait en réalité avec deux agents de la sécurité algérienne qui se faisaient passer pour les islamistes emprisonnés. Les pirates exigèrent alors que l'avion quitte Alger, ce que refusèrent les autorités. Pour s'assurer que l'appareil ne puisse pas décoller, la police interdit le retrait de la passerelle. Furieux, le commando choisit alors une nouvelle victime : un Français employé à l'ambassade. Ils le firent venir dans le cockpit pour transmettre son identité par radio, puis l'exécutèrent avant de jeter son cadavre par la porte avant de l'appareil. Les autorités algériennes acceptèrent de faire enlever la passerelle et l'Airbus décolla pour Marseille, où il atterrit à 2 h 15 du matin.

Durant tout ce temps, les autorités policières et diplomatiques françaises étaient réunies au sein d'un PC politique de crise au ministère de l'Intérieur. Édouard Balladur y passa. Son conseiller pour la sécurité, Philippe Marland, était présent de façon quasi permanente, ainsi que des représentants des ministères de la Justice et des Affaires étrangères. Avec le calme qui le caractérisait, Charles Pasqua dirigeait les opérations avec plusieurs collaborateurs : Bernard Guillet, son conseiller diplomatique, Michel Sappin, son directeur adjoint de cabinet, Bernard Bonnabeau, mon directeur de cabinet, et moi-même. En parallèle, un PC opérationnel était activé dans les deux bureaux contigus du ministre et de son directeur de cabinet. Pasqua restait toujours maître de lui, s'octroyant parfois des moments de solitude en se retirant dans son bureau pour réfléchir.

À vrai dire, la situation était assez insaisissable. La vie de nombreux compatriotes était en danger, mais, jusqu'alors l'avion était en territoire étranger, donc hors de notre responsabilité. Nous en étions réduits à tenter de savoir ce qui se passait sur place et à élaborer des hypothèses. L'une d'elles, stratégique, prit vite le dessus : même si le risque était grand, nous devions tout entreprendre pour faire venir l'avion en France, où nous disposions de moyens pour intervenir. Car si notre objectif prioritaire était de sauver le maximum de vies, nous savions que ce n'était pas forcément le cas des Algériens… D'autant que les autorités algériennes se montraient peu loquaces. Embarrassé par un acte qui portait atteinte à l'image du pays, le gouvernement algérien avait conscience que cette prise d'otages confirmait – s'il en était besoin – qu'il n'était pas en mesure de garantir la sécurité sur son sol, y compris dans un lieu aussi sensible qu'un aéroport. La volonté de « laver son honneur» pouvait le pousser à une intervention armée dont nous craignions le dénouement.

Très tôt, nous avons eu le sentiment que les informations qui nous étaient transmises étaient au mieux partielles. Si les services de renseignement français restaient en contact téléphonique permanent avec leurs homologues algériens, ces derniers semblaient eux-mêmes assez peu informés. Nous sentions nos interlocuteurs très gênés. Comme toujours, les décisions du pouvoir algérien restaient centralisées et aucun de ceux avec lesquels nous échangions n'était autorisé à tout dire. Pour en savoir plus sur la situation des otages, nous étions en relation avec des Français présents sur les lieux, en particulier avec le chef d'escale d'Air France.

Sollicité de façon continue, cet employé de la compagnie représentait la pièce maîtresse de notre dispositif d'information. Non seulement il était sur place, mais il était de surcroît un professionnel du transport aérien. Il se trouvait donc en mesure d'émettre des observations pertinentes, d'interpréter les mouvements du personnel de piste, de déceler des préparatifs d'intervention. Nous utilisions aussi les services d'un fonctionnaire français qui se trouvait à l'aéroport et qui nous avait spontanément contactés pour nous proposer son concours. Il se montra précieux dans l'analyse de la situation. Très vite, en faisant venir une batterie de téléphones portables, nous bricolions des lignes réservées à ces informateurs pour maintenir une liaison permanente avec eux.

Malgré ces contacts, nous restions dans l'ignorance des intentions des autorités algériennes à l'égard des preneurs d'otages. Nous ne savions pas si elles avaient l'intention de négocier ou si elles opteraient pour une opération de force. Une intervention semblait envisagée: des hommes qui n'avaient rien à faire sur les pistes se déplaçaient autour de l'avion. Seule interprétation possible : ils repéreraient des points de l'appareil qui pourraient être utilisés lors d'un assaut. Ces mouvements nous inquiétaient. À l'époque, les forces de sécurité algériennes ne possédaient pas d'unité spécialisée dans le traitement de ce type de crise. Nous redoutions par-dessus tout un assaut massif non préparé, qui se solderait par la perte de nombreuses vies humaines.

De notre côté, nous disposions d'une unité spécialement entraînée pour les cas de piratage aérien : le GIGN[1]. Quitte à ce que notre responsabilité opérationnelle et politique soit engagée si les choses tournaient mal, nous préférions régler l'affaire sur le sol français. C'était le prix à payer pour espérer sauver la vie des otages. Dans cette perspective, nous insistâmes auprès d'Alger pour que l'autorisation soit donnée au commando de faire décoller l'avion. Chacun à son niveau, Alain Juppé, Charles Pasqua et moi-même, nous contactions nos homologues respectifs pour obtenir gain de cause. Aucune réponse claire ne nous était donnée. C'est finalement le Premier ministre, Édouard Balladur, qui obtint l'aval du président Zeroual pour faire décoller l'avion vers Marseille.

Selon les experts, l'intervention ferait au moins trente morts

Dans la nuit, le GIGN avait pris place à l'aéroport de Marignane, désormais bouclé et fermé à la circulation aérienne. Le préfet de région, Hubert Blanc, et le préfet délégué à la sécurité, Alain Gehin, se trouvaient dans la tour de contrôle. Dès l'atterrissage de l'avion, ils nouèrent le contact radio avec les preneurs d'otages. Par l'intermédiaire du commandant de bord, les deux préfets reçurent les revendications du commando : il souhaitait désormais

1. Groupe d'intervention de la gendarmerie nationale.

un ravitaillement en carburant afin de gagner Paris, où ils prétendaient vouloir tenir une conférence de presse.

D'emblée, nous avons écarté cette perspective. Tout d'abord parce que notre unité la mieux à même de faire face à la situation était à pied d'œuvre à Marignane. Nous disposions d'autres ressources mobilisées, comme le Raid et une unité militaire, mais celles-ci étaient moins préparées à ce type de situation. À tout hasard, un atterrissage sur un aérodrome militaire proche de Paris fut tout de même envisagé. Seconde raison : nous ne pouvions courir le risque d'un survol de Paris. Dans la documentation islamiste dont nous avions eu connaissance figurait un dessin de la destruction de la tour Eiffel par la chute d'un avion. Il s'agissait d'un projet terroriste. L'explosion de l'Airbus au-dessus de Paris ou son écrasement au sol étaient des menaces réelles. Sept ans plus tard, l'attentat contre le World Trade Center en sera la tragique démonstration. Il fallait donc que l'avion reste à Marignane.

Charles Pasqua était d'avis d'intervenir dès 9 heures, afin de profiter de l'effet de surprise. Le ministre de l'Intérieur entra en contact avec le commandant Favier, qui dirigeait le détachement du GIGN. Celui-ci se montra réticent. Il ne sentait pas ses hommes prêts à monter à l'assaut. Fin connaisseur de la psychologie humaine, Pasqua se rangea aussitôt à son opinion. Le commandant eut carte blanche pour le moment de l'intervention.

En pareille circonstance, il est impératif d'apprécier deux éléments : la situation objective et la réalité de la capacité d'intervention. Un assaut de ce type est extrêmement périlleux, aussi bien pour les otages que pour ceux qui donnent l'assaut. Or, on n'expose pas sa vie à froid, sauf si le péril est imminent et exige une riposte. Des hommes qui donnent un assaut doivent s'y préparer psychologiquement. Il fallait donc gagner du temps. Cette tâche fut confiée au préfet de région et à son adjoint. Dans l'avion, les pirates menaçaient d'exécuter les otages. Soumis à cette pression extrême, le commandant de bord réclamait lui aussi le ravitaillement en carburant. Le préfet refusa. De tergiversation en tergiversation, les heures passaient. L'assaut devenait inéluctable. Le GIGN devait intervenir avant la fin de la journée.

D'autres plans étaient néanmoins élaborés à mesure que des informations nous parvenaient. Les pirates voulaient tenir une conférence de presse à Paris? Nous leur avons proposé de leur organiser une conférence de presse à Marseille. Bien sûr, certains journalistes auraient été particulièrement choisis… Nous avions nourri un autre espoir: introduire quelqu'un ou un moyen d'observation à l'intérieur de l'avion lors du ravitaillement à venir. Une trappe d'accès rendait cette option envisageable. Nous n'en avons pas eu le temps.

À 16 heures, la tension monta d'un cran. L'avion se déplaçait. Par la voix du commandant de bord, les pirates fixèrent un ultimatum: si dans une heure l'appareil n'avait pas décollé, ils abattraient de nouveaux passagers. Un pirate se rendit dans le cockpit, ouvrit une fenêtre et tira une rafale sur la tour de contrôle. Le commandant Favier demanda l'autorisation d'intervenir. Par l'intermédiaire du préfet de région, Charles Pasqua donna le feu vert. Ce fut presque une libération pour nous, tant nous étions persuadés qu'il faudrait en arriver là. L'émotion était extrême, de celles dont on garde le souvenir toute sa vie.

Au cours de l'assaut, j'étais en liaison téléphonique avec Alain Gehin, qui me donnait la progression de la passerelle sur laquelle était monté le groupe du GIGN, avec le commandant Favier à sa tête. Quarante mètres, trente mètres, vingt mètres, dix mètres… Contact! À cet instant, les pirates sont plongés sous un déluge de feu. Faute de haut-parleur sur le téléphone, je répétai chaque mot pour ceux qui se trouvaient autour de moi dans le bureau. Dans le même temps, France 3, qui avait réussi on ne sait comment à installer une caméra avec vue sur l'avion, diffusait en direct la progression du GIGN. Tout allait vite, très vite. Les gendarmes pénétrèrent dans l'appareil. Les quatre terroristes leur faisaient face. Des coups de feu s'échangeaient à bout portant. Les quatre terroristes furent tués. Suivirent de longues minutes de confusion.

Y avait-il des blessés ou des morts parmi les passagers et les membres de l'équipage ? Parmi les gendarmes ? Impossible de le savoir. Nous étions préparés à ce qu'il y ait des morts. Les experts estimaient qu'on ne pouvait mener une telle opération à moins de trente victimes. Selon eux, c'était le prix à payer pour sauver les autres. De toute façon, nous n'avions plus le choix : il fallait intervenir avant qu'il ne soit trop tard. Une demi-heure s'écoula. Un premier bilan nous fut communiqué, mais nous avions du mal à y croire. Le bilan fut confirmé : nous ne déplorions que quatorze blessés, huit civils et six gendarmes. Un miracle !

Le lendemain, j'accompagnais Édouard Balladur et Charles Pasqua à l'hôpital de Marseille pour rendre visite aux blessés. Nous avions tellement craint le pire que cette issue fut pour nous tous une délivrance.

7

Les attentats de 1995

Depuis le 11 septembre 2001, le monde vit avec une conscience aiguë de la menace terroriste. L'audace, la capacité d'organisation et le sens stratégique d'Al Qaïda puis de Daech nous ont condamnés à la permanence du risque. Après l'attentat contre le World Trade Center, jamais les attaques n'ont cessé. Madrid le 11 mars 2004 : cent quatre-vingt-onze morts et plus de mille huit cents blessés. Londres le 7 juillet 2005 : cinquante-six morts et sept cents blessés. Parfois, de façon plus dramatique encore, d'autres attentats ont frappé l'Indonésie, la Russie, les États-Unis, la Tunisie, la Turquie, l'Arabie Saoudite, le Maroc, l'Égypte, l'Inde, le Nigeria, le Pakistan, la Tunisie. Presque chaque semaine, des projets d'attentats sont déjoués. Certains de grande ampleur, comme faire exploser plusieurs avions assurant une liaison entre la Grande-Bretagne et les États-Unis.

Tous ceux qui commettent ces actes barbares se réclament, sinon de la même organisation, du moins de la même cause : l'extrémisme islamiste. Avec la création de l'État islamique et ses démonstrations quotidiennes de cruauté, une nouvelle ère funeste s'est ouverte. La France a payé un lourd tribut à cette barbarie sanguinaire. Janvier 2015 : attentat contre l'équipe de *Charlie Hebdo*, contre une jeune policière municipale de Montrouge, contre le supermarché casher de la porte de Vincennes. Avril 2015 : assassinat d'une jeune femme dans le cadre d'un projet d'attentat contre une église à Villejuif. Juin 2015 : décapitation d'un patron de l'Isère. Novembre 2015 : le cauchemar des attaques dans Paris qui se soldèrent par cent trente morts. Juin 2016 : un couple de policiers assassinés. Juillet 2016 : un camion lancé volontairement dans la foule à Nice tue quatre-vingt-six personnes et en blesse deux cent quatre-vingt-six. Douze jours plus tard : un prêtre égorgé à Saint-Étienne-du-Rouvray. Comment ne pas citer aussi l'attentat de Bruxelles, en mars 2016, avec ses trente-deux morts et ses trois cent quarante blessés ? Ou celui de Berlin de décembre 2016, avec ses douze morts et ses cinquante blessés ? Et ceux de 2017 à Londres, à Manchester ou à Saint-Pétersbourg ? La liste semble interminable…

Les membres des groupes qui tentent de commettre des attentats possèdent des profils variés. Certains sont des ressortissants du pays où trouvent refuge les organisations qui conçoivent les projets. Ceux-ci sont à la fois des porteurs de messages et des conseillers techniques. D'autres sont des étrangers qui vivent dans un pays d'accueil ou des nationaux d'origine étrangère. D'autres encore sont des convertis. Nombre de ceux qui appartiennent à ces deux dernières catégories sont intégrés dans la vie active et se font à peine remarquer par l'assiduité de leur pratique religieuse. Ils ont des familles, des enfants. D'autres sont à la limite de la délinquance. Mais tous ont un point commun : ils constituent la main-d'œuvre aguerrie et sans scrupules dont les réseaux terroristes ont besoin pour passer à l'acte.

Tout commence par l'assassinat d'un imam

Bien avant la menace terroriste actuelle, la France avait déjà été victime d'une vague d'attentats en 1995. Une période parfois oubliée. Ces attentats répondaient à un schéma relativement proche de ce que l'on connaît aujourd'hui : un projet conçu à l'étranger, des émissaires venus d'Algérie pour organiser sa mise en œuvre, de multiples ramifications internationales, des participants que rien ne semblait destiner à de telles actions. Je dois le dire : il s'agit de la pire crise que j'aie eu à gérer comme directeur général de la police. Au total, nous avons connu huit attentats échelonnés entre le 25 juillet et le 17 octobre 1995. Durant trois mois, la France a vécu dans la hantise d'une nouvelle bombe qui explose dans un lieu public. Les Français réclamaient de plus en plus impatiemment que les pouvoirs publics mettent un terme à cette série noire. Les responsables politiques exigeaient des résultats rapides.

Un dimanche après-midi, le président de la République en personne, Jacques Chirac, organisa une réunion avec le ministre de l'Intérieur, Jean Louis Debré, et tous les responsables policiers pour leur faire part de son exigence que nous mettions immédiatement un terme à la menace. Il ne cacha ni sa colère ni son mécontentement envers nous. Tout le monde comprit que les deux principaux visés par les propos du chef de l'État étaient le directeur de la police judiciaire, Bernard Gravet, et le directeur général de la police nationale, c'est-à-dire moi-même. Le climat pouvait être malsain. Au sein de la police, certains essayaient de tirer profit de la situation pour régler des comptes ou assurer leur promotion. Mais nous partagions tous le même objectif : mettre fin au carnage. Tous ceux qui, jour et nuit, étaient engagés dans les enquêtes avaient constamment à l'esprit les images terrifiantes du premier attentat, celui de la station Saint-Michel survenu le 25 juillet. Nous n'avions qu'une seule idée en tête : qu'aucun de nos compatriotes ne soit à nouveau tué. C'était une course contre la montre de tous les instants, mais une course dans laquelle nous ne devions jamais céder à la précipitation. Pendant plus d'un mois, aucun indice ne fut judiciairement exploitable. Les enquêteurs et leurs responsables travaillaient comme des forcenés, mais se heurtaient à des murs. Deux fois déjà la mort et la désolation avaient fait leur œuvre. Un troisième attentat, dirigé contre un TGV, avait échoué. Malgré tous nos efforts, nous ne pouvions nier la vérité : nous ne disposions d'aucune piste sérieuse. Pour la simple raison qu'il nous manquait des pièces essentielles d'un puzzle macabre.

Même si nous l'ignorions encore à l'époque,. en réalité tout avait commencé le 11 juillet 1995 à la mosquée de la rue Myrha, dans le XVIIIe arrondissement de Paris. L'imam Sahraoui, un fondateur du FIS algérien, est assassiné par deux hommes armés d'un fusil à pompe et d'un pistolet. En quittant les lieux, les individus abattent aussi un proche de l'imam. Ils laissent sur place un sac contenant un fer à souder, des fils électriques et des ampoules halogènes. Ce n'est qu'après les attentats à l'explosif que les enquêteurs feront le lien avec cet assassinat. Sur le coup, la mort de l'imam avait été perçue par les services français comme un règlement de comptes avec pour toile de fond la guerre civile algérienne. Nous n'avions pas compris qu'il s'agissait de la première étape d'un tragique enchaînement. La cause de l'assassinat fut dévoilée dans un numéro du journal *Al Ansar*, bulletin publié en Suède qui servait de voix officielle au GIA. Cette organisation terroriste, dirigée par Djamel Zitouni, faisait régner la terreur en Algérie, où les morts se comptaient par dizaines de milliers. Le journal reconnaissait implicitement la responsabilité du GIA dans la mort de Sahraoui en accusant la victime d'être trop tiède dans sa défense de l'islam.

Une bombe explose dans le RER B

Deux semaines plus tard, le 25 juillet, vers 17 h 30, survint l'attentat du RER B à la station Saint-Michel. Un sac placé sous un siège contenait une bonbonne de gaz remplie de poudre noire, de chlorate de potassium et de soufre. Placés à l'extérieur de la bonbonne, des écrous devaient jouer le rôle de mitraille. La mise à feu était électrique, avec un réveil comme retardateur. Quand la bombe explosa, la rame se trouvait à proximité des quais. Le spectacle était horrible. On déplora huit morts et une cinquantaine de blessés. La presse publiera des photos : les familles des victimes n'accepteront pas de voir ainsi étalée leur détresse.

Je ne me rendis pas sur les lieux du drame. Le préfet de police Philippe Massoni, très jaloux de ses prérogatives, n'aurait pas apprécié. De toute façon, cela n'aurait rien changé. La peur se diffusa au sein de la population. La fréquentation du métro diminua sensiblement. Des mesures de précaution furent prises, les contrôles se multipliaient. L'enquête avança rapidement pour déterminer la composition de l'engin explosif, bien moins pour l'identification des auteurs. Quelques jours seulement après l'attentat, sur la base de portraits-robots de suspects, les services de renseignement algériens nous firent parvenir la photographie d'un individu. Triomphant, Raymond Nart, le directeur adjoint de la DST, me l'apporta à mon bureau. Le cliché représentait un certain Kronfel, qui avait déjà joué un rôle dans la prise d'otages de l'Airbus d'Air France en décembre 1994. La ressemblance avec le portrait-robot était réelle, mais encore fallait-il savoir où il se trouvait. Plus tard, nous apprendrons que cet individu avait été désigné pour coordonner l'opération, mais que, pour des raisons restées obscures, il n'avait pas pu quitter l'Afrique du Nord.

Le 17 août, un nouvel attentat fut commis. À 17 h 10, un engin placé dans une poubelle explosa en haut de l'avenue de Friedland, à proximité de l'Arc de triomphe. Il fit dix-sept blessés, dont trois graves. Les experts rendirent leur verdict : l'engin était une bonbonne de gaz contenant un mélange identique à celui qui était utilisé à Saint-Michel.

Les systèmes de mise à feu et de retard étaient également les mêmes. De la mitraille faite de clous et d'écrous était présente dans le sac pour accentuer l'effet meurtrier. Pas de doute : il s'agissait des mêmes auteurs.

Nous savions désormais qu'une bande de terroristes avait la volonté de s'en prendre à notre pays de façon répétée et durable. Le poids de la responsabilité qui nous incombait se fit plus lourd encore. Nous n'avions pas le moindre indice nous permettant de remonter jusqu'aux auteurs pour les mettre hors d'état de nuire. Pis, nous savions qu'ils allaient continuer.

Le 26 août, vers 9 h 30, un explosif fut découvert en bordure de la voie ferrée du TGV à Cailloux-sur-Fontaines (Rhône). Il s'agissait d'un engin de forte puissance : une bouteille de gaz de treize kilos contenant dix-neuf kilos de poudre avec un système de mise à feu électrique. Le dispositif reposait sur la rupture d'un fil de pêche tendu au travers de la voie qui devait être sectionné par le train à son passage. Le fil ayant été accidentellement arraché, l'engin n'a pas explosé.

Le 3 septembre, en fin de matinée, une cocotte-minute explosa sous l'étal d'un marchand de légumes du marché du boulevard Richard-Lenoir (Paris XIe). Quatre blessés furent recensés.

Le lendemain, une bouteille de gaz de treize kilos fut découverte dans une sanisette de la place Charles-Vallin (Paris XVe). Elle aurait dû exploser la veille, à l'heure d'affluence du marché.

Le 7 septembre, à Villeurbanne (Rhône), une bouteille de gaz contenant le même mélange explosa dans le coffre d'une voiture, blessant grièvement un passant. À quelques minutes près, de nombreux enfants sortant d'un collège israélite se seraient trouvés à proximité du véhicule.

Le 6 octobre, avenue d'Italie (Paris XIIIe), l'explosion d'une bouteille de gaz de trois kilos blessa seize personnes.

Le 17 octobre, peu après 7 heures, vingt-six personnes furent blessées par l'explosion d'un engin placé dans le RER C entre les stations Orsay et Saint-Michel.

Les terroristes n'avaient pas l'intention de s'arrêter.

La piste de Khaled Kelkal

La population restait calme mais la peur était partout palpable. Les Français doutaient de la capacité de la police à mettre fin à cette série sans fin. Nous n'ignorions rien de tout cela. En serrant les dents, nous poursuivions nos investigations avec le plus grand professionnalisme.

Tout au long des enquêtes, le formidable travail du laboratoire central de la préfecture de police nous permit d'établir que les techniques utilisées étaient les mêmes pour chaque attentat. Nous avions donc la certitude qu'il s'agissait d'un seul groupe de terroristes, ou tout le moins à une inspiration unique. Cette appréciation fut confirmée par des articles d'*Al Ansar*. Dans une phraséologie obscure, bourrée de citations du Coran, le journal du GIA ne cessait de fulminer contre la France. Un communiqué en langue arabe daté du 23 septembre, signé de Djamel Zitouni, parvint ainsi à la présidence de la République par l'intermédiaire de notre ambassade à Alger.

Le texte rappelait des actions du GIA, dont l'assassinat de ressortissants français en Algérie en août 1994 ou la tentative de détournement de l'Airbus en décembre 1994, et affirmait son intention de poursuivre le djihad en France. Le groupe armé lançait même un appel au président de la République pour qu'il se convertisse à l'islam. Dans un premier temps, cette revendication fut évidemment jugée fantaisiste ou provocatrice. Comment la prendre au sérieux? Comment imaginer que les auteurs puissent croire que le chef de l'État y donnerait suite? Pourtant, une réflexion approfondie nous convainquit que cette demande était certainement sincère et illustrait l'état d'esprit de ses auteurs. Les hommes contre qui nous luttions ne devaient pas être considérés comme des malfaiteurs classiques. Ils étaient guidés par une foi aveugle en leur cause et par une volonté de substituer leur vision du monde à celles de tous les autres. Ces individus n'ambitionnaient rien moins que de remplacer les régimes démocratiques par leur interprétation de la loi islamique.

Les premières pistes sérieuses de l'enquête n'apparurent que quelques jours après la découverte du mécanisme destiné à causer l'accident du TGV Lyon-Paris le 26 août. Dans un premier temps, la police réalisa un coup de filet dans un hébergement collectif de travailleurs étrangers à Chasse-sur-Rhône (Isère). Cet établissement, appelé « la Maison des Célibataires », était placé sous surveillance depuis un certain temps. Si les résidents furent mis hors de cause dans l'affaire du TGV, les interpellations permirent de confirmer leur engagement dans le militantisme radical et révélèrent leur projet de faire sauter un dépôt pétrolier. Dans un deuxième temps, l'empreinte digitale d'un pouce gauche fut relevée sur du sparadrap fixé à la bouteille de gaz de Cailloux-sur-Fontaines. Cet indice put être obtenu grâce à une véritable prouesse technique de la police scientifique, tant les conditions matérielles étaient difficiles. Lorsque Bernard Gravet, le directeur de la PJ, descendit de son sixième étage pour m'annoncer la nouvelle, il exultait. Pour cet ex-sous-directeur de la police scientifique, cette réussite représentait une revanche contre tous ceux qui méprisaient son ancienne discipline. Supplément de chance : l'empreinte figurait dans le Fichier automatisé des empreintes digitales (Faed), son auteur ayant été incarcéré pour vol par le passé. Plus intéressant : l'individu était recherché par le Service régional de la police judiciaire (SRPJ) de Lyon depuis le 15 juillet. Une attestation d'assurance à son nom avait été retrouvée à Bron dans une voiture dont les deux occupants avaient tiré sur la police, blessant deux fonctionnaires avant de s'enfuir. Son nom : Khaled Kelkal.

Le parcours de Kelkal n'est guère éloigné de ceux des auteurs de la nouvelle vague d'attentats qui frappe aujourd'hui notre pays. Algérien arrivé en France à l'âge d'un mois en 1971, il a grandi en banlieue lyonnaise. À l'exception d'un de ses frères, condamné à de la prison pour vol à main armée, le reste de sa famille s'en sort bien. Kelkal est considéré comme un bon élève durant une grande partie de sa scolarité. Mais, lorsqu'il arrive à la fin du lycée, son comportement se dégrade. Il participe à des casses à la voiture bélier, qui se multiplient à Lyon. En juin 1990, à l'âge de dix-neuf ans, il est interpellé, puis condamné à quatre années de prison. Durant sa peine, il passe pour un détenu modèle. À sa sortie, il part en Algérie puis revient en France. Sa pratique religieuse est relative, même s'il a subi des influences islamistes en prison et en Algérie. À la lecture de son dossier, le profil de Kelkal correspond à celui de nombreux jeunes. Ce n'en était que plus inquiétant.

La police se lança à sa recherche. Kelkal était introuvable à Vaulx-en-Velin, où il résidait officiellement. Les recherches furent étendues à tous les lieux qui lui étaient familiers. Le facteur chance nous fut cette fois favorable. Le 29 septembre, au lieu-dit Col de Maleval, dans une zone forestière de la commune de Vaugneray, un promeneur intrigué par la présence de deux hommes pratiquant du camping sauvage prévint les forces de l'ordre. Lorsque les gendarmes se présentèrent sur les lieux, l'un des deux individus s'enfuit tandis que l'autre fit usage de son arme avant d'être blessé par la riposte des militaires. Interpellé, celui-ci fut rapidement identifié : il se nommait Karim Koussa. Qui était son complice en fuite ? Khaled

Kelkal. Dans leurs affaires laissées sur place, les gendarmes découvrirent le fusil à pompe qui avait servi à l'assassinat de l'imam Sahraoui, un pistolet-mitrailleur de marque Sten, des ouvrages religieux, des munitions, ainsi qu'un système de mise à feu électrique d'engins explosifs avec un retardateur. Le même que celui des attentats parisiens. Les barrages aussitôt mis en place permirent l'interpellation de deux autres individus : Abdelkader Mameri et Abdelkader Bouhadjar, des complices qui avaient assuré le ravitaillement de Kelkal et Koussa.

La traque fut lancée pour retrouver Kelkal, repéré deux jours plus tard sur la commune de Vaugneray, au lieu-dit Maison Blanche. Lorsqu'il se retrouva face aux gendarmes, il brandit dans leur direction un pistolet de calibre 7.65. S'estimant menacé, l'un des gendarmes de l'escadron parachutiste fit feu. Kelkal fut tué. Pour les responsables des forces de l'ordre, sa mort représentait un coup dur. Dans notre course contre la montre pour empêcher de nouveaux attentats, nous attendions de Kelkal qu'il nous livre des éléments essentiels pour la suite de l'enquête.

Un nouvel attentat évité

Les perquisitions se poursuivaient aux domiciles des interpellés et de leurs proches. Des documents retrouvés chez l'un des complices, Maamiri, nous intriguèrent : des feuilles de soin de l'hôpital Bichat (Paris) au nom d'un certain Slimani, dont le numéro de téléphone figurait également sur le carnet de Kelkal. Le 24 octobre, des surveillances mises en place sur la ligne téléphonique de Maamiri révélèrent qu'il avait été appelé depuis plusieurs cabines téléphoniques du XVIe arrondissement de Paris par un certain Mehdi. Le domicile de ce dernier fut à son tour localisé, au 30 de la rue Félicien-David à Paris. Toutes les cabines téléphoniques du quartier furent mises sur écoute. Le 31 octobre, Mehdi téléphona à un homme à Villeneuve-d'Ascq, près de Lille. La conversation fut enregistrée : il était question d'un attentat imminent sur un marché près d'une Maison des droits de l'homme. Les interlocuteurs ne mentionnaient pas le nom de la ville.

Les responsables de l'enquête se perdaient en perplexité. Le préfet de police, qui voulait à tout prix que ses services fassent une « belle arrestation », prétendait que c'était le Trocadéro qui était visé. Pour ma part, j'envisageais une autre cible. Alors que je relisais sans cesse le texte de la conversation téléphonique pour tenter de discerner le lieu visé, mon épouse, qui connaissait bien l'agglomération lilloise, me fit part d'une intuition : elle pensait qu'il s'agissait du marché de Wazemmes, près de la faculté de droit à Lille. Nous découvririons plus tard qu'elle avait vu juste.

L'imminence de l'attentat ne nous permettait pas de prolonger les filatures pour découvrir de nouvelles mailles du réseau. Il nous fallait interpeller tout de suite les suspects que nous connaissions. Tous les individus associés aux préparatifs de l'attentat devaient être interpellés dès que possible. Si d'autres membres du réseau auxquels ils pouvaient nous conduire parvenaient à s'échapper, tant pis ! La priorité était d'empêcher l'explosion pour sauver des vies.

Premier objectif : le dénommé Mehdi. L'homme, doté d'une carrure d'athlète, était manifestement très dangereux. L'interpellation devait donc avoir lieu dans la rue, et non à son domicile.

Le soir du 1er novembre, alors qu'il venait de descendre de son logement, Christian Lambert et l'équipe du Raid s'en saisirent et l'amenèrent dans les locaux de la 6 (la 6e division de la direction centrale de la police judiciaire). Contrairement à mes habitudes, j'ai assisté au retour de l'interpellation. Celle-ci s'est déroulée dans des conditions difficiles, avec des oppositions physiques. Le suspect s'en sortit avec quelques hématomes au visage. Les enquêteurs le fouillèrent. Son corps tressaillit comme celui d'un taureau dans l'arène. «Mehdi» se nomme en réalité Boualem Bensaïd. Âgé de vingt-huit ans, il était le coordonnateur opérationnel de l'ensemble des attentats. On retrouva chez lui une comptabilité de ses achats, un pistolet ainsi que des éléments sur la préparation des explosifs.

Le 2 novembre, ce fut au tour d'un de ses contacts, Smaïn Aït Ali Belkacem, d'être interpellé à Villeneuve-d'Ascq. Chez lui, on découvrit trois armes de poing, deux pistolets-mitrailleurs, une grenade défensive et un nombre important de munitions. Au milieu de l'appartement trônait un engin explosif en cours de confection : une bonbonne de gaz de treize kilos, du sucre en poudre et du chlorate de sodium ainsi qu'un système de mise à feu électrique semblable à ceux des attentats précédents. Nous découvrîmes aussi que le prochain attentat était bien prévu sur le marché de Wazemmes le 5 novembre.

Dans la foulée, trois complices furent arrêtés à Lille. Le dénommé Slimani, lui, fut arrêté à Vaulx-en-Velin. Des armes et des faux papiers furent découverts à son domicile. La structure opérationnelle était désormais hors d'état de nuire. Boualem Bensaïd reconnaîtra la responsabilité de son groupe dans la totalité des attentats. Il avouera également avoir participé à trois d'entre eux : celui qui a avorté contre le TGV, celui de l'avenue d'Italie en réplique à la mort de Kelkal et celui du 17 octobre contre le RER C. La suite des investigations précisera le rôle des uns et des autres dans l'organisation de cette vague d'attentats.

Originellement, l'émir du GIA, Djamel Zitouni, dépêcha en France deux responsables opérationnels : Boualem Bensaïd comme numéro 1 et Smaïn Aït Ali Belkacem comme numéro 2. Ceux-ci s'appuyaient sur un réseau qui avait été constitué par un homme du nom d'Ali Touchent, arrivé en Europe à cette fin dès 1993. Ali Touchent, précédemment passé par les Pays-Bas et la Belgique, était secondé par un individu appelé Safé Bourada[1]. Le groupe était financé depuis Londres par Rachid Ramda. Immédiatement interpellé en Grande-Bretagne, celui-ci ne sera livré à la justice française que des années plus tard. Ce délai, que nous avons toujours considéré comme scandaleux, était justifié par les autorités britanniques au motif que la justice française ne permettait pas la tenue d'un procès équitable! Heureusement la coopération judiciaire européenne a depuis fait des progrès…

Le financement n'était guère élevé, les traces des versements en provenance de Rachid Ramda se limitaient à quelques dizaines de milliers de francs. Tous les protagonistes des attentats vivaient de façon très modeste. Ils étaient hébergés par des connaissances, se déplaçaient de la façon la plus économique. Ils utilisaient des moyens rustiques mais terriblement efficaces. Ils se procuraient de faux papiers et des armes auprès d'anciens réseaux islamistes qui avaient rallié le GIA ou par l'intermédiaire de petits trafiquants. Quant au matériel explosif, qu'il s'agisse des produits chimiques ou des mécanismes de mise à feu, ils les achetaient dans les magasins de bricolage. Ils tenaient d'ailleurs scrupuleusement la comptabilité de leurs achats. À partir des tickets de caisse, la brigade criminelle de la préfecture de police remontera vers certains acheteurs.

Avons-nous arrêté l'ensemble des acteurs des attentats? Pas tout à fait, sans doute. Mais l'essentiel était que le réseau soit hors d'état de frapper à nouveau. À notre connaissance, un seul «gros poisson» nous a filé entre les doigts: Ali Touchent. Nous avons suivi sa trace, il nous a

1. Qui sera de nouveau interpellé fin 2005 alors qu'il reconstituait un groupe visant à commettre des actes criminels.

échappé de peu. Quelques années plus tard, il sera tué à Alger lors d'un affrontement entre la police et un commando du GIA.

Une guerre des polices?

Après trois mois d'angoisse, la France respirait enfin. Du fait des rapides retournements de l'opinion dans les périodes de drame national, le gouvernement bénéficiait désormais d'un regain de popularité. Les Français reprenaient leurs occupations comme si rien ne s'était passé. Pour les responsables de l'enquête, le sentiment du devoir accompli prédominait. L'heure était au soulagement, mais pas au triomphalisme : trop de sang avait coulé. Nous avions vécu le stress et l'épuisement, nous replongions à présent dans le travail de rénovation de l'institution policière au bénéfice de la sécurité de nos concitoyens.

Durant toute cette période, j'ai pu observer l'engagement total de nos services de police et de renseignement. Face à la tension extrême liée à l'impératif absolu de réussite, j'ai pu mesurer la qualité des hommes, leur rigueur, leur imagination. C'est pourquoi j'ai ressenti une véritable répulsion quelques années plus tard à la lecture d'un ouvrage, *Place Beauvau : la face cachée de la police*[1], qui a jeté la suspicion sur certains d'entre eux. Les auteurs accusaient des policiers d'avoir usé de mauvais traitements à l'égard d'individus interpellés au cours de l'enquête sur les attentats. Je veux en témoigner : jamais pendant les enquêtes je n'ai entendu parler de ces mauvais traitements. Il est d'ailleurs pour le moins troublant que la mémoire soit revenue à certains individus douze ans après… Après des dizaines

1. Par Jean-Michel Decugis, Christophe Labbé et Olivia Recasens, Éditions Robert Laffont, 2006.

d'auditions, l'enquête de l'IGPN[1] a conclu qu'aucun élément probant n'avait pu être apporté à l'appui de ces accusations. Sans doute quelques paires de gifles avaient pu être administrées, mais rien d'autre n'était prouvé.

Parmi les patrons du dispositif pour l'enquête des attentats, je tiens à distinguer un exceptionnel trio : Roger Marion, le patron de la sixième division de la PJ, Bernard Squarcini, chargé des services opérationnels de la direction centrale des RG, et Christian Lambert, numéro deux du Raid. Ces trois hommes, qui s'entendaient à merveille à l'époque, formaient une sacrée équipe. Le « petit café » qu'ils partageaient chaque matin en face du ministère était toujours l'occasion de progrès dans les hypothèses de travail. Depuis, ils ont fait leur chemin.

Christian Lambert a été un très bon préfet de Seine-Saint-Denis. Ne vivant que par et pour la police, il possédait une intuition exceptionnelle qui ne sera jamais démentie. Bernard Squarcini a terminé sa carrière administrative comme directeur central du Renseignement intérieur. On lui doit la réussite de la fusion entre la DST et les RG. Tout en finesse, il ne lâchait jamais sa proie. La police a beaucoup perdu avec son départ contraint, pour avoir trop bien servi son pays sous le pouvoir précédent... Un scandale ! Roger Marion est lui aussi devenu préfet. Il est aujourd'hui retraité. Ces dernières années, il a fait l'objet d'une controverse. Je souhaite lui rendre justice, je le fais d'autant plus librement qu'on ne peut me suspecter de parti pris. Quelques semaines après avoir pris mon poste de DGPN en 1994, j'avais demandé que d'autres fonctions lui soient confiées. Je le trouvais trop indépendant et il entretenait des rapports difficiles avec ses collègues. Pour illustrer son caractère éruptif, ces derniers l'avaient affublé d'un surnom scout : « Eagle Four ». Cela étant, il a fait preuve au cours de

1. Inspection générale de la police nationale.

la période des attentats de qualités d'enquêteur exceptionnelles ainsi que d'une capacité de travail sans limites. Je n'oublierai jamais ce qu'il a fait.

Je ne veux pas oublier les autres: Philippe Parant, le directeur de la DST; Roger Nart, son adjoint; Patrick Calvar, de la section antiterroriste de la DST; Bernard Gravet, le directeur de la police judiciaire; Martine Monteil, la responsable de la brigade criminelle; Bruno Laffargue, responsable de l'antiterrorisme aux RG de la préfecture de police, et bien d'autres encore. Malgré les épreuves, il nous est arrivé de partager de bons moments. Je me souviens de l'hilarité générale qui nous a gagnés lors d'une mission en Belgique, lorsque nous avons découvert que le service antiterroriste belge se nommait GIA (Groupe inter-administrations). Ou cet autre moment de franche rigolade lorsque nous avons suivi une partie de la nuit la filature d'un groupe d'individus qui se déplaçaient dans des trains de banlieue, sur la foi d'enregistrements téléphoniques de la DST indiquant qu'ils allaient «faire la bombe». Nous nous sommes rendu compte qu'en arabe comme en français «faire la bombe» pouvait signifier «faire la fête».

Chaque jour, je réunissais l'ensemble de ces responsables, en y associant parfois ceux de la DGSE, de la Sécurité publique et de la Gendarmerie. Il nous arrivait souvent de suivre en direct des filatures de jour comme de nuit. Nos réunions se tenaient dans la salle de l'Uclat[1], au sein de la direction générale. Parfois aussi dans mon propre bureau, car la DGSE ne souhaitait pas livrer aux autres services la totalité des informations dont elle disposait. La DGSE n'acceptait de ne les donner qu'à moi, il m'appartenait ensuite d'en faire le meilleur usage auprès de certains services de police. Pour être certain de ne rien négliger, je notais scrupuleusement tous les éléments

1. Unité de coordination de la lutte antiterroriste.

portés à ma connaissance sur un cahier d'écolier que je rangeais le soir dans mon coffre-fort. Je craignais à chaque instant d'oublier un détail qui aurait pu, par recoupement, se révéler décisif.

Je réunissais l'ensemble des responsables car il m'était vite apparu que toutes les informations disponibles devaient s'échanger entre les divers services si nous voulions obtenir des résultats. Il fallait une mobilisation générale, et il fallait un garant de cette mobilisation. C'était la fonction – et même le devoir – du directeur général que j'étais. Certains, qui auraient souhaité jouer un rôle plus important dans la résolution des enquêtes, ont regretté cette méthode. Des critiques, relayées par la presse, m'accusaient de vouloir « jouer les James Bond ».

Il est aussi arrivé que certaines décisions stratégiques soient contestées, comme le fait de ne pas communiquer à la totalité des services une information dont il fallait préserver la confidentialité pour garantir le succès de certaines interpellations. Il y eut de nombreuses fuites, je suis convaincu qu'elles n'étaient pas innocentes. Cette décision de ne pas informer tout le monde, je l'ai prise et assumée car j'estimais que vingt-quatre heures de confidentialité sur une opération conduite par un SRPJ n'étaient pas susceptibles de porter préjudice aux capacités d'action des autres services. Notamment pour la préfecture de police, qui se trouvait à plusieurs centaines de kilomètres…

Si le concept de « guerre des polices » est souvent exagéré, force est de constater que certains responsables de services aiment apparaître comme les héros d'une enquête. La réussite ouvre la voie à la notoriété, à la récompense, à l'avancement. Plus simplement, je crois que la réussite fait surtout plaisir à ceux qui se vouent à une cause. Que certains services veuillent résoudre une enquête avant leurs homologues, c'est humain. Mais il est inacceptable que ce soit au détriment du succès collectif.

Ni l'individualisme ni les stratégies personnelles ne sont de mise lorsque des vies sont en danger. Je ne suis pas policier, encore moins James Bond. Mes connaissances du Code de procédure pénale sont modestes, et je serais bien incapable de mener une enquête sur le terrain. Mais je n'oublie jamais que, face à une menace telle que celle de 1995, il est impératif d'obtenir de tous les services une coopération sans faille. Ce n'est qu'en les obligeant à travailler ensemble que l'on peut y parvenir. Ce que la coordination spontanée ne peut produire, seule l'autorité hiérarchique peut l'obtenir. Elle en a le devoir.

Cette exigence de l'unité des services est sans doute la principale conclusion que j'ai tirée de cette période dramatique. Il est regrettable qu'aujourd'hui, alors que la menace terroriste atteint un niveau très élevé, cette unité ait été rompue. Je persiste à penser que Manuel Valls a commis une faute lorsqu'il était ministre de l'Intérieur en donnant son autonomie à la DCRI[1]. En devenant une direction générale, ce service de renseignement échappe désormais à l'autorité du DGPN. Face à la menace terroriste, la France a pourtant plus que jamais besoin d'une unité d'action sans faille. La France a plus que jamais besoin que ses services s'épaulent et se coordonnent au quotidien. Comprenne qui pourra…

1. Direction centrale du renseignement intérieur.

8

Le chemin de la politique

Par ma formation, je suis ce qu'il est convenu d'appeler un haut fonctionnaire. Je l'ai été par les fonctions que j'ai exercées, mais aussi par conviction. J'appartiens à une génération pour laquelle le service de l'État représentait autant un idéal que la meilleure façon de réussir sa vie. J'ai rempli mes missions avec énergie et passion, essayant de porter au plus haut les valeurs de dévouement au service de la collectivité. J'ai toujours fait preuve de neutralité, d'impartialité. Pourtant, j'ai fini par m'engager au niveau politique. J'ai choisi de suivre un homme en qui je croyais, et en qui je crois toujours bien qu'il soit désormais retiré de l'action publique : Nicolas Sarkozy.

Un maire de Neuilly qui aime le jus d'orange

Après avoir longtemps été un fonctionnaire loyal envers les gouvernements successifs, je me suis mis au service d'un projet politique. J'ai décidé de me battre pour les réformes qui étaient à mes yeux les seules susceptibles d'offrir à nos enfants de véritables perspectives de réussite, dans le respect des valeurs fondamentales de la France. Les seules qui permettraient à notre pays de conserver son rang sur la scène internationale. Mon basculement vers la politique s'est préparé en plusieurs étapes qui m'en ont rapproché, entrecoupées de retour dans le corps préfectoral. De 1977 à 1981, j'ai été conseiller technique dans le cabinet de Christian Bonnet au ministère de l'Intérieur. Entre 1993 et 1994, j'ai été dix-huit mois directeur adjoint du cabinet de Charles Pasqua dans ce même ministère, en charge de la politique de sécurité. D'octobre 1994 à février 1998, j'ai été directeur général de la police nationale. J'ai obtenu des résultats probants : la délinquance a baissé et d'importantes réformes ont été réalisées.

J'ai connu Nicolas Sarkozy dans les années 1980, lorsque j'étais secrétaire général de la préfecture des Hauts-de-Seine, dont il était député et conseiller général en plus de son mandat de maire de Neuilly. Le futur président faisait déjà preuve d'un dynamisme dans tous les domaines. En tant que vice-président du conseil général chargé de la culture, il a été à l'initiative du « Festival de musiques actuelles », qui a lieu chaque année début avril. Nicolas Sarkozy bénéficiait d'une notoriété bien moindre que celle qui sera la sienne, mais s'était déjà fait connaître dans les rangs du RPR, ne serait-ce que par son élection à Neuilly à la barbe de Charles Pasqua. Malgré sa jeunesse, il avait vite su imposer sa marque au sein du parti gaulliste. Sa forte personnalité était manifeste.

Un jour, lors d'une cérémonie organisée par le conseil général, il était arrivé en retard, ce qui est très inhabituel chez lui. Furieux que la cérémonie ait commencé sans l'attendre, il l'avait fait savoir. De temps à autre, il me conviait à la mairie pour évoquer les grands objectifs de sa ville, comme l'enfouissement de l'avenue Charles-de-Gaulle entre la porte Maillot et La Défense, qui n'a pu être réalisé qu'à moitié mais qui a amélioré le quotidien de nombreux habitants. Lors de notre premier déjeuner, je fus intrigué par le personnage. Habitué à partager la table d'élus de province souvent âgés et bons vivants, je me retrouvai face à un jeune maire qui ne buvait que du jus d'orange.

carrière

anecdote

Après mon départ des Hauts-de-Seine, je n'ai pas revu Nicolas Sarkozy durant de nombreuses années. En 2002, alors que j'étais préfet de la région Bretagne, j'ai accueilli Jacques Chirac pour son premier meeting du second tour de la présidentielle. Lorsque je l'ai raccompagné à son avion, le chef de l'État me salua d'un sibyllin : « Nous aurons bientôt besoin de vous à Paris... » Quelques jours plus tard, Brice Hortefeux, le plus ancien compagnon de Nicolas Sarkozy, me téléphona pour me demander de venir à la mairie de Neuilly. Lorsque je lui demandai « Faut-il que je vienne avec des valises ? », il me répondit : « Ce serait mieux. » Ce fut une confirmation de ce qui m'était revenu aux oreilles : j'étais pressenti pour devenir directeur de cabinet de Nicolas Sarkozy, que l'on annonçait au ministère de l'Intérieur. Une décision somme toute logique, puisque ce poste était traditionnellement réservé à un préfet de région.

D'expérience, je connaissais la façon de travailler de Nicolas Sarkozy : des objectifs clairs et de l'énergie pour les mettre en œuvre. La perspective d'agir à ses côtés m'enthousiasmait. Lorsque la proposition devint officielle, je n'hésitai pas une seconde. Face aux attentes des Français en matière de sécurité, le défi qui nous attendait était exaltant. Il nous fallut cependant patienter un jour de plus avant de nous installer place Beauvau. Alors que les transitions se préparaient dans l'ensemble des ministères, le titulaire de l'Intérieur sortant, Daniel Vaillant, demeurait injoignable. Malgré nos efforts et ceux de ses propres collaborateurs, impossible de mettre la main sur lui pour organiser la passation de pouvoir le jour où nous souhaitions nous installer. La passation eut lieu le lendemain.

Le cabinet fut constitué d'une équipe de haut niveau. Pour m'épauler dans mes fonctions, je pouvais compter sur un préfet d'expérience, Daniel Canepa ; un général de gendarmerie, Guy Parayre ; un grand policier, Jacques Lamotte ; une maître des requêtes au Conseil d'État, Emmanuelle

Mignon ; ainsi que Frédéric Lefebvre pour les relations avec le Parlement et Franck Louvrier pour la communication. Brice Hortefeux rejoignit aussi l'équipe. Tous connaîtront par la suite de brillantes carrières. Commencèrent alors deux années d'un travail de tous les instants : augmentation des effectifs, remobilisation de la police et de la gendarmerie, adaptation des moyens juridiques aux nouvelles formes de délinquance, programmation sur cinq ans des moyens humains et matériels pour lutter contre le crime, rénovation des locaux des commissariats, nouveaux achats de véhicules. La nouvelle organisation avait pour objectif de compenser en partie l'effet catastrophique des 35 heures : la réduction du temps de travail avait fait diminuer le nombre de policiers dans les rues. Très vite, nous avons obtenu des résultats.

Un ministre trop populaire

Grâce à ses succès au ministère de l'Intérieur, l'étoile de Nicolas Sarkozy ne cessait de monter. Son niveau de popularité atteignait des sommets. Non seulement il rendait confiance aux Français dans le domaine de la sécurité, mais il leur donnait aussi le sentiment qu'un responsable politique pouvait encore changer leur quotidien. Malgré sa réussite place Beauvau, en mai 2004, Nicolas Sarkozy fut poussé à devenir ministre de l'Économie et des Finances. Ce fut un choc. Ne pouvant me douter d'un tel retournement de situation, j'avais décidé de partir une semaine en Sicile avec mon épouse. Alors que nous arrivions au parking de l'aéroport, Nicolas Sarkozy m'appela sur mon portable pour m'annoncer la nouvelle. Il souhaitait mon avis sur le sujet, je regagnai aussitôt le ministère. La Sicile attendra l'été suivant… Dans l'heure qui suivit, je me retrouvai dans le bureau du ministre avec plusieurs de ses proches collaborateurs pour discuter de la « proposition » de prendre Bercy. Tout le monde était d'accord : le poste était très exposé et ingrat. On y devient rarement populaire... La fonction pouvait aussi être un piège, tant les difficultés financières de notre pays étaient grandes. Mais Nicolas Sarkozy pouvait difficilement refuser, sous peine de fuir ses responsabilités. Et puis il connaissait déjà le ministère, ayant été en charge du Budget dans le gouvernement Balladur.

À ma grande surprise, il me proposa de devenir son directeur de cabinet dans ses nouvelles attributions. Je fus touché par sa confiance, mais je lui demandai de me laisser une nuit de réflexion avant de lui donner ma réponse. Les Finances n'étaient pas mon domaine d'expertise, la responsabilité était lourde. Serai-je capable d'assister le ministre dans cette responsabilité sans aucune spécialité financière, au sein d'un ministère où la compétence et la technicité requises sont considérables ? Je craignais de ne pas être à la hauteur. Pourtant, à la première heure du lendemain, je lui dis que j'acceptais. Deux éléments avaient motivé mon accord. Je considérais d'abord que, s'il m'avait demandé de le suivre, c'est qu'il en éprouvait le besoin. Il avait dû estimer que j'étais capable d'animer n'importe quelle équipe, et qu'il pouvait se reposer sur moi. Il est vrai qu'après deux ans passés à ses côtés il n'avait même plus besoin de me dire ce qu'il souhaitait pour que je le devine. J'étais en mesure de pressentir ses attentes et ses décisions. De plus, je me suis convaincu que ma tâche au sein du ministère ne serait pas de rivaliser avec les meilleurs techniciens, mais de m'efforcer d'être un garant de la cohérence politique. C'est ainsi que je devins le premier préfet nommé directeur de cabinet du ministre des Finances.

À Bercy, l'inventivité, le dynamisme et l'énergie de Nicolas Sarkozy firent de nouveau des merveilles. Par son expérience dans le gouvernement Balladur, il maîtrisait parfaitement les questions budgétaires et fiscales, pour lesquelles il était secondé par le secrétaire d'État Dominique Bussereau. Il s'investissait à fond dans les dossiers macroéconomiques et dans les sujets européens, sur lesquels il noua un partenariat d'exception avec Gordon Brown, le chancelier de l'Échiquier britannique. Il se passionnait aussi pour les questions de consommation et pour les dossiers industriels, avec le concours du ministre délégué à l'Industrie Patrick Devedjian.

Nous ne sommes restés à Bercy que huit mois. Durant cette période, la consommation a été relancée. Les 10 milliards de rentrées fiscales excédentaires ont été mis au service du désendettement. La croissance annuelle grimpait à 2,5 %. Les statuts d'EDF et de GDF furent modifiés. Les prix baissaient dans la grande distribution. La loi d'orientation de l'énergie fut votée. Sanofi et Aventis fusionnèrent. Alstom fut sauvé. Enfin, les bases du renouveau économique de la France étaient lancées grâce à l'exceptionnel travail de Michel Camdessus, l'ancien directeur général du FMI qui, en un temps record, rendit un rapport sur l'état de notre pays et les orientations de son redressement. Nous n'avons pas eu le temps de les mettre en œuvre, mais le contenu du rapport marqua les esprits de nombreux responsables et reste une source essentielle de réflexions pour l'avenir.

Ces quelques mois à Bercy furent un bonheur intellectuel que j'aurais volontiers prolongé. Ils me firent presque regretter de ne pas avoir choisi d'entrer à la direction du Trésor à ma sortie de l'Ena. Je me tenais informé de tout. Le soir, je me plongeais dans les volumineuses notes de la direction du Trésor. Je sélectionnais celles qui méritaient la lecture personnelle du ministre. Mais je me gardais d'entrer sur le terrain technique. François Pérol, le directeur adjoint du cabinet, était bien plus compétent en la matière. Le mercredi matin, quand je réunissais les cabinets des trois ministres de Bercy, je me sentais à ma place.

Départ du gouvernement

En octobre 2004, Nicolas Sarkozy fut de nouveau contraint à un choix imposé. Son ambition de briguer la présidence de l'UMP n'était plus un secret, mais il n'avait pas pour autant l'intention de quitter le gouvernement. Le président de la République, Jacques Chirac, décida pourtant que l'on ne pouvait être à la fois ministre et chef du parti. Plus exactement : il décida que Nicolas Sarkozy ne pouvait pas l'être, car, pour d'autres, c'eût été concevable. Dans le même temps, Sarkozy subit les mises en cause de l'affaire Clearstream, dans laquelle il était accusé de posséder un compte caché au Luxembourg. Il en était ulcéré ! Si Sarkozy est capable de se montrer irascible et d'exprimer bruyamment son mécontentement, il s'agissait cette fois d'une colère contenue. Il se demandait ce qui lui tombait sur la tête, convaincu qu'il s'agissait d'une manipulation. Les faits lui donneront raison. Nicolas Sarkozy savait que la résolution prise par le chef de l'État n'était pas une décision de principe, et que si un autre que lui avait été candidat à la présidence de l'UMP, le cumul aurait été accepté. Avec Jacques Chirac, il savait à quoi s'en tenir : le président de la République se méfiait de lui et ne l'aimait pas. Bien qu'il ait le cuir endurci par des années de vie politique, Nicolas Sarkozy en souffrait. Contrairement à ce que laisse penser son image publique, il est avant tout un affectif.

Le choix fut vite fait : Sarkozy décida de se porter à la présidence du parti. Plus que jamais, il était animé par l'ambition de servir ses concitoyens au niveau suprême, là où il pourrait véritablement donner à la France le mouvement qui la sortirait de l'ornière dans laquelle elle s'enfonçait chaque jour un peu plus. Il savait que, sans la maîtrise du parti, parvenir à ses fins se révélerait bien plus ardu. Il savait aussi que, s'il laissait échapper la direction de l'UMP, le premier désaccord avec l'Élysée servirait de prétexte pour lui faire quitter le gouvernement. Il ne pèserait plus rien dans le champ politique et ne pourrait plus préparer l'avenir.

En ce qui me concerne, ce fut une déception. J'appréciais beaucoup ma fonction à Bercy. Lors de mes échanges avec Nicolas Sarkozy sur la question de son départ, je me laissais même aller à insister un peu trop sur les bénéfices qu'il pouvait tirer en demeurant à Bercy. Contre toute logique, j'arguais que rester ministre consoliderait sa stature en vue de la présidentielle. Mais Nicolas Sarkozy ne fit pas ce choix-là.

Désormais sans emploi je devais me retrouver une activité professionnelle. Je fis donc savoir au cabinet du président de la République que j'étais candidat au poste de préfet de police de Paris, qui serait bientôt vacant. Une fonction pour laquelle j'estimais posséder les compétences, nombre d'observateurs m'y voyaient d'ailleurs destiné. J'entrepris également des démarches auprès du Premier ministre et du ministre de l'Intérieur. Tous mes interlocuteurs accueillaient ma candidature de la façon la plus encourageante. Pourtant, deux semaines plus tard, j'appris que les choses étaient en réalité plus compliquées. Dès le mois de juillet, il avait été décidé entre le président, le ministre de l'Intérieur et celui de la Défense que le nouveau préfet de police serait Pierre Mutz, alors directeur général de la gendarmerie nationale. Bien sûr, j'essayai de faire valoir mes arguments. Je rencontrai Dominique de Villepin place Beauvau, qui me répondit qu'il allait en parler au chef de l'État. Nicolas Sarkozy plaida lui aussi ma cause auprès de Jacques Chirac lors d'un entretien. Juste après leur rendez-vous, Sarkozy me téléphona pour m'annoncer que le président de la République souhaitait me voir.

Jacques Chirac me reçut le jour même, dans son bureau de l'Élysée. C'était la première fois que j'y pénétrais. Chaleureux et affable, il m'accueillit dans le petit coin salon près de la porte d'entrée. Fidèle à son personnage, le président m'annonça qu'il était exclu que je quitte mes fonctions à Bercy sans une affectation qui me convienne. Il évoqua le Conseil d'État, une ambassade, le poste de ministre d'État de la principauté de Monaco… En me raccompagnant, il laissa même entendre que ma nomination à la préfecture de police était encore envisageable. À l'arrivée, ce sera bien Pierre Mutz qui sera nommé au poste… Je compris alors qu'il n'avait jamais été question de revenir sur cette décision.

Je dois à la vérité de dire que Jean-Louis Borloo m'a appelé pour me proposer le poste de directeur général de l'ANPE. Mais gérer le chômage sans avoir aucune prise sur la politique de l'emploi ne me motivait guère. Jean-Pierre Raffarin, de son côté, me proposa la présidence de Réseau ferré de France (RFF). Je connaissais bien le fonctionnement de cette entreprise qui avait mis en œuvre de grands projets, dont les nouvelles lignes TGV. Malheureusement, elle ne faisait désormais que gérer du déficit. Je n'ai pas eu le temps de m'éterniser à peser le pour et le contre de ces propositions. Nicolas Sarkozy se montrait fort mécontent que l'on ne m'ait pas nommé préfet de police. D'une certaine façon, il y voyait un acte de défiance à son égard. Sans doute aussi n'avait-il pas envie que je le quitte, alors qu'il était encore loin du but qu'il s'était fixé. Il me demanda donc de devenir son conseiller spécial à la présidence du conseil général des Hauts-de-Seine. Je n'hésitai pas un instant : je le suivrai pendant sa « traversée du désert », je travaillerai le jour pour le conseil général et le soir pour le président du parti.

L'heure de l'engagement

Si j'ai été vexé de ne pas être nommé préfet de police, ce que j'aurais accompli à ce poste m'aurait sans doute apporté moins de satisfactions que mes fonctions à venir. Mais je ne pouvais pas le savoir... Reste que cet échec a marqué la date de mon entrée en politique. Le 27 novembre 2004, la naissance de mon troisième petit-fils, Antoine, m'empêcha de participer à la fête des jeunes de l'UMP. Mais, le lendemain, j'étais au congrès du Bourget pour l'accession de Nicolas Sarkozy à la présidence du parti. C'était la première fois que j'assistais à un congrès politique. Je ne soupçonnais pas ce que pouvait être une foule de militants clamant leur enthousiasme. Un moment extraordinaire.

Quelques jours plus tard, alors que je n'avais jamais adhéré à aucune formation, je pris ma carte de l'UMP. Cet engagement en politique, je le dois à ceux qui ont estimé que je devais être éloigné de la haute fonction publique. Sans doute était-ce la première fois dans l'histoire récente qu'un ancien directeur de cabinet du ministère de l'Intérieur qui n'avait pas démérité soit ainsi écarté alors que la majorité politique n'avait pas changé. Peu importe que j'aie servi avec une loyauté sans faille. Peu importe qu'en tant que directeur général de la police j'aie fait reculer la délinquance. Peu importe que j'aie dirigé les enquêtes ayant permis d'interrompre la vague d'attentats qui ont frappé le pays en 1995. J'ai été viré pour le seul crime d'être un proche de Nicolas Sarkozy. Contraint de choisir mon camp, je l'ai choisi ! J'ai perdu beaucoup d'illusions sur la fonction publique mais une conviction s'est retrouvée renforcée : il était temps que la France change.

Si ce choix de l'engagement m'a été imposé par les circonstances, il était aussi l'aboutissement d'une réflexion. Mon départ de la fonction publique ne m'a peiné que quelques jours. Après une longue expérience au service de mon pays, j'étais parvenu à la certitude que l'efficacité d'un haut fonctionnaire ne peut trouver toute son expression que si l'action politique le lui permet. Si talentueux et dévoués soient-ils, les grands commis de l'État gaspillent leur énergie et tournent en rond si la ligne politique qui guide leur action est incertaine. Ils ne peuvent que perdre leur temps si les responsables ne répondent pas aux attentes des Français, si les erreurs des gouvernements déçoivent leurs espoirs. Pour la génération de hauts fonctionnaires qui est la mienne, malgré les métiers passionnants qu'il nous fut donné d'exercer, la déception était grande. Immense était le fossé qui séparait les espoirs que nous avions mis dans notre action et la réalité de la situation de notre pays.

Ce n'est ni le talent ni le savoir-faire qui nous avaient manqué, c'était la volonté et le courage de nos gouvernants. Parfois, aussi, la simple lucidité. Le fonctionnaire que j'étais vivait avec intensité les attentes de ses concitoyens, leurs désillusions, leur manque croissant de confiance en l'avenir. Je ne pouvais qu'être consterné d'observer jour après jour le ronronnement satisfait des mécanismes du pouvoir face à l'immense espérance qui restait sans réponse. Je ne pouvais qu'être attristé au regard de l'impuissance du pouvoir, ses hésitations à prendre les décisions dont la France et les Français avaient besoin. Au terme d'une vie professionnelle bien remplie, je n'avais d'autre choix que d'agir pour le changement. Je voulais participer à une aventure qui rendrait tout son sens à la politique, mais qui lui rappellerait aussi ses devoirs.

9

L'arrestation d'Yvan Colonna

J'aimerais revenir sur une affaire que j'ai eu à traiter lorsque j'étais directeur de cabinet de Nicolas Sarkozy au ministère de l'Intérieur. Une affaire qui comporte une dimension personnelle et dont les racines remontaient à plusieurs années.

L'assassinat du préfet Érignac

Le dernier dossier criminel auquel j'ai été confronté en tant que directeur général de la police nationale fut celui du meurtre de Claude Érignac, préfet de la région Corse. C'était le 6 février 1998, le soir où je quittais mes fonctions.

Claude Érignac était un collègue et un ami. Dans le corps préfectoral, nous sommes assez peu nombreux : environ cinq cents, dont une bonne centaine de préfets. Au hasard des réunions parisiennes, ou des séminaires de formation, tout le monde finit par se connaître. De plus, compte tenu de l'acuité des problèmes de sécurité en Corse, j'étais souvent amené à le côtoyer en tant que directeur général de la police. Ensemble, nous échangions sur des sujets de sécurité, bien sûr, mais aussi sur la Corse en général. Il me parlait avec enthousiasme de l'île et de ses habitants. Respecté dans l'ensemble du corps pour son élégance naturelle, sa finesse, son affabilité, Claude Érignac était aussi ce que l'on appelle un préfet de terrain. Lorsqu'il était en fonction dans les Yvelines, il avait été question qu'il soit nommé dans la région Auvergne. Le destin est parfois cruel. Ce sont ses qualités éminentes qui l'avaient fait désigner pour aller en Corse, un territoire où il est particulièrement difficile de représenter l'État, parce que cela signifie être à la fois le visage de la France et celui de la loi.

Claude Érignac s'était pris d'amour pour cette île. Il aimait ses paysages grandioses, l'attachement de ses habitants à leur terre, leurs traditions et leur vivacité intellectuelle si particulière. Il aimait rencontrer les gens, y compris les responsables nationalistes. Il se rendait dans les villages pour saluer les initiatives locales, la création des fermes auberges, le développement des salaisonneries. Toutes ces réalisations qui témoignaient de la volonté de rester fidèles aux traditions tout en demeurant au pays. Il ne manquait pas un concert de chants traditionnels. Ce soir-là, il devait justement assister à un concert, au théâtre Le Kalliste d'Ajaccio. Il déposa sa femme, gara sa voiture et se dirigea à pied vers le théâtre. C'est à ce moment qu'il fut abattu d'une balle dans la nuque, avant d'être achevé de deux autres balles alors qu'il était à terre. Le tireur déposa à son côté l'arme du crime. Une arme qui avait été volée lors d'une prise d'otages, dans une brigade de gendarmerie, à Pietrosella. Quelques jours plus tard, le meurtre sera revendiqué par un groupe qui se baptisait Les Anonymes. Le communiqué revendiquera en même temps un attentat commis l'automne précédent contre l'Ena à Strasbourg, et un autre contre le Palais des congrès de Vichy.

En quittant la place Beauvau pour la préfecture de Franche-Comté, je me sentais profondément attristé mais aussi frustré. J'étais envahi par l'impression d'un devoir inachevé. J'aurais voulu être en mesure de venger Claude Érignac en livrant ses assassins à la justice. Quatre ans plus tard, lorsque je revins au ministère de l'Intérieur comme directeur de cabinet, plusieurs individus soupçonnés d'avoir participé au meurtre étaient sous les verrous. Tous avaient reconnu leur participation à l'assassinat. En juillet 2003, ils seront huit à être condamnés par la cour d'assises spéciale. Deux d'entre eux seront plus tard acquittés. Le principal suspect, Yvan Colonna, dont le portrait ornait les murs de tous les locaux de police et de gendarmerie, restait introuvable. Le 23 mai 1999, il avait échappé au coup de filet qui avait permis l'arrestation des autres membres du groupe. Pour le nouveau ministre de l'Intérieur, Nicolas Sarkozy, c'était une exigence morale et républicaine qu'Yvan Colonna soit interpellé et présenté à la justice.

Tout de suite après sa prise de fonction, il rencontra l'épouse de Claude Érignac et ses enfants pour leur faire part de sa détermination. Par la suite, il les recevra chaque mois pour les tenir informés des recherches et des moyens engagés. Immédiatement, nous avons mis en place une organisation de nature à optimiser l'efficacité du travail d'investigation.

Tous les quinze jours, je réunissais, avec le DGPN Michel Gaudin, l'ensemble des directeurs et chefs de service pouvant apporter une contribution à l'enquête. Autour de la longue table de réunion qui encombrait mon bureau se retrouvaient ainsi les responsables de la PJ, des RG, de la DST, de l'Uclat, du Raid, et leurs principaux collaborateurs tels que Bernard Squarcini et Roger Marion. Comme en 1995 lors des attentats islamistes, il s'agissait de faire circuler l'information, de distribuer les rôles, de mettre en place les moyens humains, matériels et financiers nécessaires. Durant deux heures, les analyses s'échangeaient, des décisions étaient prises, des nouvelles directions d'enquête étaient ouvertes, des pistes étaient refermées. Souvent, le ministre se joignait à nous. Dès qu'une information nouvelle nous parvenait, je le tenais informé. Au fil du temps, une multitude de pistes nous mèneront un peu partout sans arriver nulle part. Au départ, nous ne savions même pas si Yvan Colonna était encore en Corse.

La traque, du Venezuela au Val-de-Marne

Colonna nous avait été signalé au Venezuela. Un ami corse, qui entretenait des rapports réguliers avec d'autres Corses de l'entourage d'Hugo Chávez, m'avait rapporté que les services vénézuéliens pensaient l'avoir repéré et proposaient leur concours pour l'arrêter. Au cours de mes vacances de 2002, je me tenais en permanence prêt à aller à la rencontre des responsables de ces services. Car, en cas d'arrestation, il aurait fallu activer les canaux de coopération entre les deux pays. Le volet vénézuélien débouchera finalement sur l'interpellation de deux trafiquants de stupéfiants corses sur l'île de Margarita, au nord-est de Caracas. Aucun d'eux n'était celui que nous cherchions.

Nous avons aussi recherché Yvan Colonna en Sardaigne, d'où sa femme est originaire. Les policiers italiens nous avaient donné des renseignements sur la présence d'un couple suspect. Mais ce fut une fausse piste. Nous l'avons cherché au Brésil, où vit une colonie corse non négligeable. Nous l'avons cherché dans un camp de révolutionnaires en Amérique du Sud. Pour nous assurer de l'identité du Français qu'on nous signalait comme étant susceptible d'être Yvan Colonna, nous avons même entrepris de faire voler et rapatrier ses sous-vêtements afin d'effectuer des tests d'ADN. L'analyse fut réalisée : ce n'était pas lui. En avril 2003, un officier de marine marchande, crédible, affirmait l'avoir vu à deux reprises à Madagascar. D'abord au restaurant La Vanila à Nocibé, en février 2002, ensuite le 13 ou le 14 mars 2003 au bar de l'hôtel Colbert à Tananarive. L'officier semblait sûr de lui. Le renseignement paraissait d'autant plus intéressant que les contrôles de trafics téléphoniques indiquaient des contacts réguliers entre Madagascar et le village corse de Piana, d'où Colonna est originaire. L'équipe de police judiciaire envoyée à Madagascar recueillit également des témoignages encourageants : quatre employés de La Vanila donnèrent l'adresse d'un homme qu'ils estimaient être Colonna, d'après la photo qui leur avait été présentée. L'homme en question était bien un Français qui ressemblait à Colonna, mais ce n'était pas lui.

Par la suite, nous avons fait fouiller tous les phares de Corse ainsi que ceux de la petite île de Montecristo, où se trouve une résidence officielle du président de la République italienne. Des recherches plus importantes ont été conduites à La Ciotat (Bouches-du-Rhône), dans le Val-de-Marne et dans le Loiret. C'était la police sarde qui nous avait conduits à La Ciotat. Un inspecteur de leurs services avait recueilli un « tuyau » selon lequel des individus appartenant au milieu corse avaient organisé l'hébergement de Colonna dans cette ville. Plusieurs observations établissaient par ailleurs que des activistes corses connus étaient en contact avec un bar de La Ciotat où il était supposé avoir ses habitudes. Plusieurs semaines durant, les interceptions téléphoniques et les observations visuelles se poursuivirent autour du bar en question. Sans succès.

Le Val-de-Marne était un département auquel nous portions une attention particulière : le 19 décembre 2000, une lettre de Colonna avait été postée depuis Charenton. Dans ce courrier, il démentait être l'assassin de Claude Érignac. Des éléments encourageants furent encore une fois recueillis, mais, comme toujours ils finissaient par se révéler décevants. Lors de ce type d'enquête, des recoupements se font, des vraisemblances apparaissent qui conduisent à penser que l'on tient le bon fil. Mais la vraisemblance n'est pas une preuve. C'est ce que nous avions également constaté en surveillant le bar d'un ex-entraîneur de boxe en banlieue parisienne, ainsi qu'en perquisitionnant le domicile, près de Montargis, d'une femme qui nous était présentée comme abritant régulièrement des fugitifs. Jamais nous ne nous sommes découragés au cours de cette longue et difficile enquête. Nous avions décidé d'explorer toutes les pistes, même les plus improbables. Les échecs étaient toujours vécus comme des gages de succès à venir : ils signifiaient que c'était dans d'autres directions qu'il fallait chercher.

L'enquête se concentre sur la Corse

La conviction s'est emparée de nous qu'Yvan Colonna se trouvait très certainement en Corse. Plusieurs éléments d'analyse nous menaient à cette certitude. Le premier était d'ordre psychologique. Yvan Colonna était un vrai Corse qui vivait intensément, physiquement, son île, ses paysages, sa nature. Il était berger, c'était un choix de sa part. La Corse était son milieu, il devait s'y sentir en sécurité. Plus que partout ailleurs, il pouvait y trouver des complicités. Dans le même registre psychologique, on pouvait observer que sa famille manifestait une réelle sérénité. Elle ne donnait aucun des signes d'inquiétude qu'une famille nourrit normalement lorsqu'un des siens se trouve au loin sans que l'on puisse communiquer avec lui.

Par ailleurs, le fils d'Yvan Colonna avait des problèmes de santé. Nous l'avons d'ailleurs suivi à Marseille pour voir si des contacts avec son père n'avaient pas lieu à l'occasion de ses consultations médicales. Nous savions qu'Yvan Colonna était très proche de son fils. Tout de suite après son arrestation, il demandera à le voir, ce qui lui sera accordé. Un déplacement de la famille avec l'enfant dans la montagne nous avait aussi beaucoup intrigués. Il n'avait pas été possible de suivre jusqu'au bout le 4×4 qui les transportait, mais l'intuition nous disait que, ce jour-là, le garçon avait dû rencontrer son père.

Des éléments plus matériels ancraient en nous cette conviction. Nous n'avions pas utilisé les moyens de nos prédécesseurs, qui consistaient à faire tourner un avion dans le maquis pour effectuer des repérages de source thermique pouvant révéler une présence humaine. Les traces thermiques en question venaient en fait de sangliers... En revanche, la DST avait été sollicitée. Elle avait mis au point un logiciel de surveillance du trafic téléphonique permettant d'observer des milliers de communications. Entendons-nous bien : ces observations n'avaient rien de nominatif, elles n'entraient en aucune façon dans le secret des communications. Elles avaient simplement pour objet de repérer les singularités dans les volumes de trafic téléphonique, comme un nombre d'appels important entre un tout petit village de Corse et un pays lointain. Ce logiciel restera un acquis, la méthodologie développée à cette occasion servira à nouveau. Mais rien de particulier ne ressortait des études de la DST. Un examen systématique des canaux financiers susceptibles d'alimenter Yvan Colonna en argent fut également mis en œuvre. Cela ne donnait rien non plus. Pas d'échanges téléphoniques particuliers, pas de mouvement financier... En toute logique – même si la logique n'empêche pas d'explorer tous les indices –, Yvan Colonna ne devait pas se trouver très loin des siens.

Les moyens des différents services furent encore renforcés, notamment ceux des RG et du Raid. Une autre piste se présenta. Nous avions appris que deux journalistes étaient en contact avec la famille et des amis de Colonna. Leur objectif était de réaliser une interview du fugitif, ce qui aurait été un « scoop » pour eux, mais aussi une humiliation pour nous. Nous avons donc décidé de les suivre. La surveillance fut longue et fastidieuse. Lorsqu'une rencontre entre Colonna et les journalistes fut envisagée à une foire de produits locaux de L'Île-Rousse, une quinzaine de policiers en civil se mêlèrent à la foule. À force d'attendre sans éveiller les soupçons, ceux-ci achetèrent des provisions d'huile d'olive pour des années… Mais Yvan Colonna ne s'est jamais présenté.

Malgré cet énième échec, nous poursuivions nos efforts. Si Colonna était en Corse, il existait forcément un système de liaison entre lui et ses proches. C'était ce système qu'il fallait découvrir. Peu à peu, les observations du Raid et des RG permirent de repérer que des membres de l'entourage d'Yvan Colonna déposaient de temps à autre des messages dans une société de transports d'Ajaccio. Ces messages étaient ensuite transmis à « André Colonna d'Istria », qui gérait un camping à Propriano. En mai 2003, les filatures nous conduisirent à une bergerie située à Olivese. Yvan Colonna y avait peut-être séjourné, mais ce n'était plus le cas.

Le 7 juin 2003, les filatures nous amenèrent vers une autre bergerie située au pied du Monte Barbatu. Sur place, les hommes du Raid photographièrent au téléobjectif un lit de camp et des journaux récents qui jonchaient le sol. Quelqu'un vivait là. Le 29 juin, le Raid filma un homme qui s'avançait vers le portail de la propriété, sans doute alerté par des promeneurs sur le chemin de randonnée qui jouxtait la bergerie. L'individu était torse nu, costaud, avec une épaisse touffe de cheveux. La vidéo fut analysée à Paris. Les policiers qui avaient rencontré Yvan Colonna par le passé n'étaient pas catégoriques, mais tous affirmaient la même chose : cet individu pouvait être lui.

L'arrestation

Le 4 juillet au matin, les hommes du Raid étaient sur place pour une interpellation. À l'heure du réveil, ils entendirent des bruits d'ustensiles ménagers. À trente mètres, ils aperçurent l'individu, mais n'intervinrent pas encore, estimant être trop loin de lui. Si cet homme était bien Yvan Colonna, il risquait de leur échapper. Celui-ci avait l'avantage du terrain : il connaissait par cœur les multiples sentiers à la végétation très dense qui parcourent les environs. Un peu plus tard, la tension monta d'un cran : l'homme partait avec un sac à dos. Les conditions d'intervention étaient trop risquées. Le pari fut fait qu'il reviendrait. Depuis mon bureau au ministère, je suivais en temps réel l'opération avec Christian Lambert, le chef du Raid. Comme nos hommes sur le terrain, il fallait nous armer de sang-froid et de patience. Sur place, les policiers du Raid étaient littéralement enterrés autour de la bergerie. Soudain, une voiture de la gendarmerie se mit à rôder autour de la propriété. Moment de flottement : la présence de ce véhicule risquait de réduire à néant les chances de succès. La voiture s'éloigna. Vers 19 heures, l'homme réapparut sur le chemin. Il passa à proximité de rochers derrière lesquels étaient tapis des policiers. Ils bondirent sur lui. L'homme tenta de s'enfuir. Il trébucha. Les policiers le saisirent. Tout de suite, ils reconnurent Yvan Colonna.

Dans ses sacs, à l'intérieur de la bergerie, on trouva une grenade défensive, un chargeur de pistolet-mitrailleur, des cagoules, de l'argent, une lettre de son fils, le cliché d'une échographie qu'il avait passée en mars sous le nom de Pierre Rossi. J'avais suivi l'intervention seconde par seconde. Je prévins aussitôt Nicolas Sarkozy, qui tenait une réunion politique à Carpentras. Il annonça la nouvelle à l'assistance. À son retour, vers 23 h 30, je le retrouvai dans son bureau, heureux du dénouement. Nous avions réussi.

La cavale d'Yvan Colonna était terminée. La police cessait d'être tournée en ridicule. Quelques jours plus tard, Jacques Chirac réunit à l'Élysée tous les protagonistes de ce succès. Lui aussi était heureux mais sa joie, si je puis dire, était plus institutionnelle que la nôtre. Pour lui, c'était la République qui avait gagné. Pour nous, c'était l'aboutissement de plus d'un an d'efforts harassants, une implication de tous les instants. C'était maintenant à la justice de faire son œuvre.

Deux jours après l'interpellation, le dimanche 6 juillet, se tenait en Corse le référendum sur la réforme institutionnelle de Nicolas Sarkozy qui fusionnait la région et les deux départements en une seule collectivité. D'une courte tête, le « non » l'emporta. Certains ont affirmé que l'arrestation d'Yvan Colonna avait été décidée quarante-huit heures avant le référendum pour favoriser une issue positive au scrutin. Cette affirmation, qui à l'évidence avait pour motivation de transformer une très belle réussite policière en manipulation politicienne, était dénuée de tout fondement. Nous avions arrêté Colonna dès que nous étions en position de le faire. Tout simplement.

Pour tout dire, Nicolas Sarkozy et moi savions que l'arrestation aurait des effets négatifs sur le vote. Dès le résultat du référendum connu, Sarkozy prit la parole à la télévision. Il reconnut l'échec du scrutin et en assuma la responsabilité. Ce vote était d'ailleurs instructif. Les Corses sont fiers de leur identité, viscéralement fidèles à leur culture. Ils apprécient que la République leur ait réservé une véritable marge d'autonomie dans la gestion de l'île. Mais, dans le même temps, ils sont profondément attachés à la République française, y compris à l'uniformité de ses règles, donc aux départements. Reste que, peut-être à cause de la complexité du projet proposé, il s'agissait d'une occasion manquée de réintroduire dans le jeu politique les nationalistes de bonne foi et non violents. Compte tenu du mode de scrutin, autour de 20 % de l'opinion corse n'était pas représentée à l'intérieur des conseils généraux. Cette situation ne pouvait que susciter des frustrations, entretenues par un clanisme qui n'a pas disparu. Depuis, le gouvernement socialiste a pris la décision de fusionner les trois collectivités. C'est une bonne chose, mais il est regrettable que l'on n'ait pas demandé son avis à la population.

Beaucoup de choses inexactes ont été dites à propos de l'interpellation d'Yvan Colonna. Certains ont écrit qu'il s'agissait en réalité d'une reddition négociée avec sa famille. C'est d'autant plus faux que le ministre et moi-même avions refusé à Yves Bertrand, le directeur central des RG, de rencontrer le père d'Yvan Colonna, Jean-Hugues, qu'il avait connu au ministère de l'Intérieur où il était conseiller dans les cabinets ministériels socialistes. Yves Bertrand avait proposé de le voir au bar de l'hôtel Lutetia pour le convaincre de persuader son fils de se rendre.

D'autres ont prétendu qu'Yvan Colonna avait été « balancé ». C'est également faux. Peu de temps avant l'arrestation, il est vrai que nous commencions à exploiter des sources humaines intéressantes. Les RG travaillaient avec un informateur dont les révélations s'annonçaient prometteuses. Moi-même, je voyais régulièrement deux informateurs qui venaient spécialement de Corse et qui nous apportaient des éléments utiles. À leur demande, nos rencontres avaient lieu à l'église Saint-Augustin, dans le VIIIe arrondissement de Paris. Nous fondions de bons espoirs sur ces sources, mais nous n'en avons finalement pas eu besoin. Nous avons abouti plus tôt grâce un travail méticuleux, patient et acharné d'observation. C'est cela, la vérité.

10

La campagne victorieuse de 2007

Dès le 28 novembre 2004, lorsqu'il devint président de l'UMP, Nicolas Sarkozy entra en campagne présidentielle. Bien sûr, l'ambition l'animait depuis longtemps déjà. Ses amis comme ses rivaux le savaient. Il est vrai qu'il comptait parmi les hommes politiques les plus brillants de sa génération. Je me souviens d'un dîner de janvier 2003 organisé par Jean-Luc Lagardère à l'occasion de l'anniversaire de Nicolas Sarkozy, au bord de la piscine de son hôtel particulier de la rue Barbet-de-Jouy. Dominique de Villepin et son épouse comptaient parmi les invités. Marie-Laure de Villepin avait offert à Nicolas Sarkozy, patron de la police, un poulet vivant porteur d'une magnifique cocarde tricolore. Au cours du dîner, Jean-Luc Lagardère, qui connaissait très bien l'un et l'autre, avait dressé un portrait des deux ministres, insistant sur leur complémentarité mais aussi sur leur rivalité potentielle. Il soulignait qu'ils étaient les seuls à pouvoir prétendre à la succession de Jacques Chirac. C'était d'une grande lucidité.

Façonner une stature présidentielle

En prenant la tête de la principale formation de la majorité, Nicolas Sarkozy affirmait sa légitimité à briguer le suffrage des Français. Il disposait désormais d'un parti en ordre de marche, dont les effectifs allaient rapidement augmenter, à la mesure de l'enthousiasme de ses militants pour leur chef. Un parti qui avait hérité du RPR un impressionnant savoir-faire dans l'animation de la vie politique et dans l'organisation des campagnes électorales. Un parti qui renforçait sa stature.

Quelques jours après le congrès du Bourget, nous partions en Israël pour un voyage politiquement stratégique au regard de l'objectif poursuivi par Nicolas Sarkozy. Stratégique parce que l'équilibre géopolitique de la région est si sensible que ce déplacement représentait une épreuve du feu diplomatique. Chaque mot prononcé comportait le risque d'un faux pas, chaque phrase devait illustrer la maturité d'une réflexion sur la situation régionale. Stratégique aussi parce que ce voyage était observé à la loupe par la communauté juive de France, dont aucun homme politique ne peut se désintéresser. Joël Mergui, qui deviendra le président du Consistoire, faisait d'ailleurs partie de la délégation.

Nous avons rencontré Shimon Peres dans un coin du salon des députés à la Knesset. Nous étions impressionnés par le calme qui dictait sa façon de se comporter et de s'exprimer. Sa réputation n'était pas usurpée : l'homme était un sage. Nous avons aussi rencontré Ariel Sharon, dans la salle de réunion de son bureau de Premier ministre. Ce qui frappait dans cette pièce, c'était la simplicité des lieux et du mobilier. Rien de commun avec les palais historiques qui abritent le pouvoir en France, en Italie, ou en Espagne. Tout était d'une grande modestie. Dans un tel décor, la puissance physique et la force de la réflexion d'Ariel Sharon ne s'imposaient que mieux. Avec Benyamin Netanyahu, alors ministre des Finances, nous avons partagé un repas convivial au restaurant. Nicolas Sarkozy et lui se connaissaient déjà. Il y avait entre eux une vraie complicité, qui demeurera au fil du temps malgré quelques vicissitudes.

Les échanges avec tous ces hommes d'État se révélèrent passionnants. Ils portaient sur la sécurité d'Israël et ses relations avec ses voisins, sur la façon dont chacun envisageait l'instauration d'une paix durable dans la région. Mais ces échanges étaient aussi de vrais succès personnels.

La préparation de l'élection présidentielle donnait lieu à des échanges réguliers. Dans son petit bureau du siège de l'UMP, au dernier étage de l'immeuble de la rue de La Boétie, Nicolas Sarkozy réunissait quelques proches, pour l'essentiel des anciens du ministère de l'Intérieur : Brice Hortefeux, Emmanuelle Mignon, Franck Louvrier, Frédéric Lefebvre et moi-même. Le futur chef de l'État structurait le parti, réorganisait son fonctionnement, définissait les thèmes de réflexion. En parallèle, dans le cadre de ses fonctions de président du conseil général des Hauts-de-Seine, il lançait de vastes programmes d'amélioration du cadre de vie. Pour les mettre en œuvre, il consultait la population. Chaque foyer recevait un questionnaire portant sur ses souhaits d'équipement et sur les enjeux de développement durable. Il s'agissait par exemple de faire des choix de priorité entre la qualité de l'air et les facilités accordées à la circulation automobile. Déjà, on trouvait chez Nicolas Sarkozy le souci de proposer à la population de donner directement son avis, sans intermédiaire.

Cette initiative fut cependant interrompue. Nous nous étions préparés à une « traversée du désert » relativement longue, mais celle-ci ne fut que de quelques mois. Le 29 mai 2005, les Français refusèrent le traité sur l'Europe par référendum. Une crise politique s'ouvrit, Dominique de Villepin remplaça Jean-Pierre Raffarin à Matignon. La majorité se devait de rassembler tous ses talents, Nicolas Sarkozy fut donc rappelé au gouvernement. Ce qui était « impossible » quelques mois auparavant ne l'était plus : il avait désormais l'approbation de l'Élysée pour être à la fois président de l'UMP et ministre. Ministre d'État, de surcroît ! À l'évidence, c'était une revanche. Nicolas Sarkozy avait fait plier Jacques Chirac, sa stature politique prenait une autre dimension.

Pourtant, il hésita avant d'accepter de revenir au gouvernement. Ou, plutôt, il fit mine d'hésiter. Il éprouva le besoin de consulter ses proches. Les circonstances dans lesquelles il le fit furent d'ailleurs cocasses. En raison d'un mal de dos, il s'était rendu chez son masseur. C'est de là qu'il avait téléphoné à ses principaux collaborateurs pour leur demander de le rejoindre toutes affaires cessantes. Nous étions donc réunis autour de lui alors qu'il était allongé sous les doigts experts du masseur. Il nous confia ses interrogations mais, en réalité, sa décision était prise. Il ne pouvait se dérober à ce qui apparaissait comme son devoir. Il ne pouvait ni laisser sa famille politique dans la difficulté ni refuser d'apporter sa contribution au redressement de notre pays. Il redevint donc ministre de l'Intérieur.

La situation politique lui était si favorable qu'il obtint une grande latitude pour étoffer ses compétences ministérielles. Il envisagea de demander la complète maîtrise de la politique d'immigration, mais ce domaine était partagé entre de trop nombreux ministères et sa coordination supposait de restructurer profondément le paysage administratif. Il obtint en revanche l'aménagement du territoire. Dans notre esprit, cette extension de ses attributions représentait un avantage considérable. Elle lui donnait une légitimité pour intervenir dans la quasi-totalité des domaines de l'action publique et l'autorisait à diversifier les spécialités de ses collaborateurs. Un formidable outil de préparation à l'élection présidentielle ! Quoi de plus normal, en effet, qu'un ministre chargé de l'Aménagement du territoire exprime des opinions, prépare des mesures et soumette des décisions au gouvernement en matière de recherche, de commerce, d'éducation ou d'infrastructures ? Sur tous ces sujets, il fit des interventions, présenta des propositions. Bref, il apparaissait comme celui qui, le moment venu, serait prêt non seulement à être candidat, mais aussi à exercer le pouvoir.

Les tensions avec Jacques Chirac

D'un point de vue institutionnel, les relations avec l'Élysée se déroulaient sans accroc. En coulisses, c'était moins évident. Bien des signes étaient donnés que Jacques Chirac n'acceptait pas les ambitions présidentielles de Nicolas Sarkozy. Les tensions étaient vives et Sarkozy s'en montrait très amer. Blessé même, tant il me semble qu'il aurait aimé être lui aussi un «fils politique» pour le président, à l'image d'Alain Juppé.

Avec le Premier ministre Dominique de Villepin, les choses se passaient bien. Malgré les remous de l'affaire Clearstream, les deux hommes se rencontraient souvent et travaillaient en bonne intelligence. Une fois par mois, j'accompagnais Nicolas Sarkozy à Matignon pour déjeuner avec le Premier ministre et son directeur de cabinet, Bruno Le Maire. À la belle saison, les déjeuners se tenaient dans le parc. Les conversations étaient toujours détendues. Je n'ai le souvenir d'aucun échange vif. Sans jurer qu'il n'existait aucune arrière-pensée de part et d'autre, ces rapports se déroulaient sans nuages apparents. Le ton de la conversation était même si suave que les scènes dégageaient presque quelque chose d'irréel. Ce type de relation se retrouvera lorsque Nicolas Sarkozy deviendra président. J'ai assisté à nombre de leurs entretiens, tous se sont révélés cordiaux et constructifs. Toujours, j'ai senti entre eux une véritable estime.

En 2006, nous sommes passés à la vitesse supérieure. Au printemps, Nicolas Sarkozy m'invita avec ma femme à passer un week-end dans une maison qu'il avait louée dans la palmeraie de Marrakech pour se reposer quelques jours.

L'ambiance était à la détente. Nous faisions de longues promenades dans la ville. Jusqu'à tard le soir, nous bavardions. Mais ce n'était pas pour cela qu'il m'avait convié. Peu de temps après notre arrivée, il m'adouba comme son futur directeur de campagne. En m'annonçant sa décision, il m'offrit un stylo ! Encore une surprise, encore une terrible responsabilité.

Ma vie professionnelle m'avait habitué à l'organisation, à l'animation d'équipes, à la connaissance intime des politiques publiques. À travers les postes que j'avais occupés, j'avais acquis une réelle connaissance de la France et des Français. Mais je n'étais pas un homme politique. Les jeux des partis ne m'étaient pas familiers. Je n'avais jamais organisé de tournée électorale ni de meeting. Mais on ne refuse pas une telle proposition.

Nul ne peut prétendre que l'ambition ait guidé ma vie professionnelle. Je dirais plutôt que j'ai toujours eu le souci de réussir ce que j'entreprenais. Ce qui me semble assez naturel : lorsqu'on exerce un métier, on souhaite le faire du mieux possible. Je ne voyais donc mon rôle dans la future campagne que comme un nouveau défi qui s'offrait à moi. Le temps de la politique viendra, mais, dans l'immédiat, il fallait se préparer sur le plan doctrinal et programmatique.

Dans cette optique, une personne se distingua : Emmanuelle Mignon. Elle quitta le cabinet pour diriger le service des études de l'UMP, où elle accomplit un travail titanesque. Sans doute pour nous affaiblir tous les deux, certains ont voulu nous présenter elle et moi comme des ennemis. C'est vrai que plus tard, à l'Élysée, nous avons eu du mal à définir les frontières de nos responsabilités, et par conséquent notre complémentarité. Mais je voudrais dire ma très sincère admiration pour Emmanuelle Mignon. Pour son intelligence et sa culture hors du commun, mais aussi pour son exceptionnelle capacité de travail. À la tête de plusieurs groupes de réflexion, elle traitait méthodiquement la plupart des thèmes sur lesquels un candidat est attendu dans une campagne.

Ces thèmes faisaient l'objet de débats. Des réunions thématiques se tenaient régulièrement, rassemblant entre trois et quatre cents personnes, experts et militants. Ces réunions étaient l'occasion de tester les idées et de les améliorer. Lorsque nous le pouvions, nous y associions aussi les fédérations départementales de l'UMP afin de les faire participer à l'élaboration du futur programme. Dès que l'occasion se présentait, Nicolas Sarkozy prononçait des discours dans lesquels il affirmait ses convictions et amorçait ses propositions sur le logement, la formation professionnelle, la santé ou l'éducation.

Pour ma part, je réunissais les groupes de réflexion sur la justice, la défense, le logement et l'Afrique. Plusieurs fois par semaine, je rassemblais chez moi ou dans une salle du ministère des experts avec lesquels nous refaisions le monde. Nous esquissions la fin de la Françafrique avec des spécialistes du développement et des économistes du continent. J'échangeais beaucoup sur ce sujet avec l'un des rares diplomates à nous avoir rejoints : Bruno Joubert, directeur des affaires africaines et malgaches au ministère des Affaires étrangères. Pour ce qui est de la défense, les responsables des principaux instituts de stratégie étaient là, ainsi que de nombreux généraux et amiraux à la retraite. Ce travail de réflexion fut passionnant sur le plan intellectuel, mais il était avant tout utile pour la campagne, utile pour notre pays.

En ordre de bataille pour la présidentielle

Au fil du temps, le programme prit forme, complété par les initiatives du ministre déjà candidat. Ainsi, lors d'un déplacement au Bénin sur le thème de l'immigration, il prononça un discours qui scella la fin de la Françafrique et annonçait sa future politique africaine. Une politique qui mettait un terme au paternalisme et organisait une coopération entre partenaires majeurs dans un climat d'amitié fondé sur une culture commune. Le moment venu, Emmanuelle Mignon synthétisera toutes ces petites touches accumulées au fil des mois, sous le regard toujours attentif de Nicolas Sarkozy, pour en faire un vrai projet. De son côté, François Fillon sera chargé de le faire partager aux élus de l'UMP.

Il fallait aussi préparer l'approche politique, prévoir les rythmes de la campagne. Je dois l'avouer : dans un premier temps, c'était un terrain sur lequel je me sentais moins à l'aise. Nicolas Sarkozy confia ce rôle à un groupe qu'il réunissait le dimanche à 18 heures dans son appartement de la place Beauvau. Les discussions se déroulaient autour d'un feu de bois, qu'il entretenait lui-même avec un plaisir visible. À ses proches collaborateurs techniques se joignaient alors les experts en communication Jean-Michel Goudard et Pierre Giacometti. C'est lors de l'une de ces réunions que ce dernier proposa le slogan « Ensemble tout est possible », qui évoluera en « Ensemble tout devient possible ». C'est là aussi que Jean-Michel Goudard présentera sur planches les premières esquisses de l'affiche de campagne. Rien n'était laissé au hasard dans cette phase préparatoire. La machine était huilée. Les collaborateurs du candidat lui étaient dévoués et complètement engagés. Chacun était pétri par la volonté farouche de gagner.

La fin de l'année 2006 approchait. Il nous fallait un local de campagne. Il fut trouvé rue d'Enghien, dans l'immeuble qui avait hébergé le journal *Le Petit Parisien* puis un atelier de haute couture. Le bâtiment était clair, avec des espaces propices aux réunions. Il pouvait accueillir une salle de presse et même un studio de télévision. Délibérément, il avait été choisi dans un quartier populaire. Cette caractéristique nous a d'ailleurs réservé quelques surprises :

le quartier général du candidat, qui était toujours ministre de l'Intérieur, se situait au cœur de ce que l'on appelle « la petite Turquie ». Nous étions voisins du siège d'associations kurdes très engagées. Quelques années plus tard, trois responsables du mouvement kurde y seront assassinés. Notre présence ne passait pas inaperçue. Un jour où je faisais le tour du quartier, le propriétaire du café le plus proche me dit : « Depuis votre arrivée nous avons gagné quelques clients supplémentaires, mais j'en ai perdu beaucoup d'autres : les étrangers en situation irrégulière n'osent plus venir… »

Entre Noël et le jour de l'an, je m'octroyai quelques jours de repos avec ma femme en Italie. Mal m'en prit : la magnifique région de Toscane est si humide en hiver que j'attrapai une toux dont j'aurais bien de la peine à récupérer – au point d'envisager sérieusement d'abandonner mes fonctions. Toujours est-il que, début janvier, je me mis en disponibilité et m'installai rue d'Enghien avec un premier embryon d'équipe. Je connaissais déjà bien ceux qui venaient du cabinet de Nicolas Sarkozy. J'appris aussi à connaître François Fillon, mon voisin de bureau, qui s'occupait notamment des réseaux politiques.

Souvent, en guise de déjeuner, nous avalions un sandwich ensemble dans le bureau de l'un ou de l'autre. Jusqu'alors, nous ne nous étions jamais fréquentés. Un jour, il me confia : « Je pensais qu'un ancien DGPN ne pouvait être que quelqu'un de très rébarbatif. Mais ce n'est pas le cas. J'ai plaisir à travailler avec quelqu'un qui aime la bonne humeur. » Son propos me toucha, mais moins que l'engagement sans réserve qu'il déployait au service du candidat.

Au sein de l'équipe figuraient aussi Éric Woerth comme trésorier, Rachida Dati et Xavier Bertrand comme porte-parole, Emmanuelle Mignon pour les idées et le programme, Roger Karoutchi pour les élus, ainsi que Cédric Goubet, qui avait été mon stagiaire lorsque j'étais préfet de Franche-Comté et qui deviendra chef de cabinet du président à l'Élysée. Le candidat lui-même possédait un bureau rue d'Enghien, mais il passait tout son temps au ministère. Un bureau près du sien avait aussi été attribué à son épouse, Cécilia, mais elle n'y viendra quasiment jamais. Alors que la pérennité de leur couple était menacée, elle n'avait pas la force de participer activement à la campagne.

Une campagne représente un travail monstrueux et il était vain d'imaginer une structuration des rôles parfaitement ordonnée comme j'en avais l'habitude dans l'administration. Toutefois, une première mise au point s'imposa : définir la répartition des tâches entre le siège de campagne et l'UMP. Cela s'avéra compliqué car ma désignation n'avait pas été appréciée par tous. Ce n'est un secret pour personne : la vieille garde de Nicolas Sarkozy, celle que l'on appelait « la firme », considérait que je n'avais pas la légitimité historique me permettant d'occuper la fonction qui m'avait été confiée. C'était le cas de Pierre Charon, de Frédéric Lefebvre et, de façon plus discrète, de Brice Hortefeux. Certains se sont sentis éloignés dans des attributions moins décisives que celles qu'ils avaient imaginées et n'entendaient pas se soumettre au coordinateur de la campagne. Évidemment, il fallait faire fi de tout cela.

Deux règles furent mises en œuvre. La première consistait à laisser au siège du parti les tâches qu'il maîtrisait parfaitement et qu'il aurait été contre-productif de revendiquer : le courrier, les dépliants, les meetings, les analyses politiques. La seconde était de rejeter toute pratique de soumission d'un site à l'autre, ce qui impliquait que je me rende presque chaque jour au siège de l'UMP pour participer aux réunions d'organisation. Ma présence avait surtout pour but que tout le monde se sente partie prenante dans la campagne, au sein d'une même équipe autour de notre candidat.

Sur scène, Sarkozy donne tout de lui-même

On n'imagine pas tout ce qu'il y a à faire dans une campagne. Le grand public ne retient que les débats télévisés, les meetings et les tracts. Mais, pour ceux qui travaillent aux côtés d'un candidat, les charges sont bien plus nombreuses.

D'abord la préparation des discours. À raison d'une allocution par jour, cela s'apparente à refaire le monde en quelques semaines. Et il faut tenir le rythme, être prêts à temps. Ce n'est pas toujours évident. Je me souviens d'un jour où nous avons faxé à Nicolas Sarkozy les dernières pages de son discours alors qu'il avait déjà commencé son intervention. Henri Guaino s'y employait avec son formidable talent d'écriture ainsi que la culture et l'imagination qu'on lui connaît. Il travaillait à partir du programme du candidat, mais il y ajoutait la perspective historique, la familiarité avec la France éternelle, l'attachement viscéral à nos valeurs républicaines. À coups d'audace, parfois spectaculaires, il était capable de nous faire rêver. Souvenons-nous du discours sur la Méditerranée ! Même si peu d'experts étaient convaincus de son succès, il a soulevé l'enthousiasme des Français parce qu'il rappelait le devoir moral de notre pays sur cette zone géographique troublée. Mais ne l'oublions pas : si essentiel soit-il, celui qui prépare un discours n'est qu'un élément de la chaîne. Le seul qui lui donne toute sa substance, c'est celui qui le prononce.

Nicolas Sarkozy tenait en haleine des salles de milliers de personnes durant plus d'une heure. Souvent, il improvisait. C'était sans doute dans ces moments-là qu'il était le meilleur, qu'il emportait le plus la conviction. À cet instant, chacun dans la foule se sentait regardé dans les yeux. Tous entraient en communion avec le candidat. Avec une énergie à nulle autre pareille, il haranguait. Son esprit, son corps étaient tout entiers tournés vers le public. Sur scène, il donnait tout de lui-même. Quand il descendait de l'estrade, il était épuisé, livide, trempé de sueur. Dans sa loge, il était obligé de changer de chemise, souvent même de costume.

Chaque jour, des centaines de lettres nous parvenaient au siège de campagne. Ces courriers contenaient des suggestions, des encouragements, parfois des demandes personnelles. Ces dernières lettres étaient conservées pour être traitées plus tard, après l'élection, par le remarquable service du courrier de la présidence. Un service qui compte une centaine de personnes et qui parvient à résoudre, avec le concours de l'ensemble des administrations, nombre de situations personnelles souvent douloureuses. Mais, pour l'heure, c'était à nous de répondre. La campagne officielle ne durait que quelques semaines, il nous fallait donc agir vite pour envoyer des réponses à tout le monde. Si nous répondions au rythme du courrier administratif, ce serait trop tard. Il ne fallait pas non plus dire n'importe quoi. Les réponses engageaient le candidat, et par conséquent le futur président. Il fallait donc qu'elles soient crédibles, juridiquement praticables et financièrement soutenables. Un petit groupe s'y consacra avec application.

Il fallait aussi recevoir les fédérations professionnelles, les groupes d'intérêts, les associations. À vrai dire, tout le monde désirait être reçu, tant la conviction est ancrée que l'élection présidentielle représente le moment clé pour la définition des politiques publiques des cinq ans à venir. Personne ne voulait laisser passer sa chance de faire part de ses préoccupations ou d'essayer d'obtenir un engagement pour son secteur d'activité. Nous nous partagions la tâche avec quelques parlementaires spécialisés. Là encore, l'exercice était difficile. Il fallait être attentif, montrer de la compréhension. Mais, en même temps, il ne fallait pas hypothéquer l'avenir. Il fallait le préparer ! Sans relâche, nous devions expliquer ce que le candidat comptait faire s'il était élu. Quelquefois, l'échange tournait d'ailleurs à un vrai travail gouvernemental.

Ce fut le cas avec les préoccupations exprimées par la conférence des présidents d'université. La confrontation des idées permit d'aboutir à la rédaction d'un avant-projet de loi sur la réforme de l'Université qui, à très peu de retouches près, sera adopté par le Parlement dès juillet 2007. Dans cette optique, Cédric Goubet accomplit un formidable travail. D'autres entretiens furent moins opérationnels, mais tout aussi importants. Pour ma part, je reçus les associations d'anciens combattants, qui m'ont fait part de leur légitime souci d'actualisation de leurs pensions (que nous réaliserons) ; le groupement des industries de Défense, surtout préoccupé par l'égalisation des conditions d'exportation avec les pays concurrents ; la fédération des bijoutiers, pour évoquer leurs préoccupations liées à la sécurité ; les associations homosexuelles, qui repartirent satisfaites du projet d'union civile proposé par Nicolas Sarkozy après trois heures de réunion.

Le plus important dans ma fonction d'animateur de la campagne était sans doute de veiller à la cohérence des interventions des uns et des autres dans les réunions publiques ou les médias. Ces interventions devaient convaincre, entretenir un élan, enthousiasmer, donner à nos compatriotes la conviction que notre candidat leur assurera un avenir meilleur. Bref, faire en sorte qu'ils croient en lui. Ma tâche était ardue, car plusieurs dizaines de personnes parcouraient la France pour relayer notre projet, qui dans sa circonscription, qui dans sa ville. D'autres s'exprimaient dans la presse au nom du candidat, et pas seulement ses porte-parole. Il fallait donc que tous parlent d'une même voix. Chacun avec ses mots, chacun avec sa sensibilité, mais en se situant dans la ligne du candidat.

Tous les matins, à 9 heures, je réunissais une douzaine de personnes, au premier rang desquelles figurait François

Fillon. Franck Louvrier nous rejoignait systématiquement, Frédéric Lefebvre se montrait très assidu. Quand ils n'étaient pas retenus par des interviews, les deux porte-parole, Xavier Bertrand et Rachida Dati, étaient bien sûr présents. Xavier Bertrand avait du métier, il possédait déjà une large connaissance des différentes thématiques. Rachida Dati était plus novice. Elle travaillait dur pour se mettre au niveau et l'expérience qu'elle acquit révélera son savoir-faire médiatique. Comme disent les experts : « Elle capte bien la lumière. » Elle trouvait vite le sens de la formule et celui de la repartie. Lors de ces réunions, des parlementaires se joignaient au noyau permanent. Nous analysions l'actualité, préparions les réactions aux propositions et aux attaques des autres candidats, mettions au point les éléments de langage, comme on dit. Il fallait aussi définir le contenu des multiples interviews que donnait le candidat, dont les entretiens pour la presse écrite, qu'il n'avait pas forcément le temps de relire lui-même. Les réponses à ces interviews étaient rédigées par nos experts, puis relues par la garde rapprochée.

La douleur intime de Nicolas Sarkozy

Durant toute la campagne, nous n'avons connu qu'un seul gros couac. Un épisode inattendu qui ne venait pas du cœur du dispositif et qui s'est immédiatement traduit par une chute dans les sondages. Cet incident s'est produit quand trois membres de l'UMP, Pierre Méhaignerie, Gilles Carrez et Alain Lambert, ont cru bon de publier une tribune mettant en doute le sérieux des propositions du candidat sur le redressement des comptes publics. Il a fallu batailler pour redresser la situation ! Nicolas Sarkozy s'est montré fort mécontent. Et pour cause : c'était sa crédibilité qui était mise en cause, de surcroît par ses propres « amis ». De mon côté, j'étais abasourdi. Nous avions suffisamment à guerroyer contre nos adversaires pour ne pas nous tirer une balle dans le pied. Aussitôt, tous les calculs furent refaits, toutes les démonstrations du sérieux budgétaire remises au point. Munis de ces éléments, tous ceux qui s'exprimaient au nom du candidat se relayèrent sur le terrain. Finalement, ce ne fut qu'un mauvais moment à passer. Les sondages se sont rétablis, jusqu'au bout Nicolas Sarkozy restera en tête. Une position plus confortable qui autorise davantage de combativité.

C'est long une campagne, très long. Tous les jours, samedi et dimanche compris, il faut recommencer. Chaque matin, je quittais mon domicile à 7 heures pour ne revenir que vers 23 heures. Sur le chemin du retour, je m'entretenais au téléphone avec Bertrand de Saint-Vincent, du *Figaro*, pour lui donner mes impressions de la journée du candidat. Nous commentions les sondages et les prises de position. Après l'élection, il fera de nos échanges tardifs une chronique de la campagne dans son journal.

Tout au long de la campagne, nombre de journalistes semblaient éprouver une forme de fascination vis-à-vis de Nicolas Sarkozy. Je m'étonnais que cette profession si volontiers critique paraisse à ce point captivée par le futur président à chacune de ses rencontres avec la presse. À leurs yeux, il incarnait la rupture, un homme politique qui renversait la table et s'affranchissait des habitudes du sérail. Nicolas Sarkozy alimentait ce phénomène par sa proximité avec les représentants des médias. Il n'avait guère besoin de forcer sa nature : il possède un contact facile, tutoie aisément et se livre à des confidences. Il n'agissait pas ainsi dans une logique professionnelle, c'était simplement sa façon d'être. Mais cette bonne relation avec les médias ne nous dispensait pas pour autant d'apparaître le plus pointu possible sur le fond.

L'équipe qui m'entourait, aussi bien rue d'Enghien qu'à l'UMP, était magnifique de conviction et de dévouement.

Elle regorgeait de talents qui s'illustreront dans les années à venir. Cette équipe avait aussi pour tâche d'entourer le candidat. Car, il faut l'avouer, celui-ci n'était pas au mieux de sa forme. Dès qu'il entrait dans l'arène, sur la scène d'un meeting ou dans un studio de télévision, il était éblouissant. Pourtant, il vivait un drame personnel qui le minait. Cécilia était sur le point de le quitter à nouveau. Il vivait désormais chez un ami. L'opinion ignore souvent – ou veut ignorer – que ceux qui nous gouvernent sont avant tout des êtres humains. Ces personnages publics qui leur semblent si puissants, et dont la vie paraît si facile, connaissent les mêmes joies et les mêmes souffrances que n'importe qui. À une différence près : eux les vivent sous le regard des médias.

Nicolas Sarkozy avait bâti son itinéraire politique avec sa femme. Le rêve se brisait et son esprit n'était plus complètement à la campagne. L'enthousiasme que nous lui connaissions faiblissait. Parfois, il donnait le sentiment d'avoir négligé les documents que nous lui avions préparés. Quelques jours avant le premier tour, avec d'autres, je parvins à le convaincre de passer une partie de la journée dans cette Bretagne que j'aime tant, à l'extrême pointe du Finistère, où il devait visiter les services de secours en mer. Il y est allé à reculons, en maugréant. Ce déplacement ne fut pas un succès, car l'opinion perçut que cela lui pesait. En plus d'un épuisement fort compréhensible, il n'avait pas complètement la tête à l'affrontement politique. Pourtant, il était toujours debout. Le voir mener bataille dans de telles circonstances a provoqué, chez tous ceux qui savaient, un surcroît d'admiration. Il lui fallait livrer un combat surhumain tout en assistant, impuissant, à l'effondrement de ce qui faisait sa vie personnelle.

Le premier tour arriva. Pour les équipes des candidats, comme pour la presse, les suffrages sont connus aux alentours de 18 heures, sauf s'ils sont trop serrés. Tous les responsables de la droite se trouvaient dans le bureau du candidat. En tant qu'hommes et femmes politiques, ils étaient plus motivés que d'autres pour suivre les résultats. Dès que les suffrages ont été rendus publics, tous se sont répandus sur les plateaux de télévision pour les commenter et lancer la campagne du second tour. Cette fois, c'était le grand rassemblement. Même les indécis étaient là, même ceux qui n'avaient pas pris parti pour le candidat.

Je me souviens de Jean-Louis Borloo, qui ne s'était pas engagé et qui, incrédule, trouvait que les premières estimations étaient «trop belles pour être définitives». À sa façon, il exprimait le sentiment qu'il aurait préféré que l'écart soit plus réduit. Si tel avait été le cas, je suppose qu'il imaginait pouvoir peser davantage pour le second tour. Eh bien non: ces estimations n'étaient pas «trop belles», c'était bien les chiffres définitifs. 31,18 % pour Nicolas Sarkozy, 25,87 % pour Ségolène Royal. Un premier tour sans appel! Un succès que nous avons accueilli sans euphorie. Nous avons tout de même partagé un verre de champagne – sauf Nicolas Sarkozy, qui ne boit jamais d'alcool. Mais chacun s'est contenté d'une coupe, pas deux. Tout le monde savait qu'il fallait déjà se remettre au travail.

Des erreurs dans le débat face à Ségolène Royal

La deuxième manche était ouverte et démarrait sous de bons auspices. Dès le lendemain du scrutin du premier tour, tout reprenait: les meetings, les discours, les interviews, les éléments de langage. Avec en apothéose des réunions publiques gigantesques. Comme celle de Marseille, à laquelle j'ai eu le plaisir d'accompagner Bernadette Chirac en avion. Je connaissais très peu Mme Chirac, je ne l'avais rencontrée qu'une fois auparavant. On lui prêtait volontiers un caractère difficile, une attitude un peu revêche. Tout au long du voyage, elle se montra charmante et pétillante. Nous n'avons cessé de bavarder dans la bonne humeur. Au meeting, ce fut une véritable ovation qui accueillit cette grande dame.

Le débat télévisé avec Ségolène Royal était un moment important. Ce soir-là, Nicolas Sarkozy reçut un appui de poids : Cécilia l'accompagnait. Il avait besoin de ce soutien moral et psychologique. En termes d'image aussi, sa présence était bénéfique. Mais Nicolas Sarkozy ne s'était pas bien préparé. Tous ses collaborateurs furent surpris de l'entendre prononcer quelques erreurs techniques qui témoignaient qu'il n'avait pas bien lu les dossiers que nous lui avions transmis. Il se trompa, par exemple, sur le nombre de nos sous-marins nucléaires et sur la numérotation des générations de centrales atomiques. Nous avions mis tant de soin à lui préparer ses fiches que nous étions frustrés. Mais ce n'était pas le plus important. Il affrontait une candidate. Médiatiquement, cela posait un problème. Les réactions de l'opinion face à un duel entre un homme et une femme ne sont pas aisées à prévoir. Nicolas Sarkozy était convaincu que s'il se montrait trop agressif ou excessivement sûr de lui, le public, notamment féminin, lui en porterait rigueur. Il retenait donc ses coups. Il économisait même ses arguments. Un frein qui le handicapa tout au long de l'émission. Mais il était bon ! À la fin du débat, ce fut un sentiment de soulagement qui dominait au sein de l'équipe.

Nous attendions avec confiance le vote du second tour. À nos yeux, le dénouement ne faisait pas de doute. Les derniers sondages plaçaient Nicolas Sarkozy à 55 %. Le 6 mai, vers 18 heures, les premières estimations nous sont parvenues. Elles étaient d'un niveau un peu inférieur, autour de 53 %. Ce sera le résultat final. C'était une victoire, une magnifique victoire. Bizarrement, l'annonce officielle au journal télévisé ne nous créa pas de joie supplémentaire. Nous savions déjà, l'annonce n'était qu'une simple confirmation.

Une folle soirée commençait. D'abord avec les militants, à la salle Gaveau. Le nouveau président me fit l'insigne honneur et une joie immense en m'invitant à le rejoindre sur la scène. J'étais seul à son côté. Il prononça une allocution de remerciement dans une indescriptible allégresse. Après des mois de labeur, les militants étaient enfin récompensés de tout ce qu'ils avaient donné. Leurs espoirs étaient comblés : leurs idées prenaient le pouvoir, un vent de jeunesse et de volontarisme s'apprêtait à souffler sur la France, leur idole était devenue président de la République.

Nous sommes ensuite partis au Fouquet's, où le président et Cécilia avaient convié leurs amis. Que n'a-t-on pas dit sur cette soirée... ? Elle n'avait en fait rien de plus luxueux que n'importe quelle réception. Certes, les invités appartenaient davantage au monde de la politique et des grandes entreprises qu'à d'autres catégories de la population. Mais quoi de plus naturel ? Nicolas Sarkozy avait été maire de Neuilly, nombre de personnalités présentes avaient été ses administrés. Beaucoup aussi l'avaient encouragé et conseillé. Ce fut ensuite la place de la Concorde.

L'UMP avait appelé les sympathisants à s'y retrouver. En quelques dizaines de minutes, près de trente mille personnes s'étaient rassemblées dans une liesse incroyable. C'était leur victoire qu'ils étaient venus célébrer. Ils étaient heureux de leur triomphe, convaincus d'un meilleur avenir pour la France. Mireille Mathieu entonna *La Marseillaise*, reprise en chœur par la foule. Le moment était intense, mais l'atmosphère avait changé autour de Nicolas Sarkozy. Les élus se bousculaient autour de lui, sans indulgence pour les pieds qu'ils écrasaient. Pour eux, l'objectif était d'apparaître au plus près du nouveau président sur les photos, donnant ainsi le sentiment d'une proximité. Pour moi, la soirée ne se prolongea pas davantage. Avec mon épouse, nous avons regagné le studio que nous avions loué pour la durée de la campagne.

Au sein de l'équipe de campagne, nous avions espéré un peu de repos, quelques jours de vacances bien mérités. Ce ne fut pas le cas. À peine la victoire assurée, une autre page laborieuse s'ouvrait. Le président, qui m'en avait déjà fait part à diverses reprises, me confirma qu'il souhaitait que je l'accompagne à l'Élysée comme secrétaire général. J'acceptai avec fierté. Tout ce que nous avions préparé, tout ce que nous avions promis avec la force de nos convictions, nous allions pouvoir le mettre en œuvre. Nous allions adapter la France à la mondialisation, faire reculer le chômage, renforcer nos entreprises, augmenter le pouvoir d'achat. Tous ces objectifs avaient été pensés, toutes les réformes étaient prêtes à être lancées. Certaines étaient même déjà rédigées. Nous ne pouvions imaginer qu'à peine un an plus tard la crise financière allait frapper la planète, sans épargner la France. Une crise qui donnera au quinquennat un profil très différent de celui que nous avions imaginé.

Le choix des ministres

Le travail reprit tout de suite, dans un petit hôtel particulier de la rue Saint-Dominique mis à notre disposition par le secrétariat général du gouvernement. C'est là que nous avons composé l'équipe qui entourerait le président. À la demande de Nicolas Sarkozy, je contactai Jean-David Levitte. L'ancien sherpa de Jacques Chirac et représentant permanent de la France à l'ONU, avant de devenir ambassadeur aux États-Unis, accepta avec joie de se joindre à nous. Je contactai aussi Raymond Soubie, que j'avais connu des années auparavant alors qu'il était le conseiller social de Raymond Barre. Lui qui était considéré comme le «pape» des questions sociales n'hésita pas à quitter la direction de sa société de conseil pour piloter le pôle social de notre équipe. François Pérol, qui était avec nous à Bercy avant de migrer vers une banque d'affaires, s'occupera de l'économie. Au-delà du noyau dur de notre équipe de campagne, elle-même largement héritière des équipes de Nicolas Sarkozy aux Finances et à l'Intérieur, il nous fallait les meilleurs. Tous ceux que je contactai me donnèrent leur accord.

Il fallait aussi constituer le gouvernement, en liaison constante avec François Fillon. À ce moment-là, je partageai avec Emmanuelle Mignon une légère déception : nous constations que les impératifs politiques prenaient le pas sur la rationalité. Elle et moi avions beaucoup réfléchi sur le sujet. Nous avions imaginé un gouvernement idéal, doté de synergies nouvelles, avec des effectifs réduits. Pour ce qui était des synergies, nous gardions l'essentiel. Le ministère de l'Environnement, confié à Alain Juppé jusqu'à sa défaite aux législatives, regroupait aussi le logement et la politique énergétique. Le titulaire de ce ministère devenait le numéro 2 du gouvernement. Notre raisonnement était simple : on ne pouvait imaginer une politique efficace d'économies d'énergie si le ministre chargé de cet objectif n'en possédait pas les outils majeurs. L'Emploi et l'Économie se retrouvaient sous une même responsabilité. Notre analyse était là aussi simple, mais ébranlait les habitudes et ouvrait des brèches dans les citadelles corporatistes des administrations. Pour que la politique économique soit au service de l'emploi, il fallait que le ministère comptable de l'emploi ait dans sa boîte à outils les leviers de la politique économique. Le ministère du Budget, lui, devenait responsable de tous les comptes publics, y compris sociaux. Il avait aussi sous sa coupe la gestion de tous les moyens de l'État, dont la Fonction publique. J'observe avec intérêt que le gouvernement d'Édouard Philippe reprend cette logique !

Pour ce qui est du nombre de ministres, en revanche, nous n'avons pas obtenu gain de cause. Après des heures de travail, nous avions défini ce qui nous semblait être le nombre idéal : seize. Ce nombre n'était pas une aberration technocratique, mais le fruit d'une recherche approfondie des meilleures cohérences à l'intérieur du gouvernement. Pourquoi créer des ministères qui se partagent des compétences en se marchant sur les pieds ? Pourquoi créer des contradictions au sein du gouvernement en multipliant les affrontements et les arbitrages ? Seize ministres était du reste ce que l'on observait dans nombre de démocraties modernes, à quelques variantes près. Je note d'ailleurs que c'est le nombre de ministres sur lequel s'était engagé François Fillon, après sa victoire à la primaire. Quant au premier gouvernement nommé par Emmanuel Macron, il en comptait dix-neuf. Les impératifs politiques étaient là ! Il fallait faire en sorte que la majorité que nous espérions à l'Assemblée nationale soit aussi fidèle que possible. Nous devions donc offrir des places à toutes les sensibilités de la majorité. Le gouvernement compta finalement vingt et un membres. Le deuxième gouvernement d'Emmanuel Macron en compte trente.

Nous devions aussi donner corps à la volonté de Nicolas Sarkozy de pratiquer l'ouverture au sein du gouvernement. Un accord fut rapidement trouvé avec Bernard Kouchner. Je l'avais rencontré à ce sujet dès 2006. Nous avions déjeuné dans un restaurant proche de l'Élysée. Il avait aussi vu Nicolas Sarkozy. Sa personnalité était séduisante, et il avait soif d'action. Un temps, il fut question de lui confier le ministère de l'Immigration. Bernard Kouchner n'y était pas opposé, mais ce fut finalement les Affaires étrangères. La participation d'Éric Besson allait de soi, François Fillon avait su le convaincre pendant la campagne. Pas davantage de difficultés avec Jean-Pierre Jouyet, qui devint secrétaire d'État aux Affaires européennes. Ni avec Fadela Amara, l'ancienne présidente de Ni Putes Ni Soumises, nommée secrétaire d'État à la Ville.

La tâche la plus difficile fut de convaincre Martin Hirsch, le président d'Emmaüs, que beaucoup présentaient comme l'héritier spirituel de l'abbé Pierre. Il était d'accord pour entrer au gouvernement mais ne souhaitait être ni ministre ni secrétaire d'État. Ces titres lui semblaient marquer une entrée en politique qu'il refusait. Sans doute aussi éprouvait-il une fidélité à l'égard de son grand-père qui avait été commissaire au Plan. Il voulait donc devenir « haut-commissaire », ce qui nous amènera à une véritable innovation, car un haut-commissaire ne siège habituellement pas au Conseil des ministres.

Anne Lauvergeon, présidente d'Areva et ancienne collaboratrice du président Mitterrand, fut aussi sollicitée. Nicolas Sarkozy la reçut personnellement rue Saint-Dominique. Anne Lauvergeon possède une exceptionnelle intelligence, mais aussi une très haute opinion d'elle-même. Elle refusa le portefeuille de la Recherche et de l'Enseignement supérieur. Elle voulait les Finances ou les Affaires étrangères, rien d'autre. C'était beaucoup au regard du modeste poids politique qui était le sien. Elle resta donc à la tête d'Areva. Nous avons aussi contacté Jean-Yves Le Drian, le président socialiste du conseil régional de Bretagne. Il demanda quelques heures de réflexion puis déclina la proposition. Il en fut de même pour Manuel Valls.

Beaucoup dans la majorité ont regretté cette volonté d'ouverture à la gauche. Ce fut, à vrai dire, une initiative à moitié réussie – ou à demi ratée. Elle associait à l'action gouvernementale des personnalités venues de l'opposition, mais pas l'opposition elle-même. Cela dit, je crois que Nicolas Sarkozy, s'il avait été réélu en 2012, aurait de nouveau tenté une ouverture, fût-ce au prix de désoler certains de ses amis. Il est même probable qu'il lui aurait donné plus d'ampleur. Sarkozy est le contraire d'un sectaire. Investi de la responsabilité présidentielle, il estimait que son premier devoir était de veiller à l'unité et à la cohésion du pays. Il était convaincu – et il le reste – que la gauche et la droite sont en mesure de s'entendre sur un certain nombre de priorités. Après tout, en Allemagne, aux Pays-Bas, au Royaume-Uni ou en Italie, les programmes de gouvernement rassemblent des partis politiques aux idées parfois éloignées. Et, dès qu'ils sont interrogés sur ce sujet, les Français ne manquent pas d'affirmer qu'ils apprécieraient davantage d'unité nationale dans la conduite des affaires. L'avenir dira si l'élection d'Emmanuel Macron a répondu à ce souhait.

Le yacht de Vincent Bolloré

Les visites étaient nombreuses dans nos bureaux de la rue Saint-Dominique, celles des responsables politiques, comme Philippe Séguin, à plusieurs reprises, mais aussi des visiteurs étrangers. Durant toute cette période, il n'y eut pas un instant de répit pour notre petite équipe. Nous étions fatigués, mais pas épuisés. L'enthousiasme nous portait. Le président, lui, s'absenta quelques jours.

Il m'avait confié son intention de prendre un court congé, mais j'ignorais sa destination et je ne cherchai pas à la connaître. Durant les dix ans où nous avons travaillé ensemble, je n'ai jamais empiété sur sa vie privée, même s'il lui est arrivé de m'associer à certaines circonstances familiales. À la différence d'autres de ses proches, il y avait dans nos rapports une certaine réserve. Lui qui avait le tutoiement très facile m'a toujours vouvoyé. Comme beaucoup, je pensais qu'il se trouvait dans un lieu discret en Corse pour se ressourcer et réfléchir. Un repos bien naturel après tous les efforts qu'il avait livrés durant la campagne. Mais je découvris qu'il se trouvait, avec sa famille et quelques amis, sur le yacht d'un des plus brillants hommes d'affaires français : Vincent Bolloré.

Plus que la réception du Fouquet's, dont les effets négatifs sur l'opinion ne dureront qu'une poignée de mois, cette escapade de trois jours au large de l'île de Malte créa une forte désapprobation. Sur le fond, il n'y avait pas de quoi fouetter un chat. Ces quelques jours de détente n'avaient pas été pris aux frais de la République. Son indépendance de jugement et sa liberté d'action comme chef de l'État n'étaient pas non plus remises en cause par cette facilité offerte par un ami. Mais les Français sont ainsi faits. À la différence d'autres peuples, ils détestent ceux qui réussissent, ceux qui ont de l'argent et ceux qui les fréquentent. Une telle attitude pose d'ailleurs un vrai problème économique à notre pays.

Au sein de l'équipe qui travaillait auprès du président, nous pensions que les critiques s'éteindraient vite. Nous nous trompions. Les effets ne se firent pas sentir tout de suite et durant des mois, Nicolas Sarkozy continua de bénéficier de taux très élevés de bonne opinion dans les sondages. Mais le mal, pernicieux, se diffusera sur la durée. Pour ceux qui le connaissaient, les critiques étaient d'autant plus injustes qu'ils savaient pourquoi Nicolas Sarkozy avait accepté ces courtes vacances. Il désirait reconquérir sa femme et s'offrir une bouffée d'insouciance avant sa marche vers l'investiture. Si les Français l'avaient su, auraient-ils été plus indulgents à son égard? Sans doute pas. À leurs yeux, un responsable politique leur «appartient»: il n'a pas droit à une vie personnelle. Il doit être surhumain, toujours.

Pourtant, pour avoir beaucoup fréquenté les responsables politiques de haut niveau, je peux témoigner que nombre d'entre eux se révèlent très fragiles. Ils sont fragiles parce que leur engagement public est si constant, si intensif, qu'ils ont besoin de s'appuyer sur une vie personnelle sans faille, un équilibre familial sans motif d'inquiétude. Mais ce n'est pas toujours possible. Ce que le commun des mortels subit, les responsables politiques le subissent aussi.

Souvent avec une intensité décuplée. Ils sont comme une voiture de course dont un rien peut gripper la mécanique.

L'entrée à l'Élysée

Le 16 mai, ce fut l'investiture. Là encore, je vécus un instant de grande émotion. J'étais assis à côté du président dans la voiture qui nous menait à l'Élysée. Nous restions silencieux. Tout au long de l'itinéraire, la garde républicaine en tenue rendait les honneurs. Pour Nicolas Sarkozy, c'était l'aboutissement d'un rêve. Pour moi, c'était un événement que je n'aurais jamais osé imaginer. Je pensais à mes ancêtres mineurs, à mes camarades d'enfance restés dans un Nord frappé par les crises à répétition, qui vivaient le chômage et la misère. En creux, je pensais à l'immense responsabilité qui pesait désormais sur nos épaules.

À l'Élysée, nous avons remonté le tapis rouge jusqu'aux marches. Nicolas Sarkozy s'isola avec son prédécesseur. De mon côté, je recueillis de Frédéric Salat-Baroux, le secrétaire général de Jacques Chirac, quelques indications sur les dossiers du moment. Dans la salle des fêtes, Nicolas Sarkozy reçut des mains du grand chancelier le collier de grand maître de la Légion d'honneur, et se fit présenter les corps constitués. Juste avant, Cécilia, ses enfants et les fils de Nicolas Sarkozy avaient fait une entrée triomphale dont les images firent le tour du monde. Des images qui donnaient le sentiment que le palais de l'Élysée s'ouvrait à la jeunesse. Pour nous, les proches collaborateurs du président, ces images nous offraient surtout l'espoir que le couple présidentiel avait retrouvé la sérénité dont Nicolas Sarkozy avait tant besoin pour affronter les écrasantes obligations qui allaient être les siennes.

Une fois les cérémonies d'installation terminées, le président donna un rapide déjeuner. Il y convia des artisans de sa campagne, sa mère, ses frères et quelques amis personnels. Juste après, le travail commença.

11

La libération des infirmières bulgares

Pendant sa campagne, le nouveau président avait plusieurs fois évoqué son combat pour les droits de l'homme. Un sujet qui lui tient à cœur de façon très intime. Nicolas Sarkozy déteste les injustices et possède une conception très élevée des progrès de l'humanité. Devant le peuple français, il s'était engagé à faire l'impossible pour obtenir la libération des personnes injustement privées de leur liberté, qu'elles soient françaises ou non.

Íngrid Betancourt, Florence Cassez et les autres

Étant donné ma fonction, je me suis occupé de toutes ces libérations. Pas seul, bien sûr, et parfois en utilisant des filières parallèles.

Je me souviens des efforts pour obtenir la libération de Florence Cassez avec le nonce apostolique Mgr Pierre. Ce Français jouissait d'un très grand prestige au Mexique et son influence pouvait jouer en notre faveur. Je le rencontrai pendant ses vacances en France, il s'engagea à nouer tous les contacts nécessaires. Je regrette que la justice ait tardé à répondre à l'invitation qu'il nous avait fait parvenir pour rencontrer les plus hautes autorités judiciaires mexicaines. Peut-être que cette rencontre aurait accéléré la libération de Florence Cassez. Nos efforts n'ont pas immédiatement abouti, mais ils ont contribué à faire prendre conscience à la société mexicaine qu'une injustice avait été commise.

Je me souviens aussi des contacts directs avec le Hezbollah libanais pour obtenir la libération de Clotilde Reiss, l'étudiante française détenue en Iran. Nous parvenions à entretenir des relations correctes avec le Hezbollah grâce à un chiite libanais vivant en France qui avait joué les intermédiaires.

Je me souviens d'une équipée de nuit à Doha en 2009 auprès du Premier ministre du Qatar, Hamad ben Jassem al-Thani, pour faire libérer Gilad Shalit, le Franco-Israélien capturé par les Palestiniens en 2006. Je me trouvais en Syrie lorsque mon collègue Jean-David Levitte me téléphona. Comme j'étais dans la région, il me demanda de faire étape à Doha pour évoquer le sort de Gilad Shalit. J'arrivai sur place à 23 heures. Le Premier ministre du Qatar me reçut à son domicile privé. Lui, physiquement si fort, était livide d'épuisement. Il avait réuni dans une salle voisine les responsables palestiniens. Tout le débat portait sur l'échange de prisonniers avec Israël. Les Palestiniens ont fait des concessions, Israël aussi. Mais, de part et d'autre, il fallait faire encore un peu de chemin. Nous restions optimistes, au point d'imaginer ensemble le scénario de la libération avec le président de la République française et l'émir du Qatar qui se rendraient dans la bande de Gaza et en Israël pour parrainer l'échange. Je rentrai à Paris dans la nuit avec les listes de prisonniers dont la libération était demandée par les deux parties. Les jours suivants, la cellule diplomatique de l'Élysée réalisa un énorme travail pour rapprocher les deux camps. Elle tenta d'obtenir des Israéliens qu'ils acceptent de libérer davantage de prisonniers et des Palestiniens qu'ils réduisent leurs demandes. Nous étions près du but, mais pas suffisamment. Il faudra attendre 2011 pour que Gilad Shalit soit libéré, après cinq ans de captivité, sur les bases que nous avions esquissées.

Je me souviens aussi des contacts avec les services de renseignement vénézuéliens et les mouvements révolutionnaires d'Amérique du Sud pour tenter de faire libérer Íngrid Betancourt, détenue par les Farc. Pour ma part, je pris en charge deux canaux de négociations proches des Farc sur le plan idéologique. Par l'intermédiaire d'un ancien collaborateur de Charles Pasqua, qui connaissait bien l'entourage d'Hugo Chávez, nous avons obtenu des services de renseignement vénézuéliens qu'ils s'approchent de la frontière colombienne pour discuter avec les représentants des Farc. Ceux-ci pénétreront même en territoire colombien pour une deuxième rencontre. Un autre canal, ouvert par un ex-syndicaliste policier en poste dans la région, passait par un ancien *comandante* de la révolution castriste. Ce *comandante*, Ramiro, vint spécialement à Paris et promit de faire l'impossible. Il tint parole, mais une intervention armée menée par les forces américaines et colombiennes réussit à libérer notre compatriote plus rapidement. Une opération risquée mais, fort heureusement, tout s'est bien déroulé.

Le jour où Íngrid Betancourt a été reçue à l'Élysée, une immense joie nous a envahis. Cette joie, nous la ressentions aussi comme une récompense. Íngrid Betancourt était accompagnée de ses enfants et de son ex-mari, un diplomate français qui consacrait tout son temps à tenter de la faire libérer depuis des années. Nicolas Sarkozy me présenta à Íngrid Betancourt, lui expliquant en quelques mots ce que nous avions fait. Comme toutes les personnes libérées après une longue captivité, elle était à la fois grave et rayonnante.

Les contacts avec Kadhafi

Parmi les détentions injustes, celle des cinq infirmières bulgares et du médecin palestinien en Libye provoquait une forte émotion au sein de l'opinion occidentale. Emprisonnés, maltraités et menacés de la peine de mort depuis février 1999, ceux-ci étaient arbitrairement rendus responsables de la contamination de quatre cent vingt-six enfants par le virus du sida à Benghazi. Nombre de responsables politiques s'étaient déjà efforcés d'obtenir leur libération. Tous les chefs de gouvernement européens qui rendaient visite au colonel Kadhafi entreprenaient des démarches en ce sens. L'Union européenne s'y impliquait également, mais rien ne bougeait. Kadhafi restait sourd aux demandes.

Un espoir de faire avancer le dossier survint le 10 mai 2007, quatre jours après l'élection de Nicolas Sarkozy à l'Élysée. Ce jour-là, je reçus dans mon bureau Moussa Koussa, le chef des services de renseignement libyens, qui m'était envoyé par le directeur de la Surveillance du territoire Pierre de Bousquet. J'avais déjà eu l'occasion de le rencontrer dans le cadre de mes fonctions au ministère de l'Intérieur. Comme tous les patrons du renseignement, Moussa Koussa était autant diplomate qu'animateur d'un service qui collectait de l'information et pratiquait sans vergogne l'espionnage. C'était une personnalité énigmatique. Face à lui, on ne pouvait s'empêcher de penser qu'il avait sans doute trempé dans nombre d'opérations criminelles, comme les attentats contre le DC10 d'UTA et le Boeing de Lockerbie. Il s'exprimait avec douceur et précision, se montrant toujours conciliant. Sa chevelure blanche lui donnait un air de sage. Le but de sa visite était de me faire savoir que le colonel Kadhafi souhaitait que son pays cesse d'être ostracisé par le reste du monde.

Depuis quelque temps, le chef d'État libyen avait pris un certain nombre de mesures pour se faire bien voir de la communauté internationale, comme renoncer aux armes de destruction massive. Il désirait jouer un rôle dans le concert des nations, et par conséquent rencontrer les chefs d'État et de gouvernement qui comptaient. Pour cela, il proposait d'ouvrir avec le président Sarkozy une nouvelle page des relations entre nos deux pays. Moussa Koussa précisa que, pour y parvenir, il avait conscience que la Libye devrait accepter de libérer les infirmières bulgares. Il laissa entendre que la France pouvait à cet égard jouer un rôle décisif. Je dis «laissa entendre» car il demeurait prudent dans son expression. Difficile de savoir si la proposition émanait de Kadhafi ou de lui-même, mon interlocuteur restant volontairement obscur sur ce point. La suite prouvera qu'au moment de notre conversation rien n'était encore réglé.

J'informai aussitôt Nicolas Sarkozy de ce contact, qui nécessitait qu'on lui donne des suites opérationnelles. Deux démarches furent entreprises. Le 28 mai, le président téléphona à Kadhafi depuis son appartement. J'assistai à la conversation en compagnie de Jean-David Levitte. Un dispositif permettant une traduction instantanée avait été installé, avec le président à l'émetteur et une traductrice à l'écouteur. Nicolas Sarkozy commença l'échange en remerciant Kadhafi pour le chaleureux message de félicitations qu'il lui avait adressé pour sa victoire présidentielle, puis évoqua avec lui divers sujets de politique internationale : l'Afrique, le Darfour, le projet d'Union pour la Méditerranée. Il aborda ensuite la question de la détention des infirmières et du médecin. Il prit soin de témoigner d'une double compassion : pour les détenus, mais aussi envers les enfants libyens atteints du sida. Kadhafi se lança dans un monologue bien trop long au goût du président français, qui n'en laissait rien paraître à son interlocuteur.

Un mois plus tard, le 29 juin, Sarkozy contacta de nouveau son homologue libyen. Au cours de la conversation, Kadhafi se montra intarissable sur l'Afrique et sur son souhait de bâtir avec la France des relations constructives, mais il répondit à peine sur le dossier des infirmières.

En parallèle, d'autres contacts avaient lieu avec Moussa Koussa. Je rencontrai également Bechir Saleh, le directeur de cabinet de Kadhafi. Sans être mandaté par qui que ce soit, l'homme d'affaires franco-libanais Ziad Takieddine prit contact avec moi. J'avais fait sa connaissance quelques années auparavant, lorsqu'il représentait l'Arabie saoudite dans la négociation d'un grand contrat concernant la sécurité des frontières de ce pays. Takieddine me fit savoir qu'il était en relation avec Abdallah Senoussi, responsable du renseignement militaire libyen et beau-frère de Kadhafi. Par la suite, Takieddine me téléphona assez souvent, toujours tôt le matin. Tous ces contacts confirmaient qu'un heureux dénouement était loin d'être gagné. Mais nous pouvions nous accrocher à une donnée positive : pour les autorités libyennes, l'affaire des infirmières représentait un problème qui empoisonnait leurs relations avec le reste du monde.

À Tripoli avec Cécilia Sarkozy

Le 10 juillet, je reçus un message m'indiquant en substance que le moment était venu d'engager directement la négociation avec Kadhafi à Tripoli. Trois dates étaient proposées : le 11, le 12 ou le 14 juillet. Ce sera le 12. Je devais me rendre sur place avec Boris Boillon, chargé du Moyen-Orient au sein de la cellule diplomatique. Pour marquer à quel point il s'impliquait personnellement dans cette affaire, Nicolas Sarkozy proposa que sa femme, Cécilia, se joigne à la délégation française. Cette décision relevait autant du cadre officiel que de la sphère personnelle. Cécilia Sarkozy ne se satisfaisait pas d'un rôle de « Première dame » qui ne consistait qu'à faire de la figuration. Avec le président, elle avait réfléchi à une fonction plus active. Il sera d'ailleurs envisagé qu'elle s'investisse dans les relations franco-mexicaines, sa parfaite maîtrise de l'espagnol lui octroyant une réelle valeur ajoutée. Ce projet ne se concrétisera pas, mais elle remplit parfaitement sa mission lors de notre déplacement en Libye.

À Tripoli, un cortège de BMW noires nous attendait à la descente de l'avion. Une nuée de motocyclistes de la police nous escorta en faisant hurler leurs sirènes. Alors qu'il avait été prévu que nous rencontrions le colonel Kadhafi dès notre arrivée, on nous fit attendre plus d'une heure dans le salon d'une villa sans que nous ayons de contact avec qui que soit. Après qu'on nous eut servi du thé et des gâteaux, une escouade militaire vint enfin nous chercher pour nous conduire dans la fameuse tente de Kadhafi. Cette tente était plantée au cœur d'une enceinte hyper-sécurisée, bardée de miradors et de mitrailleuses, qui servait de domicile au dictateur libyen, mais aussi de lieu de travail à ses principaux collaborateurs.

Kadhafi restait impénétrable, ne souriant jamais. Son approche du dossier des infirmières répondait à une logique aux antipodes de la nôtre : ce qui était pour nous un problème de justice et de droits de l'homme n'était à ses yeux qu'une question de politique intérieure. Deux jours plus tôt, la Fondation Kadhafi avait trouvé un accord sur des indemnités avec les familles des enfants atteints du sida, dont une cinquantaine étaient décédés. Une perspective qui poussait les parents à retirer leur plainte. Cet élément positif fut contrecarré le lendemain, par la confirmation de la Cour suprême de la peine de mort prononcée contre les infirmières et le médecin. Face à cette décision judiciaire, l'urgence était d'obtenir de Kadhafi que la peine de mort soit commuée. Cela ne suffisait évidemment pas. Nous demandions la libération des détenus en déployant des arguments diplomatiques, humanitaires et même scientifiques. Kadhafi ne lâchait rien. Il affirmait que la situation n'était pas encore mûre, que ni lui ni son peuple n'étaient prêts à accepter cette libération. Il mettait en avant l'indépendance de la justice et son obligation de respecter ses décisions. Il récusait les avis du professeur Montagnier et de la totalité de la communauté scientifique internationale qui exonéreraient les infirmières et le médecin de toute responsabilité. À ses yeux, seul comptait que l'opinion libyenne soit convaincue de leur culpabilité.

C'était là toute la complexité de ce pays : Kadhafi bafouait sans vergogne les libertés de son peuple, mais il n'était pas toujours en mesure de lui imposer sa volonté. Il devait passer beaucoup de temps à composer avec les tribus et avec l'opinion publique, notamment à Benghazi, cité qui a toujours été rétive au pouvoir central et encline au désordre. Sans doute aussi, à force de propagande, avait-il fini par se convaincre lui-même de la culpabilité des infirmières et du médecin. Conscients de tout cela, nous avons pris la décision de nous rendre à Benghazi auprès des enfants encore hospitalisés. En chemin, nous avons rendu visite aux infirmières.

Celles-ci n'étaient pas placées dans des cellules, mais vivaient dans une sorte de villa au sein de l'établissement pénitentiaire. Elles disposaient de leur propre chambre et partageaient une cuisine et un salon. Manifestement, le régime souhaitait apporter un démenti à l'image de leur détention dans des conditions très dures, qui pourtant avait été leur quotidien durant des années. Grâce aux magazines qu'elles avaient à disposition, les infirmières reconnurent d'emblée Cécilia Sarkozy, à qui la presse avait consacré plusieurs couvertures. Nous avons échangé autour d'une grande table. Très pâles, les infirmières semblaient peu optimistes sur leur sort. Lorsque nous leur avons expliqué que nous étions là pour essayer de les faire libérer, elles n'esquissèrent aucun signe de soulagement. D'autres avant nous étaient venus leur tenir des propos similaires et elles avaient chaque fois été déçues. Au fil de la discussion, j'eus pourtant le sentiment que nous faisions naître chez elles un nouvel espoir. La présence de l'épouse du président de la République française n'y était sans doute pas pour rien. Le médecin palestinien, que nous ne verrons pas, était, lui, placé dans une prison de droit commun.

À Benghazi, nous nous sommes rendus à l'hôpital où les enfants malades du sida étaient soignés. Pour les mères présentes, notre venue représentait aussi un espoir : celui que l'Occident allait prendre en charge leurs enfants sur le plan médical. L'hôpital était de qualité, mais il n'était pas en mesure de prodiguer aux jeunes malades tous les soins dont ils avaient besoin. Un premier message nous fut adressé : ces enfants auraient besoin d'aller en France pour achever leur traitement. Cette perspective était envisageable, mais les formalités administratives étaient longues et incertaines. De plus, les parents ne pouvaient accompagner leurs enfants. Les médecins libyens nous pressaient de faciliter les hospitalisations les plus urgentes. Avec notre ambassadeur, nous avons immédiatement mis au point une procédure permettant d'accélérer l'octroi des visas. J'esquissai aussi une procédure d'admission hospitalière, que je confirmerai à mon retour à Paris avec le ministère de la Santé. Un deuxième message, plus subliminal, nous fut communiqué lorsque nous visitions le nouvel hôpital de Benghazi. Cet immense bâtiment, prévu pour accueillir mille deux cents lits, était vide de malades et d'équipement. La Libye ne disposait pas des compétences suffisantes pour faire fonctionner un établissement de cette dimension. Plus tard, le message sera plus direct et plus appuyé…

À notre retour à Tripoli, Cécilia Sarkozy s'entretint en tête à tête avec Kadhafi, à la demande de ce dernier. Elle ressortit avec le sentiment que Kadhafi n'était plus hostile à la libération des infirmières. Cette intuition fut cependant douchée par la dernière rencontre de la journée. Le soir, nous étions invités par Aïcha, la fille de Kadhafi. Seule

Cécilia dîna avec elle à l'intérieur de la villa. Pour le reste de la délégation, un buffet avait été préparé dans un petit jardin avec des officiels libyens. Nous étions tous convaincus qu'Aïcha, par ailleurs présidente de l'Association des femmes libyennes, se montrerait sensible à la détresse des infirmières. En réalité, elle se contenta de reprendre les arguments utilisés par son père.

Nous sommes repartis en France sans avoir obtenu gain de cause. À dire vrai, nous ne nourrissions que peu d'espoir d'obtenir la libération attendue dès ce premier déplacement. Nous étions conscients que plusieurs étapes seraient encore nécessaires pour parvenir à un dénouement positif. Mais nous avions pu faire passer le message qu'aucune coopération entre la France et la Libye ne pourrait être envisagée si les détenus ne retrouvaient pas la liberté.

«Retournez voir Kadhafi»

Dans les jours qui suivirent, des pas supplémentaires furent franchis. Le 15 juillet, un accord intervint entre la Fondation Kadhafi, présidée par son fils, Saïf Al-Islam, et le représentant en Libye de l'Union européenne. La fondation s'engageait à indemniser les familles des enfants contaminés pour un total de 340 millions d'euros et l'Union européenne à créer un fonds censé rembourser la fondation à mesure. Seul problème : personne ne savait comment ce fonds serait alimenté…

Deux jours plus tard, les familles étaient effectivement indemnisées et le Conseil supérieur des instances judiciaires libyen commua la peine de mort en détention à perpétuité. Le 19 juillet, Nicolas Sarkozy reçut à l'Élysée Benita Ferrero-Waldner, la commissaire européenne qui suivait ce dossier. Une rencontre diplomatiquement nécessaire : la Commission se montrait quelque peu froissée que la France soit devenue aussi active dans cette affaire, alors qu'elle-même y travaillait depuis longtemps, sans succès. Sarkozy téléphona une nouvelle fois à Kadhafi pour le remercier de ce qu'il avait fait et l'exhorter à franchir le dernier pas. La réponse de Kadhafi fut embarrassée. Il tergiversait, répétait en boucle que les infirmières avaient été reconnues coupables par la justice libyenne. Les contacts se poursuivirent sans interruption. Malgré leurs réticences, nous sentions que les Libyens étaient entrés dans une phase de négociation.

Abdallah Al-Obeidi, le ministre libyen des Affaires européennes, sollicita auprès de moi un projet d'accord entre l'Union européenne et la Libye qui confirmerait le remboursement signé par le représentant local de la Commission. Il souhaitait que cet accord comprenne aussi des dispositions facilitant l'accueil des enfants contaminés dans les hôpitaux européens ainsi qu'une coopération dans la lutte contre le sida. Cet accord devait également comporter des promesses de coopération en matière de pêche, d'agriculture, de lutte contre l'immigration illégale, d'accueil des étudiants... Je rédigeai le document avec Boris Boillon, en relation étroite avec le cabinet de Benita Ferrero-Waldner. La commissaire hésitait à s'engager seule au nom de la Commission. Elle n'en avait pas le pouvoir juridique. Un problème très concret se posait aussi : nous n'avions toujours aucune idée de la façon de trouver des fonds pour l'indemnisation des familles. Je transmis tout de même le projet d'accord à Abdallah Al-Obeidi. À quelques retouches près, ce sera le texte signé au moment de la libération.

Il était indispensable de ne pas rompre le fil de la négociation. Une autre demande nous parvint par l'intermédiaire de Ziad Takieddine. Elle émanait d'Abdallah Senoussi, le responsable du renseignement militaire libyen. Ce dernier revendiquait que la France prenne en charge la mise en service du nouvel hôpital de Benghazi. J'en parlai au président qui me donna son accord. Des équipes françaises assureront le démarrage des deux cents premiers lits de l'hôpital. Cela coûtera 30 millions d'euros à l'État. C'est tout ce que la France dépensera dans cette affaire. Voilà quelques mois, j'ai eu l'occasion de rencontrer le responsable de l'équipe qui avait assuré ce démarrage et ouvrait désormais le deuxième volet de l'opération. Malgré le chaos dans lequel le pays est plongé, les nouvelles autorités libyennes ont reconduit le contrat.

Malgré les signes encourageants dans les négociations, aucune décision ne se dessinait. Le soir du 21 juillet, au cours d'une réunion, Nicolas Sarkozy décida de forcer le destin. Il nous demanda à Cécilia, Boris Boillon et moi-même de repartir pour Tripoli sans y avoir été invités. Pour ne pas tenir la Commission européenne à l'écart de nos démarches, Benita Ferrero-Waldner fut invitée à nous accompagner. Nous avons atterri à Tripoli le 22 juillet en début d'après-midi. L'escorte habituelle nous convoya jusqu'à l'hôtel Corinthia. Les Libyens étaient pris au dépourvu. Cette fois, Kadhafi se retrouvait au pied du mur, alors qu'il n'était pas prêt à entrer dans la phase finale des discussions. De temps en temps, un officiel apparaissait dans le hall de notre hôtel. Le plus assidu était Al-Obeidi, qui ergotait sur le texte de l'accord de coopération que nous avions préparé. Compte tenu des conditions de notre arrivée, les vraies négociations ne commencèrent que le soir.

Cécilia Sarkozy pose un ultimatum

Côté français, nous disposions d'un argument politique supplémentaire. Kadhafi souhaitait que Nicolas Sarkozy fasse une escale à Tripoli lors de son déplacement pour Dakar prévu la semaine suivante. Une telle visite marquerait le retour de la Libye au rang des interlocuteurs ordinaires de la France. Nous étions très clairs sur notre position : si les infirmières et le médecin n'étaient pas libérés, l'escale n'aurait pas lieu. La délégation libyenne, dirigée par Al-Obeidi, mettait en avant l'accord avec l'Union européenne, pour lequel la commissaire qui nous accompagnait éprouvait toujours des réserves.

Le lendemain matin, je rencontrai Bechir Saleh, le directeur de cabinet de Kadhafi. Son bureau était une grande pièce d'angle dépourvue de tout luxe dans le jardin du palais. Bechir Saleh se montra très direct : la Libye voulait des garanties sur le remboursement de l'Union européenne pour les indemnisations consenties aux familles des enfants décédés. À Paris, Nicolas Sarkozy, avec qui Cécilia et moi multiplions les coups de téléphone, se démenait. Même si nous étions loin d'être au bout de nos peines, il obtint des avancées qui permettaient de mener à bien notre mission. Il contacta José Manuel Barroso, le président de la Commission européenne, qui accepta de convaincre sa commissaire. Il appela aussi le Premier ministre du Qatar, qui accorda un prêt de 340 millions d'euros pour le fonds européen chargé de rembourser les indemnités aux familles libyennes. Aucun autre pays que le Qatar n'était en mesure de prendre une telle décision en aussi peu de temps.

Vers 18 heures, Cécilia et moi nous rendîmes à l'invitation de Kadhafi dans son bunker souterrain. Il reçut finalement Cécilia seule, tandis que j'attendais sur une chaise dans le couloir. Le lieu, dépouillé, n'avait été conçu que pour protéger le leader libyen des bombardements et des révoltes. De temps en temps passait l'une des « amazones » de la célèbre garde féminine de Kadhafi. À sa sortie de l'entretien, Cécilia me confia que les échanges avaient été tendus et houleux. Elle en avait appelé au sens de l'honneur de Kadhafi, à sa dignité de chef d'État, à la trace qu'il laisserait dans l'histoire. Il n'avait pas apprécié de tels propos, surtout tenus par une femme. Cécilia était épuisée, comme après un combat. Mais elle avait désormais la certitude que Kadhafi ne s'opposait plus au départ des six détenus, qu'il était d'accord sur le principe de leur libération. Reste qu'aucune instruction claire n'était donnée en ce sens. Les équipes libyennes continuaient à travailler sur l'accord avec l'Union européenne, qui ne serait signé qu'une fois les infirmières libres.

À notre hôtel, le Premier ministre Baghdadi Mahmoudi nous convia à dîner. Une table avait été dressée pour nous, avec des officiels et des hommes d'affaires libyens. L'atmosphère était surréaliste. Nos hôtes tentaient d'engager la discussion sur des sujets plus légers alors que nous n'avions d'autre idée en tête que de faire avancer la libération. Souha Arafat, la veuve de Yasser Arafat, qui dînait à une table voisine, vint nous saluer. Elle badinait, feignait de s'étonner de la raison de notre présence. Prenant les Libyens à témoin, elle dit sa conviction que les infirmières allaient être élargies. Par son intervention, elle apporta un peu de bonne humeur dans une ambiance des plus tendues.

Pour rendre effective la libération des infirmières et du médecin, il fallait que les textes d'extradition soient signés, puis que le procureur général signe les levées d'écrou. Or les Libyens prétendaient que ni le procureur général ni les fonctionnaires habilités à rédiger les documents d'extradition n'étaient en mesure d'être joints avant le lendemain. Je m'insurgeai auprès du Premier ministre : « Est-il possible que la Libye soit le seul pays au monde incapable d'obtenir des documents aussi simples à n'importe quelle heure du jour ou de la nuit ? » Piqué à vif dans son orgueil, Baghdadi se décida enfin à donner les instructions nécessaires. Il nous fit tout de même comprendre qu'il n'était pas certain que Kadhafi appuierait sa démarche. Et, sans Kadhafi, rien n'était possible. Effectivement, les choses traînaient encore. Cécilia décida de tenter un coup de force et donna un ultimatum aux Libyens : « Si les infirmières ne sont pas libérées cette nuit, nous regagnerons Paris. Aux yeux du monde entier, la Libye sera couverte de honte. Votre pays sera à nouveau rejeté par l'ensemble de la communauté internationale ! »

À 2 heures du matin, nous regagnâmes notre avion. Nous poursuivîmes nos discussions à l'intérieur de la cabine ou assis sur les marches de la passerelle. Cécilia passa un vrai savon à Al-Obeidi, le représentant libyen le plus gradé parmi nos interlocuteurs. Très à l'aise dans le rapport de force, elle l'accusait de ne pas être à la hauteur de la situation, remettait en cause ses capacités à mettre en œuvre les instructions de son chef ainsi que son aptitude à exercer ses responsabilités. Le pauvre Al-Obeidi finit par s'installer dans l'avion comme s'il allait rentrer à Paris avec nous. Pour se remettre de ses émotions, il se servit plusieurs verres de whisky. Alors que nous attendions, un avion arriva du Qatar avec à son bord un représentant de la Banque centrale du pays qui apportait le chèque prévu. Pour hâter le cours des choses, Cécilia envoya une équipe de nos officiers de sécurité devant la porte de la prison des infirmières.

À 5 heures, nous apprîmes que la levée d'écrou était enfin signée. Une demi-heure plus tard, les infirmières quittaient leur prison et le médecin palestinien était extrait de sa cellule. Une voiture passa prendre le mari d'une des infirmières, installé à Tripoli depuis des années dans l'attente de la libération de sa femme. Leur arrivée à l'aéroport fut tragi-comique. Ces pauvres femmes étaient escortées par d'innombrables véhicules bourrés de policiers en treillis bleu tacheté de noir, armés jusqu'aux dents. Nous nous sommes rendus dans un petit local au sein de l'aéroport pour régler les derniers détails.

À 6 heures, l'accord avec l'Union européenne fut signé entre Benita Ferrero-Waldner et les autorités libyennes.

Alors que nous nous dirigions vers notre avion, un ultime incident survint : un policier arracha son appareil photo à Boris Boillon qui prenait quelques clichés. D'un coup, les hommes de la sécurité libyenne se mirent à nous bousculer. J'eus beau menacer de rétorsion politique, la carte-mémoire de l'appareil photo sera confisquée par le chef du protocole, Nouri al-Mismari. Un étrange personnage aux cheveux teints en rouge, qui avait défrayé la chronique quelque temps auparavant en s'exhibant à Alger en uniforme de SS. Nous n'avons eu d'autre choix que d'accepter cette confiscation : c'était le seul moyen de calmer les militaires.

Libres !

À 6 h 30, nous décollions pour Sofia. Nous étions tous épuisés, mais aucun d'entre nous ne dormit durant le vol – nous n'avons commencé à nous détendre qu'en quittant l'espace aérien libyen. À cet instant, l'émotion nous submergea. Lorsqu'elles étaient montées dans l'avion, les infirmières peinaient à réaliser qu'elles étaient enfin libres. À présent, leur regard commençait à changer. Celle qui venait de retrouver son mari s'abandonnait contre son épaule. Toutes arboraient un teint cadavérique et des yeux cernés de noir. Nous mesurions toutes les souffrances qu'elles avaient endurées. Nous avons partagé quelques verres de champagne et offert une collation à nos hôtes. La vie reprenait ses droits.

À Sofia, tout un peuple attendait le retour des infirmières. Et c'était un avion de la République française qui les ramenait ! C'était le président de la France qui avait arraché leur retour ! Les huit ans d'emprisonnement qu'elles avaient endurés étaient devenus le symbole de l'arbitraire, de l'injustice et de l'obscurantisme. La France y avait mis un terme. Nous avions redonné de la substance aux grands principes qui font la fierté et l'identité de notre pays.

Deux jours plus tard, je retournai à Tripoli au côté du président Sarkozy qui tint sa promesse : y faire escale avant de se rendre à Dakar. Kadhafi nous fit visiter le jardin de sa résidence. Il nous montra le monument qu'il avait fait construire avec le métal d'un avion américain abattu, érigé dans un immeuble détruit par l'aviation des États-Unis. Le soir, le chef d'État libyen nous convia à un grand dîner. Il était vêtu d'un costume blanc immaculé. Sur sa poitrine, il arborait une carte de l'Afrique en plastique noir. C'était sa façon à lui d'afficher son ambition d'étendre son influence sur le continent.

12

Jours ordinaires à l'Élysée

Mon quotidien de secrétaire général à la présidence de la République n'était pas toujours aussi intense que l'épopée libyenne. Comme à chaque fois que je changeais de lieu de travail, il me fallut un peu de temps pour me faire à mon nouvel environnement. J'ai besoin de m'y sentir à l'aise. Comme à mon habitude, je n'avais rien changé au bureau qui m'était attribué, une pièce en angle fort agréable, éclairée par quatre grandes fenêtres, dont deux donnaient sur le jardin. Mon prédécesseur, Frédéric Salat-Baroux, m'avait laissé une table de travail et une table de réunion d'un style très moderne, dont le gris du métal s'accordait fort bien avec le tissu rose tendu sur les murs. La pièce était agrémentée d'un tableau de l'école de Canaletto, d'un autre de Nicolas de Staël, ainsi que d'une magnifique tapisserie. Très vite cependant, je constatai un problème pratique : les tiroirs du bureau ne s'ouvraient pas. Or, comme j'apprécie d'avoir une table nette, j'ai besoin de tiroirs. Je fis donc revenir le mobilier du XVIIIe siècle dans lequel travaillait Dominique de Villepin.

Les réunions au soleil de Nicolas Sarkozy

Le président aménagea lui aussi son cadre de travail. Dans un premier temps, il hésita à s'installer dans le bureau occupé par ses prédécesseurs. Il le trouvait trop solennel, trop chargé de dorures. Il fut tenté de s'établir au rez-de-chaussée, dans une pièce d'angle d'une grande simplicité qui donnait sur la terrasse et le jardin. Constatant cependant que l'organisation fonctionnelle de la présidence était autour du premier étage, il se résolut à y prendre place. Il modifia très peu son bureau, disposant seulement quelques objets personnels sur sa table de travail, dont le trèfle à quatre feuilles en cristal que je lui avais offert. Un geste qui me toucha. Il veilla personnellement à l'ordonnancement du « salon vert », la pièce qui jouxtait son bureau et lui servait de salle de réunion. Il y fit retirer une défense de narval qui occupait le centre de la table. Plus tard, il fera restaurer ce très beau salon aux tonalités délicates, dont les murs étaient parsemés de guirlandes de fleurs.

Tout au long du quinquennat, Nicolas Sarkozy aura à cœur d'entretenir au moins un minimum l'Élysée, ce que la plupart des présidents se refusaient de faire, craignant des critiques sur le coût des travaux. Toutes les façades furent nettoyées, permettant à l'édifice de retrouver la splendeur de la pierre, dissimulée jusque-là par des traces de pollution. Le président aménagera aussi d'un mobilier très moderne la pièce du rez-de-chaussée dans laquelle il ira de temps à autre. Après sa défaite en 2012, ce mobilier le suivra dans ses bureaux de la rue de Miromesnil.

En face de la porte-fenêtre du bureau du rez-de-chaussée, le chef de l'État fit installer une petite table et quelques chaises. Certains visiteurs se montrèrent surpris que le président les reçoive dans ce lieu informel, chemise ouverte et lunettes de soleil sur le nez, pour profiter du soleil qu'il aime tant. Au centre de la terrasse qui donne sur le jardin, une grande table était abritée par des parasols. C'était là que se tenaient nombre de réunions dès qu'il faisait beau. Celles-ci prenaient un caractère insolite : l'atmosphère était estivale, on se serait cru en vacances si tous les participants n'étaient pas cravatés.

C'est à cette terrasse que Nicolas Sarkozy reçut Dilma Rousseff, la future chef d'État du Brésil que le président Lula lui avait demandé d'accueillir afin de contribuer à lui façonner une image internationale. Toute de rose vêtue, Dilma Rousseff se montrait timide. Elle n'avait guère l'habitude de ces contacts diplomatiques. Ils évoquèrent la situation économique du monde, la future présidente brésilienne insistant sur sa priorité de lutter contre la pauvreté. En la voyant s'enflammer, on ne pouvait s'empêcher de penser aux années de prison et aux tortures qu'elle avait subies pour son engagement politique.

Nicolas Sarkozy reçut aussi à cette terrasse le président Saleh du Yémen. Lui n'était pas le moins du monde intimidé. Informé que la France vendait deux avions de sa flotte gouvernementale, il avait la ferme intention de rentrer dans son pays avec l'un d'eux, promettant de l'acheter ultérieurement. Malgré son insistance, il n'obtint pas satisfaction.

Au moment de l'installation, l'attribution des bureaux avait donné lieu à quelques rivalités parmi les collaborateurs. La répartition n'était pas évidente, car le palais de l'Élysée n'avait pas été construit pour abriter des services administratifs. Tout le monde souhaitait un bureau le plus proche possible de celui du président. Cette proximité géographique était un signe de proximité personnelle, et les visiteurs y étaient sensibles. L'étage du président ne comportait que deux autres bureaux disponibles, en plus de son secrétariat. L'un me revint. L'autre, qui fut occupé en son temps par Valéry Giscard d'Estaing, fut attribué au conseiller spécial Henri Guaino, au grand dam d'Emmanuelle Mignon, la directrice du cabinet. On dit qu'aujourd'hui Emmanuel Macron aime y travailler.

Dans un petit salon doré que l'on appelait le « salon des Glaces », l'ancienne salle de bains de l'impératrice Eugénie, un troisième bureau fut également installé pour Catherine Pégard, ancienne journaliste nommée conseillère du président. Cette pièce faisait figure de lieu stratégique, car c'était l'un des passages que Nicolas Sarkozy empruntait pour aller de son bureau à son appartement. Un étage au-dessus, au sommet d'un escalier escarpé, siégeaient François Pérol, le secrétaire général adjoint chargé des affaires économiques, Raymond Soubie, le conseiller social, et Patrick Ouart, le conseiller en matière de justice. Les autres conseillers étaient répartis dans les ailes du palais. La plupart des bureaux étaient désuets, petits et bas de plafonds. L'été, on y étouffait.

Les premiers succès du quinquennat

L'action gouvernementale connut un démarrage en trombe, malgré une relative déconvenue aux élections législatives. Avant le second tour, François Fillon, le Premier ministre, et Jean-Louis Borloo, le ministre de l'Économie et des Finances, avaient évoqué publiquement la perspective d'une TVA sociale. Une belle idée – même si celle-ci ne faisait pas partie du programme présidentiel –, mais les socialistes la dénoncèrent comme une hausse des prix, ce qui du reste n'était pas une fatalité. Les spécialistes estiment que cette évocation nous coûta cinquante sièges de députés. La TVA sociale fera finalement l'objet d'un vote du Parlement à la fin du quinquennat, avant d'être annulée par la gauche.

Nous disposions de la majorité à l'Assemblée nationale, mais il fallait compter avec les centristes. Une session extraordinaire du Parlement fut convoquée. Très vite deux textes majeurs furent votés.

Le premier était la loi sur l'autonomie des universités. Tous les gouvernements, de droite comme de gauche, en rêvaient depuis des dizaines d'années. Il s'agissait d'une condition essentielle de la modernisation de notre enseignement supérieur, de l'émulation entre les équipes de recherche, de la promotion de nos établissements vers l'excellence. Depuis des semaines déjà, un projet avait été rédigé par l'équipe de campagne. Avant même la fin de l'élection présidentielle, j'avais consulté à ce sujet la conférence des présidents d'université.

Notre conviction était qu'un texte aussi sensible, parce qu'il remettait en cause l'uniformité ancrée sous prétexte d'égalité, ne pouvait être adopté que pendant « l'état de grâce » qui suivait l'élection, avec le maximum de soutien de l'opinion. Tout se déroula bien, les protestations restèrent limitées. Valérie Pécresse, la ministre de l'Enseignement supérieur, pouvait se flatter d'avoir donné à la France un véritable levier qui nous permettait de rehausser nos universités parmi les meilleures du monde. À mesure que leurs établissements faisaient le choix de l'autonomie, le chef de l'État réunissait régulièrement les présidents d'université. Tous se félicitaient du progrès réalisé. La gauche, du reste, ne reviendra pas sur cette réforme. Même si, en reprenant le contrôle des finances des universités, elle réduisit beaucoup la réalité de l'autonomie.

Le deuxième texte était la loi dite Tepa (Travail, emploi, pouvoir d'achat). Cette réforme était la traduction de promesses majeures de la campagne de Nicolas Sarkozy. D'abord, celle de « travailler plus pour gagner plus », qui avait séduit nombre de Français, conscients que les 35 heures avaient affecté la croissance et leur pouvoir d'achat. Les heures supplémentaires étaient désormais exonérées d'impôts et de charges sociales. Cela valait pour le secteur privé, mais aussi pour les fonctionnaires. L'effet de cette mesure sera massif. Budgétairement, elle coûtait 4,5 milliards d'euros, mais 9 millions de Français en bénéficiaient pour un montant moyen de 500 euros par an. Les professeurs en profitaient de façon substantielle.

Les ouvriers du bâtiment ajoutaient un, voire deux mois de revenu à leur salaire annuel.

Les droits de succession étaient aussi pratiquement supprimés pour l'ensemble des patrimoines petits et moyens. Lors de la campagne de 2012, tous les orateurs de la majorité évoquant cette mesure constateront qu'elle était la plus populaire à l'applaudimètre. Autre mesure du texte : à concurrence de 1500 euros par an, les intérêts d'emprunt pouvaient être déduits de leurs impôts par les accédants à la propriété. Avec le bouclier fiscal, les impôts des contribuables ne pouvaient plus dépasser 50 % de leurs revenus. Cette mesure était non seulement excellente d'un point de vue économique, mais elle était aussi juste. Malheureusement, lors de la crise qui suivra, les Français admettront de plus en plus difficilement son principe et ses modalités d'application, qui consistaient à faire des chèques de remboursement à ceux qui avaient trop payé. Beaucoup furent choqués d'apprendre que la milliardaire Liliane Bettencourt recevait un chèque du Trésor public. Nous aurons le plus grand mal à nous débarrasser de cette mesure, abandonnée en 2011. Bien trop tard aux yeux de l'opinion.

Les réformes se succédaient à une cadence effrénée. Le 2 août, la loi sur le service minimum dans les transports était adoptée. Cette loi ne portait pas atteinte au droit de grève, qui est de nature constitutionnelle, mais imposait une organisation de la grève. Les grévistes devaient se déclarer à l'avance, laissant ainsi aux entreprises de transport le temps d'aménager les services de façon optimale. Les usagers n'étaient plus pris en otages, comme on dit. À l'automne, malgré les oppositions syndicales, une réforme des régimes spéciaux de Sécurité sociale fut votée. La France tirait enfin la conclusion que les locomotives n'étaient plus à vapeur et que la nature du travail dans les entreprises publiques avait changé.

Trop de réformes?

Ce n'était qu'un début. Durant tout le quinquennat, les réformes se multiplièrent à un rythme soutenu. Des décisions majeures intervenaient plusieurs fois par semaine. Dans l'opposition comme dans la majorité, certains critiquaient un tel rythme, dénonçant une forme d'activisme. Ce n'était pas mon point de vue. C'est vrai qu'il y a chez Nicolas Sarkozy une volonté constante d'agir. Il se sent coupable dès qu'il a l'impression de ralentir l'action. Mais je crois que ce souci traduit d'abord un constat : face à la mondialisation, au cœur d'un monde qui change si vite, notre pays ne pouvait plus se satisfaire de l'immobilisme et de l'absence de décisions. Il n'y avait pas d'autre choix, si la France voulait conserver son rang, continuer à se développer et maintenir des perspectives de croissance pour le niveau de vie de ses habitants.

À ceux qui critiquaient la multiplication des décisions j'ai souvent répondu que nous n'en faisions pas suffisamment. Avec le recul, j'en reste convaincu. D'autant que la crise économique mondiale survenue en 2008, dont certains ont délibérément sous-estimé l'importance, nous imposait de nouvelles contraintes et de nouvelles initiatives. En même temps, nous ne pouvions faire davantage. Le processus législatif obéit à des procédures. La concertation avec les organisations représentatives de la société civile, qui a toujours été une règle absolue, prend aussi du temps. Le devoir d'expliquer notre action aux citoyens nous conduisait à ne pas précipiter les choses. Dans ce contexte, la fonction de secrétaire général de la présidence se révélait passionnante.

Au sein de l'État, c'est l'une des très rares qui permettent d'embrasser la totalité des volets de l'action publique, d'en percevoir la complémentarité et d'en mesurer les enjeux. Tout se tient dans l'action publique : la conception des institutions, la politique économique, la politique sociale, la politique de développement durable, la politique étrangère. Tous ces domaines se trouvent indissolublement liés. Chaque décision qui intervient dans l'un des champs de l'action publique a des répercussions sur les autres. Ainsi en fut-il de la création du G20, qui se réunit pour la première fois à Washington en novembre 2008, avec dix-neuf chefs d'État et de gouvernement, auxquels s'ajoutait le représentant de l'Union européenne.

Ce G20, Nicolas Sarkozy en avait eu l'idée tout de suite après le déclenchement de la crise de 2008. À l'évidence, il manquait une structure de concertation au niveau mondial. Pour la créer, il fallait bien sûr persuader la puissance économique dominante de son utilité. Nicolas Sarkozy se rendit donc aux États-Unis pour rencontrer George Bush. Il parvint à le convaincre. La création du G20 marquait un début de gouvernance économique qui manquait au monde. Il est l'instrument – certes encore imparfait – d'une capacité de régulation dont la crise aura révélé à quel point elle était indispensable. La création du G20 relevait à la fois de la politique économique et de la politique étrangère.

La réforme des retraites, décidée en 2010, était d'abord un problème interne. La première préoccupation était évidemment celle de l'équilibre financier. Mais il fallait aussi avoir à l'esprit les conséquences d'un allongement de la durée des cotisations sur les habitudes de vie des Français, et sur la vie de notre société. Dans le même temps, nous avions conscience que laisser le système en l'état signifiait récolter l'opprobre de nos partenaires européens, accroître le risque d'alourdir notre dette et faire s'envoler les taux d'intérêt. Cette réforme concernait donc elle aussi de multiples domaines.

L'exercice de ma fonction dépendait beaucoup de la façon dont le président lui-même exerçait ses responsabilités, mais aussi des circonstances. Aucun texte ne définit les compétences du secrétaire général de la présidence. Il ne dispose d'aucun pouvoir de décision, d'aucune délégation de signature. Il ne gère aucun budget, pas même celui du fonctionnement de l'Élysée. Il n'a qu'une mission : faciliter le travail du président. Cela a toujours été le cas mais, comme dans bien d'autres domaines, la substitution du quinquennat au septennat a eu des conséquences non négligeables.

Le quinquennat, lorsque coïncident l'orientation politique du chef de l'État et celle de la majorité de l'Assemblée nationale, a présidentialisé nos institutions. François Hollande, qui voulait changer cette situation, a vite compris que c'était impossible. Clairement, Emmanuel Macron veille à tout. Et c'est logique. Le président de la République est le « patron », parce qu'il est élu au suffrage universel et parce que l'Assemblée, elle-même élue dans la foulée, se trouve d'une certaine façon tenue par les engagements présidentiels. Le rôle de l'équipe élyséenne s'en trouve forcément impacté. Davantage encore lorsque le président se nomme Nicolas Sarkozy et s'implique dans tous les domaines, monte au front, s'engage dans les batailles politiques, veille à tout, refuse de s'abriter derrière le Premier ministre ou le gouvernement, accepte de prendre les coups directement. De façon quasi mécanique, les collaborateurs du président voyaient eux aussi leur rôle prendre plus d'ampleur.

En ce qui me concerne, le président répondait souvent aux ministres ou aux visiteurs qui le questionnaient : « Vois avec Claude. » Et effectivement, ils voyaient avec moi ! De la même façon qu'ils étaient amenés à voir François Pérol ou Xavier Musca pour des sujets économiques. On a parfois dit que du fait de ce rôle que me donnait l'évolution institutionnelle du quinquennat, j'inspirais de la crainte à beaucoup. Compte tenu de ma longue proximité avec le président, il est vrai que j'étais un peu le dépositaire de sa pensée et l'interprète de ses instructions. Mais je voudrais, même de façon rétrospective, rassurer ceux qui ont pu éprouver ce sentiment. Même si je suis d'allure austère, je pense qu'ils n'ont jamais pu observer chez moi un manque de courtoisie ou d'attention. J'ai même la faiblesse de croire que je suis d'une grande gentillesse – «trop grande», me disent mes plus proches amis. J'ai toujours cherché à aider mes interlocuteurs, fussent-ils ministres ou élus.

Le fonctionnement élyséen

Pour permettre au président d'exercer au mieux ses responsabilités, il fallait l'informer, lui faire des propositions d'action, lui suggérer des initiatives. Il fallait aussi préparer les décisions et veiller à leur mise en œuvre. Tout cela nécessitait un travail de chaque instant avec le gouvernement, dans le respect des prérogatives de chacun.

Quand le président rencontrait un chef d'État étranger, il lui était remis un dossier lui permettant d'être informé à l'avance des sujets qui seraient évoqués, des positions de son interlocuteur ainsi que celles de ses opposants. Le président avait également besoin de propositions pour faire avancer la recherche d'accords ou de solutions. Le plus souvent, il recevait le dossier plusieurs jours à l'avance afin d'y réfléchir et de discuter des futures propositions avec les ministres concernés et ses collaborateurs. Dans le cas d'une rencontre avec un chef d'État étranger, les diplomates étaient en première ligne. Pour autant, il était rare que la préparation de ce type de dossiers ne fasse pas appel à d'autres membres de l'équipe. Les économistes étaient très souvent sollicités, de même que les conseillers chargés de la culture, de la recherche, des universités ou ceux qui suivaient les questions migratoires et de sécurité. Pour ce travail préparatoire, chaque conseiller de l'Élysée était en liaison avec le cabinet du ministre dont il était le correspondant. Bien entendu, Matignon était aussi dans la boucle.

Tout cela, il fallait l'organiser. Cela représentait une masse de travail importante, même si des automatismes se sont rapidement créés au sein des équipes. Heureusement, car nous avions un ennemi contre lequel nous ne cessions de lutter : le temps ! À l'automne 2008, lorsque le président organisa à 5 heures du matin une réunion de sauvetage de la banque franco-belge Dexia, il avait sous les yeux une note rédigée dans la nuit qui faisait le point sur la situation et lui proposait des hypothèses de décisions.

Contrairement à ce qui a été dit, Nicolas Sarkozy ne prenait pas ses décisions seul. Ni en tête à tête avec un ministre, ce qui aurait été de nature à perturber le fonctionnement normal du processus décisionnel. Le président ne recevait d'ailleurs presque jamais seul les ministres. Il s'entretenait souvent avec eux dans le salon vert, qui séparait son bureau du mien, mais toujours en présence du Premier ministre. Ces réunions étaient nombreuses, toutes les premières esquisses d'un projet de loi ou d'une initiative gouvernementale y étaient débattues, toutes les situations de crise y étaient examinées en compagnie de ministres et de généraux.

Le président suivait parfois les opérations militaires en temps réel, en liaison avec les responsables opérationnels sur le terrain, que ce soit en mer Rouge ou en Afrique. Le rituel était immuable. Le président s'installait au centre de la table, dos à son bureau. Le Premier ministre s'asseyait en face de lui, entouré des ministres qui prenaient place dans l'ordre hiérarchique. Pour ma part, je me trouvais à la droite du président, entouré de ses conseillers. Les entretiens avec les ministres étaient pour certains d'entre eux une véritable épreuve. Le président connaissait toujours parfaitement ses dossiers, possédant une expertise exceptionnelle dans certains domaines comme la fiscalité.

Les ministres se devaient donc d'être au niveau. Je me souviens d'un questionnement adressé un jour par le président à un ministre du pôle économique sur des questions fiscales, qui finit par tourner au grand oral. En pareilles circonstances, le ministre concerné se retrouvait en fâcheuse posture devant ses collègues.

Pour assister au mieux le président, l'équipe que nous avions constituée comptait environ quarante-cinq personnes réparties en pôles : l'état-major particulier pour les questions de défense ; le pôle du directeur de cabinet pour les questions institutionnelles et juridiques ; celui du chef de cabinet pour l'emploi du temps, l'organisation des déplacements et la sécurité ; la cellule diplomatique autour de Jean-David Levitte ; le pôle économique autour de François Pérol, puis de Xavier Musca ; le pôle social autour de Raymond Soubie ; le pôle éducation et culture ; celui de l'enseignement supérieur et de la recherche ; la cellule presse et communication. Animer un tel ensemble n'était pas simple. Il n'était pas question de le faire par l'autorité. Le secrétaire général que j'étais possédait une bonne connaissance du fonctionnement de l'État ainsi que des défis que notre pays devait affronter. Mais je savais aussi que j'étais moins compétent que chacun des chefs de file dans leur spécialité. Il fallait concilier le fonctionnement collectif et le respect des talents, tout comme les capacités d'initiative des uns et des autres. Honnêtement, cela n'a jamais été difficile. Les personnes qui m'entouraient étaient d'un niveau de compétence exceptionnel. Dévouées envers le président, certes, mais aussi envers leur pays. Plusieurs ont rejoint les équipes de l'actuel gouvernement. Je suis heureux que la France ne se prive pas de leurs talents.

Au début de son quinquennat, Nicolas Sarkozy réunissait les chefs de pôle tous les matins au salon vert. Lors de ces réunions, je prenais place en face du président. En son absence, personne n'occupait son fauteuil. Par la suite, il me passera le relais pour gérer seul ces réunions matinales. Celles-ci avaient pour objet de faire le point sur les initiatives gouvernementales et analyser le travail législatif. La situation politique était aussi examinée, de même que les projets de déplacement, les prises de parole ou les sondages. L'information circulait, les orientations étaient définies, les tâches étaient distribuées. Chaque chef de file organisait ensuite le travail de sa propre équipe et prenait en charge les relations avec les ministres et leur cabinet.

Bien sûr, il pouvait survenir des heurts entre les membres du secrétariat général. Pour l'essentiel sur des questions de frontière entre les responsabilités, mais parfois aussi sur des choix politiques. Sur les sujets européens, par exemple, les diplomates, dont le métier était de trouver des accords, étaient souvent moins audacieux que leurs collègues chargés des questions économiques, plus enclins à trouver des réponses de long terme. Sur les questions budgétaires, au même titre que le ministre du Budget qui était rarement d'accord avec ses collègues trop dépensiers, les membres du pôle économique se montraient moins disposés que d'autres à engager des dépenses nouvelles. Cécile Fontaine, la conseillère budgétaire, avait fort à faire dans ce domaine, parfois en tenant tête au président lui-même, avec beaucoup de conviction et de courage. En cas de désaccord entre membres de l'équipe, il me revenait, avec le concours des chefs de file concernés, de trouver des solutions. Si des avis divergents persistaient entre les chefs de file, ou avec Henri Guaino, dont chacun connaît l'originalité de la pensée, les différentes opinions étaient présentées au président qui arbitrait.

Puisque j'évoque Henri Guaino, je voudrais dire quelques mots de nos relations. On nous a souvent opposés, présentés comme rivaux. Il est vrai qu'Henri possédait un statut particulier, puisqu'il était le seul, avec moi, à avoir libre accès au président. Au risque de surprendre, j'affirme que nous nous sommes toujours très bien entendus. Je connais Henri Guaino depuis plus de vingt ans. Il appartenait comme moi à l'équipe de Charles Pasqua entre 1994 et 1995. Je me souviens qu'à l'approche de la présidentielle de 1995 il avait même fourni un programme de gouvernement de plus d'une centaine de pages pour le compte de Pasqua. J'ai toujours eu un très grand respect pour ses capacités à sortir des sentiers battus, à proposer des analyses originales, à suggérer des propositions audacieuses, plus que je ne le faisais moi-même.

Les relations avec Matignon

Le mode de communication avec le président passait d'abord par l'écrit. Mis à part les réunions de ministres, auxquelles les membres du secrétariat général intéressés participaient, il tenait peu de réunions avec ses collaborateurs. Celles-ci se limitaient à la préparation des grands déplacements internationaux ou à des sujets brûlants pour lesquels il avait besoin de mûrir sa réflexion avant les réunions avec les ministres. Les juniors de l'équipe en ressentaient un peu d'amertume. Ils auraient voulu l'approcher davantage, même s'ils se rattrapaient en l'accompagnant dans ses déplacements.

Au minimum chaque soir, mais le plus souvent deux fois par jour, le président recevait la chemise cartonnée verte dans laquelle je lui transmettais les notes de ses collaborateurs. En marge, j'y portais parfois un commentaire ou un avis. À deux occasions seulement j'ai intercepté des notes, émanant du même conseiller chargé de la culture. Il était pour le président un collaborateur précieux et très imaginatif, mais il possédait une fâcheuse tendance à revenir sans cesse sur des décisions déjà actées. Nicolas Sarkozy, qui avait toujours le souci d'avancer, aurait peu goûté ses récriminations… et je voulais éviter les foudres présidentielles à ce conseiller. Mais, à cette exception près, toutes les notes destinées au président lui étaient remises. Elles revenaient le lendemain matin avec l'indication des avis et des instructions. La machine était fluide, parfaitement huilée grâce à une équipe d'exception. Et grâce à un président infatigable, parfaitement organisé et très au fait de tous les problèmes.

En dehors de cette organisation de routine, semblable à celle de tous les présidents, d'autres processus découlaient d'une méthode de fonctionnement propre à Nicolas Sarkozy. Il y avait tout d'abord la question de l'articulation avec Matignon. Celle-ci se faisait de façon très régulière et structurelle. Dès qu'une réunion interministérielle avait lieu à Matignon, l'Élysée en était informé et un conseiller technique de la présidence y participait. Indépendamment des très fréquents contacts téléphoniques, deux rendez-vous étaient organisés avec Matignon chaque semaine.

Le premier, le lundi, se tenait sous forme d'un déjeuner dans la salle à manger du cabinet à l'Élysée. Il rassemblait pour la présidence le secrétaire général, son adjoint, le conseiller social, et pour Matignon le directeur de cabinet Jean-Paul Faugère, son adjoint Antoine Gosset-Grainville, et plus tard Marie-Anne Barbat-Layani. Toute l'actualité était passée en revue. Les arbitrages étaient préparés avant d'être soumis au président et au Premier ministre. Les décisions de nomination aux principaux postes administratifs étaient également discutées. Ces réunions se sont toujours passées dans un climat de totale loyauté réciproque et de volonté constructive. Chacun restait cependant dans son rôle : l'équipe de l'Élysée se montrait plus politique, et sans doute plus volontariste ; celle de Matignon plus soucieuse – car c'était elle qui était aux prises avec les difficultés pratiques – des contraintes budgétaires et administratives.

Un deuxième rendez-vous hebdomadaire réunissait le Premier ministre et le président de la République, le mercredi matin à 9h30, une demi-heure avant le Conseil des ministres. Dans les premiers temps, le président souhaitait que j'y assiste de façon systématique. Par la suite, le Premier ministre demanda à être en tête à tête avec le chef de l'État, qui me faisait seulement venir quand il estimait avoir besoin de moi. Je suppose que le Premier ministre avait des questions à évoquer avec le président qu'il préférait aborder sans témoin, celles sur leurs relations personnelles par exemple. Peut-être y avait-il aussi dans son esprit le souhait d'être davantage considéré dans sa fonction. Peut-être encore était-il parfois gêné que quelqu'un qui connaissait les dossiers aussi bien que lui puisse exprimer au président un sentiment différent du sien.

L'engagement dans la communication était un autre impératif qui s'imposait au secrétaire général. J'imagine que c'est encore le cas aujourd'hui. Bien évidemment, le président communiquait directement. Il intervenait parfois de façon solennelle à la radio ou à la télévision. Plusieurs fois par semaine, il faisait des déclarations pour présenter une décision ou accompagner un déplacement thématique. Nicolas Sarkozy s'exprimait beaucoup, tout simplement parce qu'il agissait beaucoup. Il était l'un des rares hommes politiques à avoir parfaitement intégré que la communication faisait partie intégrante de l'action. Qu'elle permettait à l'opinion de participer à la genèse et à la mise en œuvre des décisions. Dans ce domaine, Franck Louvrier remplissait ses fonctions avec brio. Mais il restait deux questions à régler au sein de notre équipe, auxquelles Franck Louvrier était bien sûr étroitement associé.

La première était celle de la communication gouvernementale. Les ministres eux aussi avaient de nombreuses occasions de s'exprimer. Pour ce qui était de leur domaine de compétence, ils étaient parfaitement armés pour le faire. En revanche, ils pouvaient se montrer plus mal à l'aise lorsqu'ils étaient interrogés sur des sujets qui leur étaient moins familiers. Ils pouvaient aussi ne pas posséder la perception exacte des priorités de communication du président. Je dois avouer que nous avons tâtonné pour régler cette problématique. J'ai tenu de nombreuses réunions pour définir des éléments de langage du gouvernement qui, il faut bien le dire, engendraient parfois le risque de discours stéréotypés. À l'arrivée, cette méthode évitait la cacophonie sans pour autant nuire à la fraîcheur et à la spontanéité de la diversité des personnalités.

À un moment, le président prit l'initiative de réunir les ministres les plus performants en matière de communication ou les plus sollicités par les médias afin de définir avec eux les arguments à développer sur la politique gouvernementale. Les ministres conviés n'étaient pas toujours les mêmes, mais je me souviens de la présence de Luc Chatel, Laurent Wauquiez, Éric Woerth, Xavier Bertrand et Nadine Morano. Dans ce cadre-là aussi, le président m'a passé le relais, submergé par des obligations de tous ordres, notamment ses engagements internationaux. Avec le recul, si l'on compare l'expression gouvernementale sous Nicolas Sarkozy à celle sous François Hollande, je constate que nous avons évité de nombreux « couacs ». Pour l'essentiel, nous avons réussi à préserver l'unité des propos et, par conséquent, la perception d'une ligne générale cohérente.

La deuxième question concernait la communication présidentielle. Le chef de l'État étant omniprésent dans la décision publique, le régime se présidentialisait de fait. C'était donc davantage la politique du président que celle du gouvernement qu'il convenait d'exposer et d'expliquer à l'opinion. En début de mandat, l'initiative fut prise de nommer un porte-parole qui soit toujours à la disposition de la presse. Le poste fut confié à David Martinon, qui avait été le conseiller diplomatique de Nicolas Sarkozy au ministère de l'Intérieur. Fin connaisseur de la façon de penser du président, celui-ci s'est acquitté de cette tâche difficile dans des conditions plus qu'honorables.

Toutefois, l'institution du porte-parolat elle-même a vite atteint ses limites. D'abord parce que David Martinon se retrouvait en concurrence directe avec le porte-parole du gouvernement. Ensuite parce qu'il était quotidiennement dans l'obligation de répondre à d'innombrables journalistes sur les questions les plus diverses, faisant ainsi prendre au président une position sur tous les sujets. Cette disposition revenait à placer le chef de l'État au cœur de l'actualité dans tous les domaines, ce qui était trop aux yeux des Français. L'expérience fut arrêtée.

Le dispositif qui lui succéda fut beaucoup plus léger. Lorsqu'une réunion se tenait ou qu'une initiative importante était prise sans que le président s'exprime, les chefs de file du secrétariat général commentaient les décisions auprès des médias. C'est ainsi que Raymond Soubie répondait aux journalistes sur les sujets sociaux, que Jean-David Levitte tenait des points presse sur les questions diplomatiques et que moi-même je commentais les sujets régaliens. Cette volonté d'accompagner l'action présidentielle conduisit aussi certains d'entre nous, dont Henri Guaino et moi-même, à donner des interviews.

Cette pratique a parfois été critiquée, sous prétexte que nous nous substituions aux membres du gouvernement. Je voudrais dire trois choses à cet égard. La première, la plus importante, c'est que nous le faisions parce que le président nous le demandait. La deuxième : l'Élysée étant un lieu de synthèse, nous n'étions pas plus mal armés que bien des ministres pour donner des interviews sur les sujets les plus divers… et pas plus mal placés que d'autres pour exprimer la vision du chef de l'État. La troisième : même si quelques ego s'en trouvaient froissés, on n'est jamais trop nombreux dans une équipe pour œuvrer au profit de l'action collective.

13

Les jours moins ordinaires

Au-delà de nos tâches quotidiennes, nous devions aussi nous adapter à l'actualité, traiter en urgence les questions qui surgissaient pour le compte du chef de l'État. Je devais faire un certain nombre de choses que le président ne pouvait pas faire. D'abord parce qu'il était souvent absent, ensuite parce que, malgré son énergie hors du commun, il ne pouvait pas tout faire. De temps à autre, des personnalités en visite en France souhaitaient être reçues à l'Élysée pour transmettre des messages au président, même si elles voyaient également le Premier ministre. Lorsque Nicolas Sarkozy était absent, elles demandaient à rencontrer le secrétaire général.

Rencontres avec les grands patrons

J'ai ainsi reçu beaucoup de ces personnalités. Ces rencontres étaient passionnantes pour moi, mais aussi riches d'enseignements pour la conduite des affaires de l'État. Quand je reçus dans mon bureau Jeffrey Imelt, le président de General Electric, celui-ci fit le point sur l'activité de son entreprise en France, notamment sur l'usine de turbines de Belfort, qui suscitait des inquiétudes. Il m'annonça aussi que les dispositions que nous venions d'adopter pour doper le crédit d'impôt recherche le conduisaient à choisir la France pour y installer un nouveau laboratoire. Au-delà d'un encouragement à notre politique économique, cette décision était le signal que nous avions des atouts à jouer dans la compétition mondiale.

Je reçus aussi Daniel Vasella, président de l'entreprise suisse de pharmacie Novartis. Il m'exposa les raisons pour lesquelles il créait un nouveau centre de recherche en Nouvelle-Angleterre, dans le nord des États-Unis : sur place, il disposait d'un formidable écosystème dans lequel il pouvait trouver tous les chercheurs dont il avait besoin, grâce notamment aux nombreux laboratoires universitaires. Il exprimait ainsi deux choix stratégiques. Le premier : pour développer sa recherche et pour maintenir sa créativité, une entreprise comme la sienne ne pouvait pas compter sur ses seules ressources, elle devait s'enrichir des idées des autres, y compris de celles des start-up qui bourgeonnaient auprès des universités. La deuxième : en matière de recherche et de développement, il fallait un rassemblement optimal des compétences dans une vision d'excellence. Une vision que partageait Chris Viebacher, le nouveau patron de Sanofi-Aventis, que je rencontrais souvent. Celui-ci était parvenu à convaincre ses organisations syndicales de l'intérêt de fertiliser la recherche du groupe par des apports extérieurs.

Je m'entretenais aussi de façon régulière avec Carlos Ghosn, le président de Renault-Nissan. Après que sa politique industrielle nous eut fait craindre pour l'emploi, il venait me voir afin de tenir le président informé de ses orientations stratégiques. C'est ainsi qu'il m'expliqua les synergies entre Renault et Nissan, son choix de développer les petits modèles automobiles qui s'avéraient finalement très rentables ou encore sa volonté d'être au rendez-vous de la propulsion électrique. En l'écoutant, j'apprenais beaucoup sur l'industrie automobile. Ces contacts nous rassuraient sur le devenir de l'entreprise et sur les incidences sociales des décisions du groupe. Lors de ces entretiens, nous amorcions quelques principes de flexibilité, qui permettront à Renault de préserver l'emploi tout en gagnant en compétitivité. Une compétitivité qui, m'apprit Carlos Ghosn, croissait de l'ordre de 5 % grâce à la suppression de la taxe professionnelle, ce qui nous rapprochait des conditions de production des pays d'Europe de l'Est.

Les ambitions de Jean-François Copé

À certains moments, il me fallait aussi entrer dans le champ du Parlement. Les relations entre l'exécutif et le législatif n'ont pas toujours été aisées sous le quinquennat de Nicolas Sarkozy. Les premières années ont même été rendues très difficiles par la théorie de la « coproduction législative » inventée par Jean-François Copé. Sans doute vexé de ne pas avoir été nommé à la tête d'un ministère, le président du groupe UMP à l'Assemblée nationale avait décidé que le rôle du Parlement devait être sensiblement renforcé dans l'élaboration de la loi, au point d'égaler le rôle d'impulsion du gouvernement. Il est vrai que la réforme constitutionnelle allait en ce sens, puisqu'elle offrait à l'initiative parlementaire la moitié du temps de travail des assemblées. Mais Jean-François Copé allait au-delà. En contradiction complète avec l'esprit du gaullisme, dont il se réclamait pourtant, il voulait infléchir les projets gouvernementaux dès leur préparation. Bref, il ne nous simplifiait pas la vie.

Cela donnait à bien des députés des envies inhabituelles de faire valoir – et même prévaloir – leurs points de vue individuels. Nombre de nos textes se sont ainsi trouvés en difficulté. J'en garde comme souvenir le projet de loi de modernisation de l'économie. Celui-ci avait pour ambition de renforcer la concurrence et de faire baisser les prix des produits de grande consommation. Évidemment, cette perspective heurtait beaucoup d'intérêts, aussi bien dans la grande distribution que dans l'industrie. Au point de voir ressurgir le débat entre le petit commerce et les grandes surfaces. Bref, le soutien de notre majorité au Parlement n'était pas acquis. Avec Jean-Paul Faugère, le directeur de cabinet du Premier ministre, et les présidents de commission des deux assemblées, il fallut que j'organise plusieurs réunions de parlementaires dans la salle des fêtes de l'Élysée. L'objectif était de permettre l'adoption d'un texte qui n'était pas aussi ambitieux que celui que nous avions souhaité, mais qui permettait une vraie progression du pouvoir d'achat.

Un combat du même ordre dut être mené sur l'ouverture dominicale des commerces. Là encore, nous avons abouti à un texte qui n'était qu'une demi-mesure. Et pourtant, que ce fut difficile ! Mon excellent ami Marc Le Fur, député des Côtes-d'Armor, pourtant fidèle de Nicolas Sarkozy, y voyait une atteinte à la vie familiale. Philippe Meunier, député du Rhône, nous expliquait que son département « était à part » et que « le dimanche on y [allait] à la messe ». De mon point de vue, ces réticences étaient regrettables. Je me souviens d'une conversation que j'avais eue à l'époque avec le président du Printemps, qui m'avait exposé les recrutements supplémentaires qu'il ferait s'il était autorisé à ouvrir son magasin le dimanche. Une rapide extrapolation à l'ensemble de ce type d'établissements permettait de conclure que l'on créerait plus de dix mille emplois à Paris avec cette mesure. Je me félicite des progrès qui ont été faits depuis.

L'exercice dut être renouvelé à propos de la loi sur les collectivités locales. Notre objectif reposait sur un choix simple : abandonner le principe de la compétence générale des collectivités qui permettait à l'ensemble d'entre elles de faire ce qu'elles souhaitaient. Un tel système engendrait de la complexité, des financements croisés et *in fine* une dépense globale en augmentation. Ce que nous voulions c'était spécialiser les niveaux de collectivités. Encore une fois, nous avons dû faire œuvre de conviction à tous les échelons du gouvernement, mais aussi jusqu'à l'Élysée. Nos efforts ont abouti à un texte qui n'était pas complètement satisfaisant, mais qui marquait tout de même une avancée. Après 2012, François Hollande et Jean-Marc Ayrault l'abrogeront. Pourtant, le successeur de Nicolas Sarkozy annoncera lui-même, après les élections municipales de 2014, qu'il fallait mettre un terme au millefeuille administratif… Comprenne qui pourra !

Les lettres de mission des ministres

En tant que secrétaire général, je devais intervenir dans un autre domaine : le suivi de l'activité gouvernementale. Avec l'équipe du Premier ministre, nous avions formé à cet égard de très grandes ambitions. Lors de la mise en place des deux premiers gouvernements de François Fillon, des lettres de mission avaient été rédigées pour chacun des ministres. Bien entendu en concertation avec eux. Ces lettres représentaient, en quelque sorte, leur feuille de route. Elles leur fixaient des objectifs et des calendriers qui découlaient largement du programme présidentiel. Il s'agissait d'une véritable innovation méthodologique. Chaque ministre savait désormais ce qu'il devait faire, mais devait aussi rendre compte de son action au président de la République et au Premier ministre. Je lis que cette pratique des lettres de mission va de nouveau être mise en œuvre – c'est une bonne chose.

Dans le même temps, des tableaux de bord de l'activité des ministres étaient mis au point par l'Élysée. Ceux-ci, par exemple, pouvaient retracer l'évolution du chômage ou celle de la fréquentation des musées. L'idée était de discuter de ces tableaux de bord avec les ministres concernés afin de mesurer les efforts accomplis et les effets obtenus, de donner des impulsions nouvelles et d'adapter les objectifs. Ces méthodes, fréquemment mises en œuvre en entreprise, étaient inédites dans l'administration française. Au fil du temps, et davantage sous l'effet de la crise financière, nos belles méthodes volèrent malheureusement en éclats.

Que veut dire une lettre de mission définissant une action de moyen terme lorsqu'il faut réagir quotidiennement à une situation mouvante ? Que signifie une courbe du chômage alors que les économies du monde entier entraient en récession ? Sans doute aussi, accaparés par l'urgence, n'avons-nous pas suffisamment voulu continuer. Après tout, il y avait des réformes structurelles à faire. Nous aurions pu reprendre la plume pour actualiser les lettres de mission. Mais cela représentait un lourd travail d'échange avec les cabinets des ministres, et tous n'étaient pas animés de la même ardeur à se voir imposer une ligne de conduite.

L'esprit de cette méthode de travail demeurera toutefois tout au long du mandat. Souvent, avec les chefs de file du secrétariat général, nous faisions le point avec les cabinets des ministres, ou les ministres eux-mêmes, sur la mise en œuvre de telle ou telle politique, les difficultés qu'il convenait de surmonter pour faire avancer les réformes ou les inflexions à donner aux intentions initiales. Je crois que ce genre de réunion a toujours été très utile à la cohérence de l'action gouvernementale et aux ministres eux-mêmes. Un ministre, il faut en avoir conscience, est soumis en permanence aux groupes de pression de son ministère. Il doit faire preuve d'une grande détermination pour leur résister. Il vit au quotidien avec les syndicats de son administration, avec les représentants des usagers dont il a la charge. Il est légitime qu'il souhaite leur faire plaisir de temps à autre, pour entretenir un climat de relations positives. Mais il n'a pas le droit de le faire au détriment des objectifs fixés ou de la solidarité gouvernementale. C'est là que les rôles d'aiguillon et de garant de la cohérence que peuvent jouer l'Élysée et Matignon se révèlent essentiels.

Lorsque Valérie Pécresse a souhaité augmenter le nombre de mensualités des bourses accordées aux étudiants, elle a eu raison. Dans sa responsabilité de ministre, elle sentait que c'était nécessaire ; et elle avait besoin du soutien des étudiants pour mener à bien ses nombreuses réformes. Mais, en allant jusqu'à prévoir de payer des bourses pendant les vacances des étudiants, elle a eu tort. Une telle mesure n'aurait pas été logique et elle se serait faite au détriment d'efforts considérables entrepris par ailleurs. Valérie Pécresse a le sens de l'État, elle est extrêmement sérieuse. Elle comprit parfaitement que son projet initial était lourd de conséquences budgétaires et qu'un effort de revalorisation des bourses suffisait à lui assurer le soutien des étudiants pour d'autres réformes. L'initiative de l'Élysée et de Matignon lui a permis de trouver le bon équilibre. Le ministre du Budget qu'elle est ensuite devenue aurait regretté que les bourses aient été payées à des étudiants ne fréquentant pas l'université.

Lorsque l'idée fut lancée de donner une certaine autonomie aux établissements scolaires en permettant aux directeurs de participer au choix des enseignants dans leur établissement, Luc Chatel se heurta à toutes les traditions du ministère de l'Éducation nationale et à tous ses lobbies. Il fallut une réunion à l'Élysée pour le convaincre de repartir au combat. Il le fera avec courage et restera, dans l'histoire de l'Éducation nationale, le ministre qui a fait œuvre de précurseur dans ce domaine.

Ces deux exemples ne signifient pas pour autant que tout se déroulait toujours bien. Même si des ministres ont dû trouver la présence de l'Élysée un peu pressante, je me dis avec le recul que, dans certains cas, nous n'avons pas été suffisamment attentifs. Après 2012, je suis tombé de ma chaise lorsque j'ai appris que le projet que nous avions défini, dans le cadre de la suppression des IUFM[1], de maintenir et d'améliorer la formation pratique des enseignants n'avait jamais vu le jour ! C'est dommage, car dans la suppression des IUFM il y avait la volonté, en confiant la formation théorique des maîtres aux universités, de les préparer à une autonomie pédagogique qui devrait un jour devenir une composante forte de l'école.

Jean-Louis Borloo à Matignon ?

La formation des gouvernements était d'abord de la responsabilité du président et du Premier ministre, mais j'y ai toujours été associé. Le grand public n'imagine pas à quel point il est difficile de composer un gouvernement. La majorité, dans laquelle sont choisis la plupart des ministres, est faite de sensibilités diverses. Chacune veut être représentée, des équilibres subtils sont donc à établir. C'est encore plus compliqué lorsque le président veut ouvrir son gouvernement à des personnalités de l'opposition. Ces personnalités, il faut les trouver, puis les convaincre.

C'est dans cette perspective que je suis entré en contact avec Malek Boutih. J'apprécie Malek Boutih, il fait preuve d'une grande sincérité de pensée. C'est aussi quelqu'un de lucide et réaliste, comme il l'a montré ces dernières années. Mais il voulait devenir premier secrétaire du PS et pouvait difficilement travailler avec la droite.

En période de remaniement, tous les postulants ne manquent pas de faire savoir leur désir de rejoindre le gouvernement. Certains me contactaient directement pour plaider leur cause. Parmi ceux qui ne sont pas retenus, certains l'acceptent avec philosophie, d'autres manifestent leur déception. Thierry Mariani, par exemple, se montrait

1. Instituts universitaires de la formation des maîtres.

extrêmement dépité à chaque remaniement. Lui qui s'était beaucoup investi auprès de Nicolas Sarkozy me fit savoir qu'après avoir été député durant vingt ans il s'estimait capable de remplir des responsabilités plus importantes. Il finira par devenir ministre des Transports à la fin de l'année 2010. Gérard Longuet, lui, fit preuve d'une certaine virulence auprès de Nicolas Sarkozy pour ne pas avoir été nommé. Il deviendra finalement ministre de la Défense en 2011.

Quand un gouvernement se forme, les interventions se multiplient. Une fois que l'équipe semble constituée, il suffit qu'un grain de sable survienne pour que l'édifice s'écroule. Tout le travail doit être recommencé.

À l'automne 2010, la question du maintien du Premier ministre se posait. Nous étions à un an et demi de l'échéance présidentielle, le choix était donc d'importance. Pour ma part, j'étais favorable à la nomination de Jean-Louis Borloo à Matignon. Non pas que François Fillon eût démérité, ou que je lui étais hostile, mais parce que des impératifs politiques le justifiaient. François Fillon n'est pas une personnalité facile à décrypter. À la différence de Nicolas Sarkozy, qui adore s'exprimer sur n'importe quel sujet et qui livre tout de lui-même, Fillon est extrêmement secret, ne parle jamais de lui. Son propos est rare, toujours mesuré. Il était respecté dans la classe politique. Ses qualités d'orateur, son côté calme et rassembleur, son élégance naturelle lui valaient l'estime de l'opinion. Il était aussi d'une loyauté sans faille, même si l'on sentait parfois poindre en lui de l'orgueil, et même le sentiment qu'il n'était pas considéré à sa juste valeur. Reste que, dans un quinquennat, il faut des rythmes, des élans nouveaux.

Dans la perspective de l'élection présidentielle, Jean-Louis Borloo était susceptible d'apporter trois choses importantes : le signe d'une attention à l'égard de l'électorat centriste, une inflexion sociale de la politique gouvernementale, et une grande expertise sur les problèmes de l'emploi, qui restait la première des préoccupations des Français. Pour ces raisons, l'hypothèse de le nommer à Matignon était sérieusement envisagée. Puis, patatras… Un conflit social survint dans les raffineries : il fallait organiser la gestion de la pénurie d'essence.

Compte tenu de ses responsabilités ministérielles, Jean-Louis Borloo en avait la charge. Les choses se passèrent mal. Il déclara que l'approvisionnement était assuré, alors que les automobilistes étaient encore coincés dans d'interminables files d'attente aux stations-service. Il se trouva fragilisé. François Fillon, lui, se démenait comme un beau diable pour conserver son poste, exposant au président tous les arguments en faveur de son maintien et faisant intervenir ses alliés pour plaider sa cause. Contrairement à ce qu'il a pu laisser entendre par la suite, François Fillon ne m'a aucunement semblé souffrir de ses fonctions de Premier ministre. Je ne l'ai jamais entendu exprimer de divergence avec le président lors des centaines de réunions auxquelles j'ai assisté. Pour Nicolas Sarkozy, François Fillon faisait l'affaire. Il était solide, il avait aussi l'avantage de bénéficier d'une grande confiance des groupes UMP des deux assemblées. Il fut donc reconduit.

Restait à régler le problème avec Jean-Louis Borloo. Une réunion fut organisée le dimanche 14 novembre dans l'appartement du président à l'Élysée. Nous étions quelques-uns autour de Nicolas Sarkozy. Jean-Louis Borloo n'était pas présent, mais nous étions en liaison téléphonique constante avec lui. Lors de nos échanges, il accepta de devenir garde des Sceaux. Sa bonne connaissance du monde judiciaire ainsi que son habileté auraient permis de vrais progrès dans la modernisation de la justice. Mais, quelques heures plus tard, il renonça. Sa fierté avait eu raison de son acceptation initiale. Jean-Louis Borloo, qui possède beaucoup de talent, a toujours souffert de ne pas être reconnu au niveau des mérites qu'il estime être les siens. Il supportait mal les moqueries de ses collègues, qui plaisantaient volontiers de son côté un peu négligé. Il voulait désormais être numéro un du gouvernement, et numéro un seulement.

Étant donné l'équilibre politique à respecter, il fallait un centriste pour le ministère de la Justice. Ce sera Michel Mercier, qui jusque-là était appelé à devenir secrétaire d'État aux collectivités locales. Les derniers ajustements se firent dans la précipitation. Il fallait solliciter ceux qui avaient été retenus, informer ceux qui ne l'étaient pas. Avec le Premier ministre, nous nous partagions la tâche. Cela prit du temps. À 20 heures, sur le perron de l'Élysée, je devais annoncer la composition du nouveau gouvernement en ouverture des journaux télévisés. Habituellement, le secrétaire général lit un décret soigneusement tapé. Ce soir-là, je fis mon annonce avec des feuilles volantes partiellement manuscrites. Je ne sais par quel miracle je ne commis pas d'erreur.

Quand les ministres se font remonter les bretelles

La relation avec le gouvernement impliquait d'expliquer à certains ministres l'insatisfaction du président. Nicolas Sarkozy détestait le faire lui-même. Il peut être irascible, décharger un trop-plein d'adrénaline en s'emportant lorsque la réalité lui résiste ou lorsqu'il constate qu'une bêtise a été commise, mais, contrairement à l'image qu'on lui donne souvent, il n'est pas quelqu'un de dur dans ses relations avec les autres. Une seule fois, je l'ai vu tenir des propos très sévères. C'était un samedi après-midi. La victime était le procureur général près la Cour de cassation, qui avait critiqué sa politique judiciaire lors d'une audience solennelle. Évidemment, cela n'a pas fait remonter la cote du président auprès des autorités judiciaires…

Pour ce qui est du gouvernement, François Fillon et moi-même, parfois les deux successivement, étions donc chargés de dire à ceux qui s'étaient laissés aller à des déclarations posant problème qu'ils se situaient sur un mauvais chemin au regard de la cohérence gouvernementale. Et, pour tout dire, qu'ils se plaçaient dans une situation inconfortable…

Parmi ces recadrages, celui qui fit le plus de bruit concernait Rama Yade. Celle-ci avait critiqué en termes très vifs la venue du colonel Kadhafi à Paris en décembre 2007. Cette visite était un choix raisonné et assumé du président. Une secrétaire d'État, fût-elle investie du portefeuille des Droits de l'homme, n'avait pas à le contester. J'ai donc convié Rama Yade à venir me voir. Je lui ai rappelé la place qui était la sienne dans l'appareil gouvernemental, ainsi que le fait qu'elle ne tenait sa légitimité à son poste que du président de la République. Je l'ai aussi invitée à ne pas recommencer. Par la suite, elle fit preuve de moins de virulence pour défendre ses positions.

Ces séances d'explications, peu nombreuses au demeurant, me pesaient. Je dois avouer que j'édulcorais beaucoup les propos que Nicolas Sarkozy me demandait de tenir, même si je restais très clair sur le fond. Je note d'ailleurs qu'aucun de ceux qui furent ainsi réprimandés ne fut démis de ses fonctions.

Un mode de relation beaucoup plus agréable s'instaurait avec les ministres qui souhaitaient me voir pour faire le point sur leurs actions. Pour dire les choses clairement, ceux-ci souhaitaient surtout savoir ce que le président pensait d'eux… Ces démarches se situaient entre l'ambition, le souci de bien faire et l'inquiétude sur leur sort. Je me souviens de Laurent Wauquiez, qui ne se plaignait jamais de son portefeuille ministériel mais se montrait très habile pour faire valoir les qualités qu'il estimait être les siennes. Ces rencontres étaient l'occasion de mieux connaître les uns et les autres, mais aussi de mesurer la dureté de la vie politique.

Entrer au gouvernement représente l'aboutissement d'une ambition pour ceux qui s'engagent en politique et finissent par en faire profession. Beaucoup de ministres vivent dans la hantise de ne plus l'être. Pour eux, cela signifierait redescendre d'un échelon, perdre un peu de la considération des électeurs. Et lorsqu'ils sont au gouvernement, tous souhaitent être promus et exercer des responsabilités plus larges. Il faut reconnaître que certaines fonctions ministérielles n'offrent que des responsabilités limitées.

Je me souviens de Philippe Richert, secrétaire d'État aux Collectivités locales, qui sans cesse se plaignait de l'étroitesse de ses marges de manœuvre. Il est vrai qu'il se retrouvait coincé entre le président de la République, le Premier ministre, le ministre du Budget ainsi que son ministre de tutelle à l'Intérieur. Je me souviens aussi du cas d'Hubert Falco. Personnalité attachante, celui-ci était aussi un exceptionnel élu local. Président de conseil général et maire de Toulon, il était adoré de ses concitoyens pour une raison qui sautait aux yeux : il aimait les gens. Hubert Falco avait déjà été secrétaire d'État aux Personnes âgées. Compte tenu de son poids politique, il était légitime qu'il soit à nouveau membre du gouvernement. Il a ainsi été successivement secrétaire d'État à la Défense, puis à l'Aménagement du territoire. Dans ses deux fonctions, il s'est occupé activement de la reconversion des sites militaires qui devaient fermer. Mais Hubert Falco ne possédait pas la gouaille populaire d'un Georges Marchais. Cet homme du Sud craignait que son bel accent du Midi ne le desserve dans la vie politique nationale. Tout en l'assumant, il en souffrait. Sur le fond, il n'avait pas tort : dans les ministères, les technocrates n'ont pas d'accent. Il n'y a guère que Jean-Claude Gaudin qui puisse se permettre une solide intonation marseillaise.

Durant tout le temps où elle fut ministre, je vis fréquemment Rachida Dati. Souvent, sans même s'annoncer, elle passait me voir le samedi matin. Dans un milieu politique volontiers machiste, qui fut surpris qu'une jeune femme d'origine étrangère accède d'emblée à une telle responsabilité, on ne lui facilita pas la tâche. Le samedi, donc, elle venait chercher auprès de moi conseils, mais surtout du soutien. Elle voyait aussi d'autres anciens collègues du ministère de l'Intérieur. Elle revenait vers sa «famille», en quelque sorte.

Rachida est une personnalité complexe. Avant tout, c'est une bagarreuse. Élevée dans une famille immigrée et pauvre, depuis son adolescence elle cherchait à réussir, à s'élever dans l'échelle sociale. Lorsqu'elle nous a rejoints au cabinet de Nicolas Sarkozy place Beauvau, notre équipe était déjà constituée. Pour dire la vérité : nous n'avions pas vraiment besoin d'elle. Pourtant, elle réussit à s'imposer. Ses collègues lui reprochaient parfois de savoir tirer le meilleur parti du travail qu'ils effectuaient, mais, très vite, elle s'est fait reconnaître dans les domaines de la politique de la ville, de la prévention et de la délinquance des mineurs. Nul ne pouvait contester son courage. Lors d'un déplacement, le ministre dialoguait avec un groupe de jeunes. Rachida retira la casquette d'un grand gaillard en l'apostrophant : «On se découvre devant le ministre !» Le colosse en resta pantois. Je n'ai découvert qu'avec le temps que la modeste conseillère technique qu'elle était dans la journée fréquentait déjà le Tout-Paris lorsque le soir venait.

Séduit par son profil et la façon dont elle s'était acquittée de sa mission de porte-parole pendant la campagne présidentielle, Nicolas Sarkozy la nomma à la surprise générale garde des Sceaux. Rachida n'avait jamais dirigé une grosse structure, elle n'avait pas non plus l'expérience du Parlement. Ses débuts furent difficiles. Elle résistait difficilement à la tentation des photos glamour. Elle avait aussi du mal à conserver ses directeurs de cabinet. Parfois, elle pouvait surprendre. Comme lorsqu'elle feuilletait des magazines sur son banc de l'Assemblée nationale en pleine discussion de la réforme constitutionnelle. Mais, dans l'exercice de sa fonction, elle se révéla un vrai soldat. Quand on lui demandait de mener la réforme de la carte judiciaire, elle s'exécutait, sans état d'âme malgré les oppositions. Elle fit aboutir un projet décisif pour la bonne administration de la justice, mais que personne n'avait osé mettre en application. Rachida Dati a du talent, une capacité de communication remarquable. Elle est un beau symbole. Je veux aussi mettre à son crédit la loyauté sans faille dont elle a toujours fait preuve à l'égard du président Sarkozy.

La préparation des discours du président pouvait aussi offrir l'opportunité d'intervenir dans la vie gouvernementale. C'est ainsi qu'a été créée la police de l'agglomération parisienne, qui rassemblait sous l'autorité du préfet de police tous les services de Paris et des trois départements de la petite couronne. Le ministre de l'Intérieur était hostile à cette évolution, ce qui est naturel pour une question de rapports de pouvoir : trois départements d'un million et demi d'habitants chacun qui passaient sous l'autorité du préfet de police, c'étaient trois départements qui échappaient en partie à l'autorité du directeur général de la police nationale. Le ministre, bien sûr, tenait compte de l'avis de ses collaborateurs les plus proches…

Le président de la République devait faire un discours sur la sécurité. En lui expliquant la position du ministre de l'Intérieur, je lui ai proposé de dire quelques phrases qui annonçaient la création de la police d'agglomération. Quelques mois plus tard, elle était mise en place. Je suis fier de cette réforme qui optimisait l'allocation des moyens et qui a permis de continuer à faire baisser la délinquance. Tout le monde s'en félicite, y compris les socialistes qui ont même envisagé d'en étendre le périmètre lorsqu'ils sont arrivés au pouvoir.

14

La gestion directe de quelques grands dossiers

Je l'ai déjà dit : le secrétaire général de l'Élysée n'a juridiquement aucune attribution propre. Le président peut cependant lui confier les missions qu'il souhaite. Le secrétaire général remplit alors sa tâche en rapprochant les points de vue et en préparant les décisions du président.

La fameuse Révision générale des politiques publiques

J'ai eu la chance de me voir confier des missions qui touchaient aux plus importantes responsabilités du chef de l'État. La première fut de conduire la Révision générale des politiques publiques, la fameuse RGPP. Je menai cette tâche avec mon ami Jean-Paul Faugère, le directeur de cabinet de François Fillon. Nous nous y étions préparés avant même l'élection présidentielle. Il a été de bon ton ces dernières années de critiquer cette réforme. Jean-Marc Ayrault, lorsqu'il était Premier ministre, ne cessait de répéter qu'il s'agissait d'une « politique du rabot », exprimant ainsi sa totale méconnaissance du sujet puisque c'était exactement le contraire. Il lui a substitué une action dite de « modernisation de l'action publique », qui ne s'est traduite par aucune décision. On prétend aussi que la RGPP n'a produit que des résultats limités, et que nous aurions dû prendre exemple sur les pays nordiques et le Canada pour diminuer la dépense publique. Or, c'est précisément ce que nous avons fait ! Dès 2006, les expériences de ces pays avaient été étudiées, notamment à travers des réunions au siège de l'UMP avec les experts canadiens qui avaient géré ce dossier dans leur pays.

Cette politique de RGPP était fondée sur deux convictions. La première était qu'il fallait impérativement réduire la dépense publique. La seconde était qu'il convenait d'innover dans la méthode pour y parvenir. Se contenter de diminuer le budget de chaque ministère au prorata de son importance revenait à agir à l'aveugle, même si la réduction était différenciée en fonction des priorités de la politique gouvernementale. Suivre cette logique aurait abouti à réduire les moyens de chaque ministère sans hiérarchiser leurs missions ni s'interroger sur leur pertinence. *In fine*, le résultat aurait été un appauvrissement général des administrations et une diminution des moyens pour satisfaire les usagers.

Par ailleurs, une chose est certaine : une administration n'est pas capable de se remettre en cause elle-même. Les fonctionnaires qui la constituent sont des gens compétents, désireux de remplir leur mission et convaincus qu'ils effectuent bien leur travail. Il est aisé de comprendre qu'ils ne sont ni spontanément enclins à proposer l'abandon de missions que le gouvernement leur a confiées, ni motivés pour évaluer la façon dont ils s'en acquittent.

Le changement et les questionnements ne pouvaient donc venir que de l'extérieur. En théorie, des ministres. Mais, d'une certaine façon, le ministre se trouve dans une situation analogue à celle de ses fonctionnaires. Lui aussi a le sentiment qu'il fait tout ce qu'il peut pour mériter la confiance qui a été placée en lui. Il n'a pas envie que le périmètre de ses compétences soit réduit ou que son budget soit diminué. Il ne veut surtout pas s'attirer les foudres des organisations syndicales, qui expriment toujours les craintes de leurs mandants face au changement. C'est pourquoi il était vain de demander à chaque ministre des propositions de réforme et des réflexions sur le bien-fondé des politiques dont il avait la charge.

Des tentatives ont souvent été menées en ce sens, elles se sont toujours traduites par des réformettes ou des mesures à la marge. D'autant que le cadre décisionnel n'était pas adapté pour trancher franchement. Sur de tels sujets, les réunions interministérielles autour du Premier ministre se résumaient à analyser les propositions de chacun, dans la perspective de présenter à la presse un catalogue apparemment bien fourni, mais dont la portée était en réalité limitée. Parfois, l'affrontement entre un ministre et celui du Budget permettait une décision plus audacieuse… mais l'audace en question se résumait à un compromis, donc à une demi-décision de peu d'effet. Pour avancer dans la réduction des dépenses publiques, il fallait une autre méthode.

La première étape de cette méthode consista à demander à des experts de disséquer un point particulier de l'action publique, de s'interroger sur sa justification et, si la justification était confirmée, de dégager des moyens afin d'optimiser sa mise en œuvre. Habituellement, l'administration trouve les experts en son sein, notamment dans les inspections générales. Or, les inspections générales participent de la vie des ministères – les inspecteurs généraux ont souvent été directeurs ou sous-directeurs des services. Elles sont donc soumises aux mêmes difficultés pour remettre en cause les services.

Pour sortir de ce cercle stérile, nous avons constitué des équipes mixtes, avec des membres des inspections et de cabinets d'audit privés spécialisés dans l'analyse des organisations des entreprises. Sur chaque thème, les équipes rendaient compte à un comité, coprésidé par Jean-Paul Faugère et moi-même, qui rassemblait les rapporteurs des commissions des finances des deux assemblées ainsi que des experts des finances publiques. Parmi ces experts figuraient le directeur du Budget, le directeur général des Finances publiques et Michel Pébereau, qui avait rendu un rapport très documenté sur la dépense publique. Pour chacun des rapports, les ministres concernés se joignaient eux aussi au comité pour faire part de leur réaction et de leurs propositions. Le comité transmettait ensuite ses propositions au conseil que présidait le chef de l'État en personne, en présence du Premier ministre et de chacun des ministres intéressés.

Ce sont ainsi des dizaines de réformes qui ont été faites. Contrairement à ce qui a parfois été dit, celles-ci n'avaient pas pour seul objet de réaliser des économies : il s'agissait aussi d'améliorer le service public. Le plus extraordinaire, c'est que ces deux objectifs étaient parfaitement conciliables ! Décision après décision, la démonstration était faite qu'un service public moins coûteux était un service plus performant.

Je ne citerai que deux exemples. D'abord, celui de la réforme du ministère des Finances. Jusqu'à cette réforme cohabitaient un service qui calculait l'impôt, la DGI (Direction générale des impôts), et un service qui le percevait, la DGCP (Direction générale de la comptabilité publique). Ces deux administrations ont été fusionnées pour devenir la Direction générale des finances publiques. Cette réorganisation a permis d'envisager des réductions d'effectifs, mais les usagers en ont aussi été bénéficiaires : au lieu d'avoir à faire des démarches auprès de deux services, ils n'ont aujourd'hui qu'un seul interlocuteur. J'ajoute qu'afin de faciliter l'appropriation de la réforme par les agents des améliorations substantielles de leur situation statutaire sont intervenues.

Deuxième exemple : les administrations territoriales de l'État. Leur nombre a été réduit de façon importante afin de créer plus de synergie et plus de cohérence.

Du point de vue de l'usager, les avantages ont aussi été très significatifs. Prenons le cas des administrations chargées de la politique de l'eau. Jusque-là, il y en avait sept, ce qui entraînait des délais et des contradictions. Aujourd'hui, il n'y a plus qu'un seul interlocuteur pour l'usager. Un agriculteur qui dépose un dossier de construction d'une étable n'a désormais en face de lui qu'un service unique… au lieu de sept administrations qui s'affrontaient auparavant.

Nous aurions pu en faire davantage. Reste qu'en année pleine nous avons abouti à une économie reconductible de 15 milliards d'euros. D'autres rapports ont été réalisés, d'autres mesures étaient prêtes à être mises en œuvre. Mais les élections approchaient. Nombre de projets touchaient à la sphère sociale, alors que nous venions d'entreprendre une réforme d'une sensibilité particulière : celle des retraites. Je dois à la vérité de dire qu'en fin de mandat nous avons réduit notre ambition réformatrice.

À l'attaque avec la Défense

Je me suis aussi occupé du dossier de la Défense. Juridiquement, la Défense n'est pas l'apanage du président de la République. Si le président est « le chef des armées », le Premier ministre, lui, est « responsable de la Défense nationale ». En outre, le président est aussi « le garant de l'indépendance nationale, de l'intégrité du territoire et du respect des traités ». Politiquement, il est donc responsable des intérêts ultimes de notre pays et de notre peuple. Par conséquent, il porte une attention particulière à tout ce qui touche à la Défense, d'autant que les moyens militaires et les choix stratégiques de nos armées dépendent de l'évaluation du chef de l'État.

Le président dispose d'un état-major particulier, qui entretient une relation constante avec le ministère de la Défense et le monde militaire. Je me suis beaucoup investi sur ses questions, en collaboration avec les deux chefs d'état-major successifs du président, l'amiral Guillaud et le général Puga. Un double exercice s'est d'emblée imposé à nous : la rédaction d'un nouveau livre blanc de la Défense et la préparation de la loi de programmation militaire. Ces documents ont une importance capitale pour notre sécurité. Le livre blanc analyse les menaces, imagine les scénarios d'intervention de nos forces et propose un modèle d'armée. La loi de programmation, elle, fixe les moyens de mise en œuvre de ces choix stratégiques. Ce sont des exercices extrêmement difficiles, tant l'environnement sécuritaire change vite.

Pour la première fois, le livre blanc élargissait le concept de défense à ses prolongements en termes de sécurité intérieure. Il retint ainsi le terrorisme au nombre des grandes menaces sur notre pays et en tirait des conséquences sur l'organisation et les moyens. Cela dit, à l'époque, cette menace n'était, si j'ose dire, que celle d'Al Qaïda. Nous ne pouvions imaginer l'irruption de l'État islamique ni les conséquences des révolutions du Printemps arabe, que personne n'avait davantage vu venir.

En matière d'équipement, l'exercice était lui aussi périlleux. Les programmes d'armement sont lourds sur le plan financier, les matériels exigent de longues mises au point. Or, là encore, les besoins changent très vite ! Il n'y a pas si longtemps, notre armée avait besoin de chars lourds Leclerc, qui correspondaient à un type de menace impliquant l'éventualité de batailles de chars. Aujourd'hui, nos engagements étant pour l'essentiel en Afrique, nous avons besoin de véhicules plus légers et plus rapides. En 2016, le gouvernement socialiste a pris la sage décision de renouveler nos matériels de ce type dans le cadre du programme Scorpion. Mais, lorsque ces véhicules seront livrés, pouvons-nous être certains que nous n'aurons pas d'autres besoins ?

Se mêlent aussi des débats de doctrine. De tels débats existent d'abord au sein de l'institution militaire. Les chefs des armées sont des personnalités de premier plan choisies, notamment, pour leurs capacités d'anticipation. Le délégué général à l'armement est lui aussi une personnalité d'un niveau exceptionnel. Mais leurs conceptions sont différentes. Faute de pouvoir tout financer, il faut faire des choix. D'où les discussions que l'autorité politique doit arbitrer.

J'ai assisté à ce type de débat à propos des drones. Nous en utilisions en Afghanistan et ils se révélaient extrêmement utiles. Sans mettre de vie en péril, ces engins permettaient d'observer les positions de l'ennemi, de repérer ses mouvements, de désigner des objectifs à l'aviation et de préparer les déplacements de nos troupes à terre. Reste que, face au choix budgétaire entre les drones et les moyens au sol, nombre de généraux privilégiaient les moyens au sol. Je dois dire que j'ai plaidé en faveur de l'accroissement du nombre de nos drones d'observation. Nous avons pris l'option d'en acheter à l'étranger avant de fabriquer des drones nationaux.

Durant tout le temps où j'ai œuvré à l'Élysée auprès du président Sarkozy, j'ai veillé à ce que la Défense soit bien traitée dans les arbitrages budgétaires. Le livre blanc avait une conséquence : la loi de programmation militaire. Celle-ci prévoyait une réduction importante des effectifs, de l'ordre de cinquante-quatre mille, avec en contrepartie un effort sur l'équipement. À l'heure des contraintes budgétaires liées à la crise économique, encore fallait-il veiller à ce que les moyens de la Défense soient préservés. Ils l'ont été.

Depuis 2012, le débat sur les moyens de la Défense a rebondi avec l'adoption d'un nouveau livre blanc et d'une nouvelle loi de programmation militaire. Ce débat est malheureusement devenu central en raison des actions terroristes perpétrées en France en 2015 et 2016. Il est exact qu'après les attentats le gouvernement a annoncé un renforcement des moyens de notre Défense. Mais il est tout aussi exact que, sous la présidence de Nicolas Sarkozy, ce budget était supérieur à celui qui était prévu avant les attentats par le gouvernement socialiste. Je note au passage que, lors du début de mandat de François Hollande, les dépenses correspondant à la loi de programmation militaire n'étaient pas inscrites au budget au niveau prévu. Pis, les crédits qui apparaissaient n'étaient pas financés.

La réorganisation des services de renseignement

J'ai aussi plaidé pour deux innovations importantes concernant nos systèmes de renseignement et la préparation de la guerre électronique. Le renseignement représente un des axes majeurs pour une sécurité moderne. Il est essentiel de connaître le risque, de le mesurer et de l'analyser.

Les services de renseignement font appel à différentes techniques. Tout d'abord le renseignement ouvert. Beaucoup d'informations se trouvent dans la presse spécialisée ou généraliste. Les rapprochements et les synthèses qui peuvent en être tirés sont précieux. Il y a aussi le renseignement humain : l'observation sur le terrain, à l'étranger ou sur le territoire national, des individus ou des mouvements susceptibles de porter atteinte à notre sécurité ou à nos intérêts. Puis vient le renseignement électronique, qui permet de localiser les personnes ainsi que d'intercepter leurs messages ou leurs conversations.

Le rôle du renseignement face aux menaces est si important que plusieurs administrations de l'État en sont chargées. Au ministère de l'Intérieur, la DCRI (Direction centrale du renseignement intérieur), devenue depuis

DGSI (Direction générale de la sécurité intérieure), est le résultat de la fusion de la DST et des Renseignements généraux. Cette fusion a été réalisée à la demande de Nicolas Sarkozy, qui souhaitait renforcer les effectifs chargés de la lutte contre le terrorisme tout en mettant un terme aux activités traditionnelles des RG, dont la surveillance sociale et politique qui lui semblait d'un autre temps. Cette fusion a parfois été critiquée. Si elle n'avait pas eu lieu, les effectifs de la DGSI consacrés à la lutte contre le terrorisme seraient inférieurs de moitié à ce qu'ils sont aujourd'hui. À bon entendeur… Vient ensuite la DGSE (Direction générale de la sécurité extérieure), qui dépend du ministère de la Défense mais qui fait part des informations qu'elle recueille à chacun des ministres concernés, au premier rang desquels le ministre des Affaires étrangères et le ministre de l'Intérieur.

Le ministère de la Défense possède deux autres services propres. La DRM (Direction du renseignement militaire), qui a pour fonction de donner à nos armées les renseignements dont elles ont besoin pour appréhender une situation et la traiter de façon opérationnelle, s'appuie sur des moyens d'envergure, en particulier les satellites et les navires, pour recueillir les informations qui circulent électroniquement. L'autre service est la DPSD (Direction de la protection et de la sécurité de la défense), qui veille à la sécurité au sein des armées elles-mêmes.

D'après l'analyse de la situation, ces services n'apparaissaient pas suffisamment structurés dans leurs rapports entre eux. Il pouvait leur arriver d'être redondants, en consacrant leur surveillance aux mêmes groupes ou aux mêmes phénomènes. Plus grave : ils étaient susceptibles de laisser sans surveillance des comportements pourtant dangereux. Soit parce qu'ils avaient estimé que ces comportements relevaient d'autres services, soit parce qu'une insuffisance d'analyse collective les avait laissés de côté.

C'est la raison pour laquelle a été créée une Coordination nationale du Renseignement.

Cette structure compte une dizaine de personnes, diplomates, militaires et représentants du ministère de l'Intérieur, avec à sa tête un coordonnateur national. Son rôle est de veiller à ce qu'aucun objectif digne d'intérêt ne soit oublié, d'harmoniser les actions des différents services et de faire parvenir quotidiennement une information au chef de l'État et au Premier ministre. Je note avec plaisir que cette meilleure organisation du renseignement n'a pas été remise en cause sous la présidence de François Hollande, même s'il ne lui a pas permis de jouer pleinement son rôle alors que le niveau de la menace l'exigeait. Je remarque avec plus de plaisir encore que le président Macron a décidé de la renforcer et de la doter d'un responsable compétent.

Une loi sur le renseignement a même été votée à l'initiative du gouvernement socialiste, qui reprenait en substance les idées proposées par le coordonnateur lors du mandat de Nicolas Sarkozy et qui renforçait les moyens juridiques des services pour écouter et observer. Il est toujours cocasse de constater à quel point les réserves d'hier volent en éclats lorsque les responsables politiques sont confrontés aux réalités du pouvoir ! Jamais la droite n'aurait pu faire adopter ce texte présenté par le gouvernement de Manuel Valls. Les socialistes auraient crié au scandale. Pour ma part, je souscris complètement aux dispositions qui ont été votées concernant la lutte contre le terrorisme ou la criminalité organisée. Cependant, j'admets mal que l'on puisse poser des moyens d'écoute ou de prise d'images dans une voiture ou un appartement au motif que ses occupants seraient critiques à l'égard de la politique étrangère du gouvernement…

J'ai été heureux de peser sur une autre innovation : la préparation de la guerre électronique – un domaine dans lequel la France apparaissait très en retard. La guerre électronique représente la capacité de gêner le fonctionnement des systèmes d'armes, des télécommunications ou de l'alimentation en énergie électrique. Elle implique aussi d'être en mesure de se protéger contre des agressions de ce type. Il s'agit d'une autre forme de guerre, moins sanglante que celles auxquelles nous sommes accoutumés, mais efficace. Nous avions le devoir d'en poser les fondements au sein de notre Défense en nous mettant en état de résister à de telles agressions et en nous préparant à mener des opérations de neutralisation de certaines fonctions dans des pays qui s'en prenaient à nous. Pour y parvenir, nous avions besoin de crédits mais aussi d'une organisation, c'est-à-dire un service spécialisé au sein du ministère de la Défense avec des compétences humaines. Ce service a été créé. Je crois pouvoir dire que cette innovation fondamentale a représenté un progrès pour notre sécurité.

Le Grand Paris

Je me suis beaucoup investi dans un autre dossier : le projet du Grand Paris. Je me félicite que cette réforme soit restée une priorité présidentielle, au lieu d'être écartée en raison de contraintes budgétaires. Comme je me réjouis que ce projet fût, lui aussi, maintenu par le successeur de Nicolas Sarkozy. Le Grand Paris est né de la rencontre entre une intuition de Nicolas Sarkozy – qui ambitionnait de redonner à la région capitale son rôle d'entraînement et de la faire redevenir le site de l'innovation architecturale – et la conviction de Christian Blanc d'optimiser les ressources disponibles pour produire davantage de richesse collective en Ile-de-France.

Ancien président d'Air France et de la RATP, Christian Blanc était plus attaché au rôle économique que devait jouer Paris qu'à l'aspect architectural. Mais, avec une intelligence et une énergie peu communes, il a conçu un formidable projet. Depuis des années, il avait travaillé sur le concept des pôles de compétitivité, que Nicolas Sarkozy avait du reste mis en œuvre de façon opérationnelle lorsqu'il était ministre de l'Économie. Ce concept consistait à rapprocher, sur des thématiques ou des territoires déterminés, des projets de recherche et de développement pour les entreprises et les laboratoires afin qu'ils réunissent leurs forces pour mettre au point de nouveaux modes de production. L'idée de Christian Blanc était de développer ce concept à l'échelle de Paris et des trois départements de la petite couronne. En y ajoutant une dimension majeure : le bon fonctionnement de cet ensemble urbain.

Dans son esprit, cela signifiait un système de transport performant, capable de répondre aux besoins des habitants et des entreprises, mais également susceptible de réduire la pollution. Cela signifiait aussi des créations de logements en nombre suffisant pour satisfaire la demande. Pour ce qui était des transports, le programme se traduisit par près de 200 kilomètres de nouvelles lignes de métro, pour un coût de 26 milliards d'euros. Pour le volet logement, les grandes stations de métro devenaient les centres de périmètres de rénovation urbaine, dans lesquels l'habitat ancien était remplacé par des immeubles modernes permettant d'accueillir une population plus nombreuse.

Pour ce qui est du développement des activités, des zones étaient définies avec une vocation pour chacune, en application du concept des pôles de compétitivité. Les entreprises et la recherche allaient s'y retrouver. C'est ainsi que va se développer un pôle de l'image dans le nord-est de la capitale, autour de la cité du cinéma. C'est ainsi que le quartier d'affaires de la Défense se voit confirmer sa vocation en matière d'industrie financière. C'est ainsi qu'un pôle médical doit se développer dans le secteur d'Évry. Dans ce domaine, le projet le plus spectaculaire est sans doute celui du plateau de Saclay, avec le regroupement de toutes les grandes écoles d'ingénieurs de la région parisienne aux côtés de l'université de Paris IX et de l'École polytechnique.

Sur le plan architectural, un appel fut lancé à une douzaine des plus grands cabinets d'Europe. L'objectif était de recueillir leurs avis sur le projet de ville qui se dessinait, mais également de faire d'eux les inspirateurs d'une « politique du beau » dans la capitale. Mon ami Henri Guaino veillait particulièrement à ce que ces architectes développent dans ce domaine leurs capacités créatrices. Il est ardu d'organiser la qualité architecturale au niveau d'une telle agglomération, mais je crois que chacun d'entre eux va beaucoup apporter dans les quartiers dont il a reçu la charge.

Ce projet du Grand Paris représente un formidable programme de transformation de la vie des habitants de la capitale et de la petite couronne. Il est aussi un accélérateur de croissance pour l'Ile-de-France et le pays tout entier. Il est aussi – cette dimension est souvent passée inaperçue – un grand projet social. Coupé par le boulevard périphérique, Paris vit de façon isolée par rapport à sa banlieue. Faute de transports en commun, certaines communes n'ont pas de liens avec Paris. Cela gêne les déplacements bien sûr, mais cela crée surtout une véritable ségrégation entre la capitale et des villes de banlieue. Demain, ce ne sera plus le cas. Paris et sa petite couronne formeront un seul espace de vie. Les habitants de la banlieue deviendront des Parisiens.

Ce magnifique projet été conduit par Christian Blanc, puis par Michel Mercier et Maurice Leroy. Avec habileté, ils l'ont fait cheminer et ont fait aboutir les textes nécessaires. La tâche – j'en ai pris ma part – était titanesque. Outre le travail de fond mené par l'équipe constituée par Christian Blanc, il fallait convaincre, associer, faire aboutir. Chacun sait la complexité de nos institutions, entre les communes de la petite couronne, Paris, les départements et la région d'Ile-de-France. Les collectivités pouvaient s'interroger sur l'irruption d'un projet voulu par l'État, qui forcément touchait à leurs compétences. Il y avait des nécessités d'harmonisation. La région, par exemple, avait lancé des projets de transport qui ne pouvaient qu'être conçus de façon cohérente avec les projets nouveaux. Nicolas Sarkozy a échangé avec les responsables de ces collectivités, les ministres aussi, et moi également. J'ai notamment rencontré Jean-Paul Huchon, président du conseil régional, qui est un camarade de promotion de l'Ena.

Finalement, le sens de l'intérêt général a prévalu. Le potentiel évident du projet a été compris par les uns et les autres. Mais il restait l'État. Paradoxalement, ce ne fut pas le plus simple. Soucieux, dans la fonction qui était la sienne, des équilibres budgétaires, le Premier ministre se montrait inquiet des factures qui s'annonçaient et ne manifestait pas un enthousiasme débordant pour le projet. Il fallait trouver de nouvelles ressources extrabudgétaires. Il fallait aussi les faire voter par un Parlement où les élus parisiens étaient minoritaires, alors que leurs collègues provinciaux considéraient que la capitale était déjà bien assez riche. À tout cela j'ai consacré beaucoup de temps et d'énergie pour le compte du président.

Le Grand Paris, à supposer que l'on n'en oublie aucune des dimensions, remodèlera le visage de la capitale, lui offrira la qualité de vie et de fonctionnement nécessaire à ses habitants et à ses entreprises, lui apportera le supplément d'attractivité pour augmenter la création de richesses sur l'ensemble du territoire national, comme c'est le rôle d'une capitale. Je peux affirmer avec certitude que si Nicolas Sarkozy n'avait pas fait preuve de la constance et de la détermination qu'on lui connaît, jamais un projet d'une telle envergure n'aurait prospéré.

15

Les dossiers internationaux

Contrairement à ce qui a parfois été dit, je me suis très peu occupé de relations internationales lorsque j'étais secrétaire général. Je me tenais évidemment informé des dossiers, je lisais chaque jour avec attention les notes destinées au président ainsi que celles de la DGSE, mais la charge revenait principalement au ministre des Affaires étrangères – successivement Bernard Kouchner, Michèle Alliot-Marie et Alain Juppé. Souvent, après le Conseil des ministres, Bernard Kouchner m'accompagnait dans mon bureau pour échanger nos informations et nos analyses. Il y avait aussi un ministre chargé des Affaires européennes : tour à tour Jean-Pierre Jouyet, Bruno Le Maire et Laurent Wauquiez. Surtout, en ce qui me concernait directement, il y avait à l'Élysée une cellule diplomatique étoffée dirigée par un diplomate, le talentueux Jean-David Levitte.

Dans ce domaine, je n'ai jamais pris d'initiative sans l'aval du président. Et lorsque j'ai mené des actions diplomatiques, je l'ai toujours fait avec Jean-David Levitte ou l'un de ses collaborateurs. Le ministre des Affaires étrangères était aussi systématiquement informé. Je n'ai joué un rôle dans des dossiers internationaux que quand cela apparaissait nécessaire ou utile. Parce que j'avais une valeur ajoutée pour une raison fonctionnelle. Les États-Unis, la Russie, la Chine, les pays européens ont tous une connaissance précise et une pratique très technique du fonctionnement de nos institutions diplomatiques. Ce sont ces institutions qu'ils utilisent pour leurs contacts, même si dans le cas de l'Allemagne il m'arrivait de rencontrer mon homologue de la Chancellerie pour des problèmes à caractère politique.

Les contacts avec les chefs d'État africains

Reste qu'aux yeux de certains responsables étrangers, le secrétaire général de l'Élysée incarne l'homme de confiance du président. C'est particulièrement vrai pour les pays qui entretiennent avec la France des liens que je qualifierai volontiers d'affectifs. Je pense aux chefs d'État africains, qui ont à cœur de cultiver un lien personnel avec le président de la République française. Ils veulent lui parler souvent. Ils estiment – et ils n'ont pas tort – que notre histoire commune, notre proximité dans la francophonie, notre implication dans la sécurité du continent africain justifient des relations personnelles étroites. Encore faut-il que le président de la République soit disponible ! Or, même avec la meilleure volonté du monde, il ne pouvait pas toujours l'être. Ainsi, lorsqu'ils ne pouvaient joindre Nicolas Sarkozy, j'avais de temps à autre ces chefs d'État au téléphone.

Abdoulaye Wade, le président du Sénégal, me faisait part de ses besoins pour son pays. Il pouvait s'agir de besoins très concrets, comme celui d'un chef de service pour l'hôpital de Dakar ou de groupes électrogènes d'EDF pour alimenter sa capitale en électricité. Mais il évoquait aussi ses ambitions pour le continent et ne manquait jamais une occasion de plaider pour la création d'une ceinture verte traversant tout le Sahara, afin de redonner de la vie à cette région des plus arides. J'avais aussi des contacts réguliers avec Denis Sassou-Nguesso, le toujours élégant président du Congo. Sous son exquise courtoisie, ses interlocuteurs ont du mal à discerner le chef de guerre qui avait conquis le pouvoir les armes à la main. Après qu'il eut satisfait à l'ensemble des demandes du FMI, en partie grâce aux efforts du Club de Rome animé par la France, Sassou-Nguesso m'avait envoyé une très belle lettre manuscrite de deux pages, que j'ai conservée.

Idriss Deby, le président du Tchad, était lui aussi un formidable guerrier qui luttait pour maintenir la tranquillité dans son pays et la paix avec le Soudan. En 2008, des rebelles étaient entrés jusque dans la capitale, N'Djamena. Lors de la bataille qui a permis de les éloigner, Idriss Deby avait personnellement pris part aux combats. Un après-midi, il s'était retrouvé complètement isolé dans un village. Nous suivions les événements en direct. Nous lui avons proposé de l'exfiltrer en hélicoptère. Il a refusé. Il s'est sorti d'affaire avec les quelques hommes qui l'entouraient, à la mitrailleuse.

Laurent Gbagbo, le président de la Côte-d'Ivoire, me donna du fil à retordre. Alors qu'il s'obstinait à demeurer à la tête de l'État depuis plusieurs années sans organiser d'élection, je devais lui rappeler régulièrement que seul un scrutin incontestable permettrait à la France de renouer des relations normales avec son pays.

Le président du Gabon, Omar Bongo, doyen des chefs d'État africains, était un sincère ami de la France. Je me suis rendu à Libreville pour lui présenter Alain Joyandet, le nouveau secrétaire d'État à la Coopération, après qu'il se fut brouillé avec le pourtant excellent Jean-Marie Bockel. Ce dernier avait prononcé un discours dans lequel il dénonçait les chefs d'État africains qui demeuraient trop longtemps au pouvoir. Le président gabonais était si furieux que nous avons pris la décision de nommer Jean-Marie Bockel à un autre ministère. J'ai aussi participé à la veillée funèbre de l'épouse d'Omar Bongo. Tout petit, recroquevillé dans un grand fauteuil, son chagrin faisait peine à voir.

Après chacune de ses rencontres officielles avec Nicolas Sarkozy, je voyais systématiquement Paul Biya, le président du Cameroun. Lui aussi est un personnage étonnant. À quatre-vingt-quatre ans, il joue tous les jours au tennis. Il maintient avec constance un rythme de développement estimable dans son pays. Il a créé une véritable administration, de vraies institutions. Sans en avoir l'air, il veille à tout.

Le président Obiang, de Guinée équatoriale, souhaita me voir après une visite officielle. Son unique souci était de développer l'enseignement du français dans son pays, pourtant de langue espagnole. Je rencontrais aussi les opposants africains ou les successeurs potentiels des chefs d'État en place. Mahamadou Issoufou, devenu depuis président du Niger, était un ancien cadre d'Areva. Il a beau être membre de l'Internationale socialiste, j'ai pour lui beaucoup d'estime. Malheureusement, les impératifs de la lutte contre les incursions djihadistes l'empêchent de mener à bien ses projets de recréer des activités d'élevage et de cultures maraîchères dans les zones sèches.

J'ai aussi vu Alpha Condé, devenu président de Guinée Conakry, que j'ai rencontré à l'initiative de son ami Bernard Kouchner. Ou encore Mohamed Ould Abdel Aziz, devenu chef de l'État en Mauritanie. Après la présidence catastrophique de son prédécesseur, cheikh Abdallahi, nous avions placé beaucoup d'espoir en lui pour éradiquer la corruption et remettre l'économie en marche. Il a été réélu, mais s'est révélé décevant dans sa gestion du pays, en plus d'entretenir un jeu trouble avec les Frères musulmans. Ali Bongo, devenu président du Gabon après son père, m'avait séduit par la modernité et le volontarisme de son discours. Malheureusement, sa réélection en 2016 a été contestée par bien des observateurs.

D'autres missions m'ont été confiées pour des raisons pragmatiques. En novembre 2009, je me suis rendu à

Kigali en compagnie d'André Parant, membre de la cellule diplomatique de l'Élysée, pour rencontrer le président du Rwanda, Paul Kagamé. Par ses confidences à Jean-David Levitte, je savais que Bernard Kouchner en avait été marri car il entretenait de longue date des relations confiantes avec le président rwandais. Mais si j'ai effectué ce déplacement, c'était à la demande expresse de Paul Kagamé lui-même, qui souhaitait que nous discutions des relations entre nos deux pays interrompues depuis trop d'années. Lors de nos échanges, il est très vite apparu que le Rwanda était favorable à la nomination d'ambassadeurs dans nos pays respectifs. Pour clore l'entretien, j'ai appelé le président Sarkozy depuis mon portable et lui ai passé Paul Kagamé. Ils ont immédiatement pris la décision de rétablir nos relations diplomatiques. Malheureusement, les liens entre nos deux pays se sont de nouveau dégradés depuis. Je n'ai pas revu le président Kagamé. J'aimerais livrer quelques impressions sur lui et son pays.

Sa capitale est étonnante de propreté et de bonne tenue. À la différence de bien des pays africains, où le désordre de l'urbanisme règne en maître, à Kigali, pas un papier, pas un sac plastique ne traîne. Ce pays, qui ne possède presque aucune ressource, parvient à relever progressivement le niveau de vie de ses habitants. Quant au président, il vit dans une villa modeste et ses bureaux sont dépourvus du moindre luxe. Paul Kagamé fait souvent l'objet de critiques en Occident, parce qu'il se maintient au pouvoir depuis seize ans et qu'il a fait voter une réforme de la Constitution lui permettant d'y rester. Mais force est de constater qu'il a réalisé un travail essentiel à la tête de son pays, où la corruption, qui fragilise tant d'États d'Afrique, n'existe pas. Au nom de quoi l'Occident a-t-il son mot à dire sur le droit des peuples africains à choisir leurs gouvernants ? De Kigali, on revient avec le souvenir des atrocités inter-ethniques. D'une dalle qui abrite les ossements de dizaines de milliers de victimes. D'un musée qui entretient le souvenir de la guerre, dont quelques photos montrent la France sous un jour guère reluisant et que je trouve injuste. Nous avions raison de tourner une nouvelle page dans nos relations, sans pour autant tirer un trait sur le passé.

Les relations complexes avec l'Algérie

Toujours au nom du réalisme, le président Sarkozy m'a demandé de me rendre à Alger en février 2010 afin de rencontrer le Premier ministre Ahmed Ouyahia. Les Algériens se trouvaient en très mauvais termes avec Bernard Kouchner et ne souhaitaient pas le recevoir. En arrivant à Alger avec Jean-David Levitte, nous avons d'ailleurs eu la mauvaise surprise de découvrir la presse algérienne du jour. Tous les grands journaux publiaient sur trois pages une interview de notre ministre des Affaires étrangères. Il déclarait en substance que tout irait mieux en Algérie dès lors que la génération au pouvoir aurait disparu…

Malgré ce propos provocateur, nos entretiens avec les autorités algériennes se sont plutôt bien déroulés. Ahmed Ouyahia nous a reçus pour déjeuner avec plusieurs de ses ministres, dans sa résidence au milieu d'un grand parc. Comme c'est régulièrement le cas dans les relations franco-algériennes, notre objectif était de régler les malentendus qui prenaient trop facilement des proportions démesurées. Pour redonner un élan dans la coopération entre nos deux pays, nous avons jeté les bases de plusieurs accords sur les contentieux économiques. Il fut question de la mise en production d'une usine Renault ainsi que de l'achèvement du métro d'Alger. Nous avons aussi esquissé un programme de travail sur la décontamination nucléaire d'équipements au Sahara ainsi que sur la remise en chantier de nos accords sur l'immigration. Quelques mois plus tard, lorsque nous y retournerons, tout aura bien avancé. Jean-Pierre Raffarin, à qui sera attribuée la charge de piloter cette bonne relation retrouvée, saura régler l'ensemble des contentieux économiques.

En fin d'après-midi, nous avons rencontré le président Bouteflika, qui était encore en pleine possession de ses moyens physiques. Il nous reçut dans sa villa, elle aussi située au milieu d'un grand jardin. À notre arrivée, la garde à cheval nous rendit les honneurs. Je me suis demandé si elle était venue pour nous ou si elle était restée sur place après le départ du visiteur qui nous avait précédés. Avec Bouteflika, nous avions en face de nous l'incarnation vivante de nos rapports si complexes avec l'Algérie. Il avait été un acteur majeur de l'indépendance, et par conséquent de la terrible guerre qui a ensanglanté nos deux peuples. En même temps, cet homme est tout entier imprégné de culture française. Il connaît parfaitement notre littérature, il en parlait avec passion. Lorsqu'il formulait des reproches, c'était pour regretter que nous n'ayons pas été en mesure de fournir suffisamment de professeurs de français au système éducatif algérien. À notre stupéfaction, il nous confia que l'histoire entre nos deux pays aurait pu être bien différente.

Je perçus le même écho de cette relation complexe sur la route qui me conduisait à l'aéroport au terme d'une autre visite algérienne. J'étais cette fois accompagné par le ministre de l'Intérieur, Dahou Ould Kablia, un homme raffiné et cultivé. Nous parlions des rapports entre nos pays. Son père était capitaine de l'armée française. Sa sœur, médecin, et son frère, rebelle, avaient trouvé la mort dans le maquis, que lui-même avait rejoint. Il restait pourtant un amoureux de la France. Comme chez le président Bouteflika, on sentait chez cet homme déjà âgé le regret d'une relation qui aurait pu être différente.

Deux missions de plus longue haleine m'ont impliqué dans les Affaires étrangères : nos relations avec la Libye et avec la Syrie. Je m'étais rendu une première fois en Libye en 2005 afin de préparer une visite de Nicolas Sarkozy, alors ministre de l'Intérieur. J'y étais retourné quelques semaines plus tard avec lui. Les enjeux étaient importants pour nous en termes de sécurité. Les services de renseignement libyens entretenaient des relations de travail efficaces avec les nôtres concernant le terrorisme. Il fallait les cultiver. Surtout, la Libye jouait un rôle essentiel dans la maîtrise de l'immigration irrégulière en provenance du sud. Aujourd'hui, alors que le chaos règne en Libye, nous pouvons constater la différence : plus personne ne retient les dizaines de milliers d'immigrants qui traversent la Méditerranée au péril de leur vie.

Il y avait une troisième raison à notre visite : Kadhafi, qui avait renoncé aux armes de destruction massive, souhaitait construire une relation apaisée avec l'Occident. C'était le devoir de la France de contribuer à consolider le retour dans le concert des nations d'un pays qui avait utilisé le terrorisme de façon dramatique. Je suis retourné à Tripoli en 2007, pour obtenir la libération des infirmières bulgares et du médecin palestinien.

Comme je finissais par connaître Kadhafi, je l'ai revu par la suite pour tenter de le convaincre de rejoindre l'Union pour la Méditerranée (UPM). Jamais il ne l'a accepté. Ses raisons pouvaient se comprendre, elles tenaient au manque d'autonomie de ce projet par rapport à l'Union européenne. Une faiblesse congénitale ! Sans difficulté, nos partenaires européens avaient accepté l'affectation d'un budget spécifique au projet de l'UPM. Mais compte tenu de l'opposition farouche de l'Allemagne, qui avait pourtant obtenu un budget autonome pour une Union des pays de l'Europe du Nord, nous n'avons jamais eu l'accord que ce budget soit géré par les pays membres de l'UPM eux-mêmes. Cet échec enlevait de la force politique au projet. Par ailleurs, Kadhafi envisageait avec difficulté de siéger dans une même instance que son homologue israélien. Ce sera d'ailleurs l'invasion de Gaza, dans les dernières semaines du gouvernement d'Ehud Ohlmert, qui portera un coup fatal à l'UPM.

Aujourd'hui, il faut bien le dire, cette instance ne fait plus que vivoter. Elle possède toujours un siège à Barcelone, où elle tient quelques réunions, mais sans allant. Pourtant, cette entité recèle un extraordinaire potentiel de développement et de rapprochement entre les peuples autour de leur patrimoine culturel commun. J'espère qu'elle trouvera un nouvel élan à l'avenir.

Pour les gens de ma génération, Kadhafi incarnait un personnage assez complexe. Au-delà de sa face sombre, il était de ceux qui avaient osé s'opposer aux États-Unis. Il avait conservé cette allure hiératique, que les photographes du monde entier avaient rendue célèbre. Prenant clairement la pose, il la cultivait pour entretenir sa légende. Mais il était aussi un homme impénétrable. Je ne l'ai jamais vu manifester le moindre sentiment ou la moindre émotion. Ses yeux mi-clos ne traduisaient rien. Il ne s'animait vraiment que lorsqu'il évoquait les combats du tiers monde contre l'impérialisme.

La dernière fois que je l'ai vu, nous avons déjeuné ensemble sous sa célèbre tente, qui faisait également partie de la légende. À chacune de mes visites, c'était sous cette tente qu'il m'avait reçu, même si celle-ci ne se trouvait pas toujours au même endroit. C'était parfois à la campagne, à une vingtaine de kilomètres de Tripoli. Les conditions de sécurité étaient toujours draconiennes, les radars tournaient en permanence. Je devais laisser mon téléphone portable à l'entrée. À tous ses visiteurs, Kadhafi faisait faire le tour des décombres de son palais bombardé par l'aviation américaine. Le leader libyen se montrait dur en négociation, extrêmement soucieux de la dépense lorsque nous évoquions l'éventualité de contrats commerciaux.

Il comprenait un peu le français, très bien l'anglais. Mais son univers intellectuel était limité par l'isolement dans lequel il avait vécu et par ses choix idéologiques «révolutionnaires», antiaméricains et anti-israéliens.

Il était tout de même capable d'imaginer de grands desseins. Notamment à l'égard de l'Afrique, qu'il sillonnait régulièrement pour y dispenser ses largesses ou entreprendre des investissements qu'il espérait rentables. Un jour, il me demanda de l'aider à obtenir le soutien des pays africains francophones à son projet de création d'une Union africaine qui différerait de l'actuelle. Il souhaitait proposer pour les États d'Afrique un mécanisme de solidarité identique à celui de l'Union européenne. Je lui ai plutôt conseillé un processus par étapes, comme celui que l'Europe avait connu, en prônant d'abord quelques actions communes ainsi qu'une suppression progressive des barrières douanières. Son idée n'était pas folle pour autant. Une amorce d'Union vient d'ailleurs d'être réalisée en Afrique de l'Est, et le reste du continent promet de rejoindre l'initiative.

J'ai perçu une autre réalité auprès de Kadhafi : il n'était pas exactement un dictateur au sens où nous l'entendons. Il avait supprimé l'essentiel des libertés dans son pays, toléré que se commettent des actes abominables dans ses prisons, imposé un système économique – la révolution verte – qui avait fait disparaître toutes les richesses de l'artisanat local, mis en place un système politique qui, sous couvert de démocratie participative, lui permettait de régner sans partage… Cependant, il devait composer en permanence avec les tribus, qu'il achetait à coups de compromis et de dons financés par la manne pétrolière. On voit aujourd'hui les ravages causés par l'absence de force fédérative en Libye.

Les phénomènes tribaux, tellement puissants dans ce pays comme dans d'autres, sont mal compris par l'Occident.

Ces phénomènes s'imposent car ils sont inscrits depuis la nuit des temps dans la culture des peuples et dans leur psychologie collective. Nous devrions mieux les appréhender.

Mes rencontres avec Bachar Al-Assad

Le président syrien fut un autre de mes interlocuteurs. L'homme qui suggéra les premiers contacts avec lui fut Ziad Takieddine, en 2007. La Syrie était sous embargo et mise au ban des nations. Takieddine était en relation avec Walid Al-Mouallem, le ministre syrien des Affaires étrangères, et m'avait rapporté que Bachar Al-Assad, comme Kadhafi, souhaitait que son pays soit de nouveau admis comme interlocuteur par la communauté internationale. Compte tenu de l'activité qui était la sienne, je ne sais pas si Ziad Takieddine nourrissait des ambitions à caractère commercial. Il ne m'en a jamais parlé. En revanche, il avait une aspiration politique : devenir ministre des Affaires étrangères du Liban si les relations de ce pays avec la Syrie s'amélioraient. C'est ainsi que, avec un membre de la cellule diplomatique de l'Élysée, je pris plusieurs fois le chemin de Damas.

Très vite, Bachar Al-Assad et Walid Al-Mouallem me demandèrent de poursuivre nos contacts de façon directe, sans recourir à l'intermédiaire de Ziad Takieddine. Le cérémonial de nos rencontres évolua avec le temps. La première fois que Bachar Al-Assad nous reçut, c'était dans un bureau sombre d'un immeuble gris et poussiéreux, protégé par des chars qui bloquaient la circulation. Lorsque nous sortions du bureau, la porte ouvrait sur une pièce en enfilade dans laquelle des hommes en uniforme s'affairaient derrière des consoles. À l'évidence, on voulait nous montrer que nos conversations étaient enregistrées. Était-ce une intimidation ? Cela aurait supposé que nous soyons susceptibles d'être intimidés. Et puis le dispositif nous était seulement révélé à l'issue de notre entretien. Disons plutôt que la mise en scène marquait un climat de défiance.

Par la suite, nos séances de travail eurent lieu au palais présidentiel, au sommet d'une colline plantée d'arbres et de fleurs. L'édifice n'avait rien d'ostentatoire, mais était tel que l'on s'imagine un palais présidentiel : un escalier de quelques marches pour arriver au perron, puis un tapis rouge jusqu'au salon du président. Le salon était meublé de fauteuils confortables et de sièges en marqueterie représentatifs de la tradition artisanale locale. Notre délégation était composée de trois personnes : notre ambassadeur en Syrie, Jean David Levitte ou Boris Boillon, et moi-même. Du côté syrien, le président était accompagné de son ministre des Affaires étrangères, Walid Al-Mouallem, de l'adjoint de ce dernier et de son conseiller diplomatique, Bouthayna Chaabane. S'ajoutaient nos interprètes respectifs. Au cours de ces réunions, seuls Bachar Al-Assad et moi prenions la parole. Après la séance de travail, qui durait entre deux et trois heures, les collaborateurs du président syrien nous emmenaient déjeuner dans un ancien relais de poste transformé en hôtel-restaurant.

À mesure que les réunions se succédaient, l'atmosphère se détendait. Une fois, nous avons même été reçus dans le bureau personnel du président, situé dans une petite villa baignée de soleil, qui ne comprenait apparemment que sa salle de travail et son secrétariat. Sans doute était-ce le signe que nos rapports s'inscrivaient désormais dans une perspective fructueuse. Le Liban était le principal sujet sur lequel nous souhaitions obtenir des avancées. Nous voulions que la Syrie mette un terme à sa domination de fait sur le pays du Cèdre, qu'elle respecte son indépendance et sa souveraineté ainsi que le libre jeu de ses institutions. En même temps, nous avions d'emblée fixé à la reprise de nos relations des conditions exprimées avec force par Nicolas

Sarkozy : le respect de la parole donnée et la fidélité à la ligne de revenir dans la légalité internationale. Si ces conditions n'étaient pas respectées, nous devions mettre fin aux relations. Ce fut le cas en 2011, lorsque le régime syrien entreprit la répression sauvage de son peuple.

D'aucuns se sont étonnés que nous ayons accepté d'accompagner Damas sur la voie du retour à la normalité, estimant que l'on ne pouvait pas discuter avec une dictature qui bafouait notre conception de la démocratie et les plus élémentaires des libertés. Je répondrai deux choses. La première : toute la communauté internationale était consciente qu'il fallait tenter quelque chose pour sortir la Syrie de son isolement. Je n'étais pas le seul à rencontrer Bachar Al-Assad. John Kerry, le futur secrétaire d'État américain, le voyait aussi. La deuxième : la vocation d'une politique étrangère n'est pas d'entretenir la permanence des problèmes, mais de tout faire pour les résorber. À cet égard, la France a une vocation particulière : être un pivot. La France est une alliée des États-Unis, mais elle n'a pas à être alignée sur Washington. Elle possède son génie propre. C'est en exprimant sincèrement ses différences qu'elle est le plus utile à ses alliés.

S'agissant du Liban, nous n'avons pas été déçus. Le gouvernement syrien a réalisé les efforts que nous attendions. Il a permis l'élection d'un président de la République. Les deux États se sont mutuellement reconnus, ils ont échangé des ambassadeurs et ont même commencé les opérations de bornage des frontières. Et nous sommes allés plus loin. Avec le concours de la diplomatie turque, qui organisait des réunions à Ankara, nous avons commencé à évoquer la signature d'un traité de paix avec Israël sur le Golan. Je suis sûr que si Ehud Ohlmert, le Premier ministre d'Israël, était resté au pouvoir encore quelques mois, nous y serions parvenus. C'était d'ailleurs l'opinion d'Ehud Ohlmert lui-même, que je croiserai par hasard quelques mois plus tard. Si nous y étions parvenus, une nouvelle voie aurait été ouverte pour la paix en Palestine. Nous aurions pu nous appuyer sur ce succès pour étendre le processus de paix.

Dans le même temps, nous ouvrions un grand chapitre de coopération culturelle : une mission du Louvre se rendit à Damas. L'objectif était double : créer un grand musée et lancer un programme de fouilles archéologiques afin d'exhumer les immenses richesses encore enfouies dans les sables. L'épouse de Bachar Al-Assad, « Mme Asma », comme disaient nos interlocuteurs, jouait un rôle particulier dans ce volet des négociations. Son conseiller culturel venait de temps à autre me voir à Paris. Un jour, à la surprise générale, elle emmena son mari à une représentation théâtrale à Damas. Que Bachar se mêle ainsi à la population était un signe non négligeable.

Nous évoquions aussi l'Union pour la Méditerranée. C'est ce projet qui amènera le président syrien à assister au défilé du 14 juillet 2008. Contrairement à ce qu'ont écrit nombre de commentateurs mal intentionnés, Bachar n'était pas l'invité d'honneur de la cérémonie. La veille avait eu lieu la réunion constitutive de l'UPM. C'est l'ensemble des chefs d'État et de gouvernements présents – une quarantaine au total – qui étaient les invités de la France à la cérémonie. Le président syrien n'était que l'un d'eux. Les moments précédant le défilé furent d'ailleurs assez drôles pour ceux qui étaient installés dans la tribune présidentielle. Au prix de nombreux contournements et d'allers-retours, Bachar Al-Assad s'évertuait à éviter de croiser le Premier ministre d'Israël. Tous les autres invités observaient ce manège d'un air amusé.

Puis vinrent les révolutions arabes de l'année 2011. Lorsque le mouvement de révolte éclata en Syrie, la tendance répressive du régime se manifesta immédiatement. Tous les espoirs ne semblaient pas pour autant perdus. Je me souviens d'avoir reçu début 2011 Michel Samaha, ancien ministre libanais devenu conseiller géopolitique de Bachar Al-Assad. Triomphant, il me prévint que le président syrien allait annoncer lors d'un grand discours le soir même que le régime allait connaître de profondes évolutions. Selon lui, il allait enfin donner corps aux réformes dont nous discutions depuis de longs mois : liberté de la presse, droit d'association, libertés individuelles et collectives, réforme constitutionnelle. Las, Bachar Al-Assad ne prononça qu'un discours de répression. Aucune des réformes attendues ne fut annoncée. Son propos ne fut que menaces et rappels à l'ordre.

À vrai dire, j'avais été pris d'un petit doute la dernière fois que je l'avais rencontré, en novembre 2010. Il était venu à Paris avec son épouse. Le couple avait déjeuné avec Carla et Nicolas Sarkozy. Au cours du repas, il avait surtout été question de coopération culturelle. Le lendemain, à sa demande, je le rencontrai à l'hôtel Bristol pour le petit-déjeuner. J'ai observé ce jour-là qu'il semblait gêné dès que nous abordions l'ouverture de son régime. Ce fut la fin de nos démarches pour permettre à la Syrie de redevenir un État comme les autres.

Une question me taraude aujourd'hui encore : quels sont les forces ou les arguments qui ont poussé Bachar Al-Assad à changer ses perspectives de façon aussi radicale ? À ce jour, je ne le sais pas. Sans doute le jeu des influences au sein du pouvoir a-t-il pesé. Il est de notoriété publique que le président syrien est entouré d'un clan constitué d'anciens collaborateurs de son père, qui n'avaient pas intérêt à une ouverture du régime. Sans doute aussi la personnalité de Bachar a-t-elle joué. Son désir de renouer avec le reste du monde était un calcul politique pour redonner à son pays des marges de manœuvre économique et lui offrir un rôle renforcé dans la région. Il y avait aussi la volonté d'un homme – et même d'un couple –, à bien des égards moderne, de ne plus apparaître comme un paria au sein de la communauté des chefs d'État.

Ce choix était cependant à concilier avec le caractère de Bachar Al-Assad. C'est un travailleur qui connaît très bien ses dossiers, qui à l'évidence prépare de façon précise ses entretiens. Il possède un esprit d'une totale logique. Chaque fois qu'il évoquait une question, il la décortiquait, examinait le pour et le contre, multipliait les hypothèses pour les traiter une à une. Jamais je n'ai rencontré quelqu'un qui exprimait sa pensée de façon aussi structurée. Cela dénotait-il un excès de confiance ou révélait-il un manque de foi en lui-même ? Toujours est-il que ce trait lui conférait une rigidité, une inflexibilité et une incapacité à se risquer de donner le sentiment qu'il cédait à quoi que ce soit.

Les relations avec l'Arabie saoudite

Quelques mots encore à propos d'un chef d'État, aujourd'hui décédé, dont les circonstances ont fait que j'étais devenu l'interlocuteur régulier : le roi Abdallah d'Arabie saoudite. Je le rencontrais pour évoquer des grands contrats ou pour lui expliquer notre politique étrangère. Notamment nos initiatives avec la Syrie, qu'il avait fini par approuver au point d'effectuer personnellement une visite à Damas. L'Arabie saoudite ne représente pas un exemple de modernité, au sens où nous l'entendons. Mais je voudrais tout de même rendre hommage à ce roi, né sous une tente dans le désert, qui a construit à Riyad une université pour les femmes et a réalisé, près de Djeddah, la Kaust[1], une faculté entièrement vouée à la science.

Le hasard a fait que j'ai assisté à la pose de la première pierre de cet établissement. Je m'étais rendu en Arabie saoudite pour rencontrer le prince Sultan, ministre de la Défense. C'était là qu'il se trouvait, c'est donc là que je

1. King Abdallah's University for Science and Technology.

suis allé. Une gigantesque tente avait été dressée au milieu de nulle part. Des centaines d'invités assistaient à la présentation du projet, plans et maquettes à l'appui. Dès la cérémonie terminée, les bulldozers entrèrent en action.

J'ai assisté aussi à l'inauguration de l'université, un an jour pour jour après la pose de la première pierre. Je m'étais cette fois déplacé pour la circonstance, pour représenter le président de la République. Peut-être à cause de la chaleur, nous n'avons pas visité les monumentaux locaux. Nous sommes restés sous la même tente climatisée qu'un an plus tôt, où nous avons écouté les discours et assisté à la décoration par le roi du ministre du Pétrole, Ali Al-Naimi, qui avait mobilisé tous les moyens d'ingénierie. Formidable prouesse, en effet, qui nous amène à réfléchir à nos propres procédures… La modernité implique aussi de réaliser le plus vite possible ce qui est utile à la collectivité.

J'ai à nouveau rencontré le roi dans son ranch du Maroc, pays où beaucoup de princes du golfe possèdent un domaine. Ils y trouvent un peu de fraîcheur et pratiquent la chasse. Le ranch du roi Abdallah, en pleine nature, n'était pas une construction imposante, mais des résidences annexes étaient nécessaires pour accueillir l'ensemble de sa cour. Dans le bâtiment principal, une salle du trône avait été aménagée. Je savais le roi très religieux, mais je n'imaginais pas à quel point. Durant une heure entière, d'homme à homme, il m'a parlé de sa foi. Ce jour-là, il était très heureux car on venait de lui annoncer la découverte d'un nouveau gisement de pétrole dans son pays. La providence, selon lui. Il pensait à sa mort, il s'y préparait dans une totale sérénité.

Dans les relations diplomatiques, il est important de connaître ses interlocuteurs. Au-delà des idées qu'ils véhiculent, il est essentiel de percer à jour les hommes qu'ils sont et l'univers qui est le leur.

16

Les grands contrats

Au début de son mandat, l'un des premiers voyages de Nicolas Sarkozy eut pour destination le Maroc, pays avec lequel la France entretient des rapports étroits de confiance. Au cours de ce déplacement, en octobre 2007, d'importants accords économiques ont été signés. L'un concernait la réalisation d'une ligne de TGV entre Rabat et Casablanca, l'autre la construction d'un métro à Casablanca. Une information perturba cependant le climat : pour renouveler une partie de son aviation de chasse, le Maroc choisit le F16 américain plutôt que le Rafale français. Traditionnellement, la France est le fournisseur privilégié des équipements militaires marocains. Autant dire que la déception était grande. Une question se posait : s'agissait-il d'un revirement stratégique de la part des autorités marocaines ? Cela ne semblait pas être le cas, puisque dans le même temps le pays commandait un système de trains à grande vitesse à Alstom.

Échec pour vendre le Rafale au Brésil

Nicolas Sarkozy, voulant comprendre ce qu'il s'était passé, ordonna une analyse critique de la façon dont l'offre française avait été présentée. Il en ressortit que l'appareil proposé par les États-Unis était moins cher que le Rafale, mais aussi que nous n'avions pas mobilisé les moyens et les arguments nécessaires pour obtenir le marché. La société Dassault et le ministère de la Défense s'étaient trouvés trop isolés dans cette démarche commerciale. Pour obtenir gain de cause, il aurait fallu l'engagement de notre diplomatie et du ministère des Finances, qui pouvait mettre au point des schémas de financement convaincants. La décision fut prise : pour les grands contrats, la mobilisation de l'appareil d'État dans toutes ses composantes serait désormais coordonnée à l'Élysée. À de nombreuses reprises, le président s'y engagera avec détermination.

À mon niveau, il me demanda de constituer une *war room*, dont la composition variait selon les questions à l'ordre du jour. L'objectif était d'y associer les ministères, mais aussi, très souvent, les industriels. Les résultats – je dois le reconnaître – ont été inégaux. Sur chaque dossier, nous avons pourtant mis tous les atouts dans notre jeu. Mais face aux pressions de nos concurrents, aux différences des prix et parfois à la nature des prestations proposées, les négociations se révélaient souvent difficiles. Chaque dossier, qu'il se conclue positivement ou négativement, était l'occasion de faire le point sur nos forces et nos faiblesses pour mieux préparer les compétitions ultérieures.

Avec le Brésil, nous avons successivement entrepris deux cycles de négociation. Comme à chaque fois, les délégations se succédaient : les Français se rendaient au Brésil, les Brésiliens venaient à Paris. Le délégué général à l'Armement accompagnait nos entreprises. L'ambassadeur du Brésil à Paris, très proche du ministre de la Défense de son pays, effectuait un travail considérable. Je le rencontrai à plusieurs reprises.

Le premier cycle de négociation portait sur la vente de cinq sous-marins à propulsion nucléaire. Le Brésil devenait une grande puissance et souhaitait se doter de tous les attributs liés à ce statut en faisant l'acquisition d'équipements militaires de premier plan tout en marquant son indépendance vis-à-vis des États-Unis. Le président Sarkozy entretenait des relations très chaleureuses avec Lula, son homologue brésilien. Leurs origines, leurs parcours, leurs positionnements politiques étaient très éloignés, mais c'était ainsi. Le côté atypique de Lula, son charisme qu'il transforma en succès populaire séduisaient Nicolas Sarkozy. Le président français était souvent fasciné par les hommes d'État très différents de lui, à l'image de son homologue vénézuélien, Hugo Chávez, avec qui il entretenait d'excellents rapports.

La négociation concernant l'achat des cinq sous-marins fut ardue, mais se conclut sans difficulté excessive. Le principal défi, techniquement très complexe, était de répondre à l'exigence brésilienne de faire participer son industrie à la construction des navires. C'était une exigence légitime, compte tenu de la volonté du Brésil de développer le savoir-faire de ses entreprises jusqu'au plus haut niveau. Mais c'était compliqué en termes de protection de la propriété intellectuelle et de secrets de défense. En tout état de cause, c'était pour la France un bon apprentissage de la méthodologie des transferts de technologie, que réclament de plus en plus systématiquement les acheteurs de gros équipements.

À peine le contrat naval signé, nous entrions avec les Brésiliens dans la négociation concernant l'acquisition de quatre-vingts avions de combat. La compétition était extrêmement rude. Les États-Unis proposaient leur F16, mais l'Eurofighter européen était aussi sur les rangs, comme le Gripen suédois, qui n'était pourtant pas tout à fait prêt. Les arguments se mêlaient et se contredisaient. Les luttes d'influence étaient sévères. Politiquement, comme pour les sous-marins, nous étions bien placés… même si pour certains responsables du pays, cela commençait à faire beaucoup d'achats *made in France*. L'état-major brésilien de l'armée de l'air était naturellement porté à préférer les avions américains, mais la question du rapport entre les performances et les prix se posait aussi avec acuité.

Peu à peu, le Rafale s'imposait techniquement. En termes de polyvalence, de capacité, de rayon d'action, il était incontestablement le meilleur avion de sa génération. La question des prix, en revanche, semblait insurmontable. C'était d'ailleurs une interrogation au sein même du camp français : à quel prix l'avion devait-il être vendu ? Aussi curieux que cela puisse paraître, l'entreprise Dassault elle-même ne le savait pas. Cela tient à une particularité dans la façon dont l'armée de l'air française se fournit : elle n'achète pas exclusivement l'appareil à la société Dassault. Pour une raison de maîtrise des coûts, l'armée commande d'abord les principales composantes à des entreprises fabricantes, puis celles-ci les livrent à Dassault qui les assemble en y apportant ses prestations propres. Ce qui signifie que Dassault ne connaît pas le prix des pièces qui lui sont livrées. Un jour, alors que je demandais au responsable de Dassault Aviation jusqu'à quel tarif il pouvait descendre pour un appareil, j'eus la surprise de m'entendre répondre : « Quel prix voulez-vous ? »

Sous l'égide de la *war room* que je présidais, un intense travail fut donc organisé par le délégué général à l'Armement et Dassault pour parvenir à un prix raisonnable, qui soit aussi attractif que possible mais qui ne fasse pas perdre d'argent à l'entreprise.

Enfin, il s'agissait de démontrer au camp brésilien que ce prix, compte tenu des caractéristiques du Rafale, était concurrentiel. Cette ultime étape fut franchie dans mon bureau. Nous sommes parvenus à prouver au chef d'état-major de l'armée de l'air brésilien, grâce à une analyse financière fondée sur l'histoire des taux de change entre le réal et l'euro, que le Rafale n'était finalement pas plus coûteux que le F16. Cet après-midi-là, côté français comme côté brésilien, tout le monde considérait que le Rafale avait emporté la partie. Pourtant, nous ne le vendrons jamais au Brésil.

L'élection présidentielle brésilienne approchait. À quelques mois de cette échéance, Lula ne voulait pas laisser à son successeur une charge budgétaire de cette importance – une dizaine de milliards d'euros. Sans qu'il le formule explicitement, nous sentions qu'il hésitait sur l'opportunité même d'un tel investissement. Le Brésil connaissait un développement rapide, le pays s'enrichissait. Mais de nombreux problèmes intérieurs demeuraient, dont ceux de l'emploi et de la pauvreté. Un investissement d'armement de plus de 10 milliards était-il vraiment prioritaire pour un pays qui, à la vérité, n'avait guère d'ennemis? Les attributs de la puissance méritaient-ils un tel sacrifice alors que tant de misères restaient à soulager?

En 2013, le Brésil conclut un accord avec les Suédois pour acheter le Gripen, moins sophistiqué et donc moins cher que le Rafale, en un nombre d'exemplaires réduit.

Négociations avec Abu Dhabi

La prise en compte des problématiques et des contraintes des acheteurs potentiels ne doit jamais réduire le volontarisme des vendeurs. Ceux-ci ont en charge l'intérêt de l'industrie nationale ainsi que le souci de l'emploi. Pour le cas du Rafale, il s'agissait d'alimenter des chaînes de fabrication qui permettaient de fournir l'armée française dans des conditions optimales. Reste que cette problématique de l'acheteur nous coûta un autre échec dans nos efforts de vente de Rafale : celui d'Abu Dhabi.

On a souvent affirmé que j'entretenais des relations privilégiées avec le Qatar. Celles-ci étaient effectivement plutôt bonnes, mais je n'ai passé que deux fois deux heures au Qatar. La première fois de nuit, afin de faire le point avec le Premier ministre sur la négociation de l'échange de prisonniers entre Israël et l'Autorité palestinienne. La deuxième fois en accompagnant le président Sarkozy lors d'une escale à Doha, au retour d'un déplacement en Arabie saoudite. J'aurais aimé, je dois le dire, prolonger ce deuxième séjour, car le palais qui nous accueillait en bord de mer était un concentré de toutes les beautés de l'art moderne. Mais si mes séjours au Qatar restèrent limités, je me suis rendu souvent à Abu Dhabi.

Avec cet émirat, tous nos espoirs pour le Rafale étaient partis d'une conversation entre le Premier ministre Cheikh Mohammed et Nicolas Sarkozy, dans la voiture qui le ramenait à l'aéroport après une visite officielle. Le président français lui avait proposé d'acheter des Rafale et Cheikh Mohammed, également ministre de la Défense, lui avait donné son accord de principe. Sans tarder, la négociation s'engagea. Celle-ci se révéla très différente de celle que nous avions eue avec le Brésil. La question du prix venait parfois sur la table, mais les discussions portaient avant tout sur des sujets techniques. Les experts de l'aviation émirienne, qui étaient d'excellents techniciens, examinaient les éléments du dossier avec la plus grande minutie. À maintes reprises, ils sont venus passer plusieurs semaines en France pour étudier les caractéristiques de l'avion, et surtout travailler avec les industriels français sur ses capacités de développement. Ils souhaitaient acquérir un avion, mais ils voulaient avant tout acheter les potentiels de modernisation qui pourraient l'améliorer dans les vingt ou trente ans à venir. Ils cherchaient à obtenir que des progrès techniques précis puissent être ajoutés. Ils voulaient aussi des garanties que ces progrès seraient bien mis en œuvre le moment venu.

Ces progrès, à vrai dire, étaient également attendus par nos propres aviateurs. Les discussions furent très productives. On voyait clairement se dessiner une évolution du Rafale conforme aux besoins de nos deux aviations, en même temps qu'une coopération renforcée entre nos armées de l'air. Une collaboration qui était du reste conforme à l'accord de Défense en cours de négociation entre nos deux pays. Des marges de progrès étaient définies, des décisions étaient prises sur les équipements supplémentaires ainsi que sur leurs dates de mise en service et sur leurs prix.

En parallèle, les Émiriens nous demandaient de discuter d'un projet que nous pourrions développer en commun : la mise au point d'un avion sans pilote. Pour un pays très riche économiquement mais pauvre en population, et qui se trouvait de surcroît au cœur d'une zone perpétuellement en crise, ce projet d'avenir représentait un enjeu important. Pour nous, c'était extrêmement tentant. Cet avion d'un genre nouveau existait à l'époque sur les planches à dessin de la société Dassault. Il vole aujourd'hui en tant que prototype.

En nous appuyant sur des financements d'Abu Dhabi, nous pouvions obtenir une longueur d'avance sur la concurrence. Cependant, un accord international, le MTCR (Missile Technology Export Control Regime), signé en 1987, nous interdisait une telle coopération. Pour ne pas rater le coche, des études furent menées pour trouver un moyen de nous libérer de cette contrainte. Malheureusement, nous étions pieds et poings liés par cette convention : nous ne pouvions coopérer avec l'émirat pour l'avion sans pilote. Dans la foulée, la vente du Rafale a capoté. Outre cette question d'avion sans pilote, je pense que la raison tenait à la situation propre d'Abu Dhabi.

L'émirat était équipé de Mirage, notamment du Mirage 2000-9. Les performances de cet appareil étaient remarquables, très voisines de celles du Rafale. Le raisonnement des Émiriens me semble simple : pourquoi dépenser des sommes importantes, avec pour seul avantage des perspectives de développement, alors que dans l'état actuel des choses, les deux appareils sont assez proches? Ne convient-il pas mieux d'attendre que les développements aient été réalisés? Ou même qu'une nouvelle gamme d'avions voie le jour? Le raisonnement se tenait. Cela étant, les échecs d'un jour peuvent être les succès de demain: en 2016, Dassault a vendu des Rafale à l'Inde et au Qatar. C'est notre équipe qui avait entamé les négociations.

Les erreurs d'Areva

Nous avons rencontré un autre échec avec Abu Dhabi, qui reste pour moi un souvenir douloureux. Je pense que nous aurions pu l'éviter si le dossier avait été mieux préparé. Lorsqu'il est arrivé à l'Élysée, celui-ci était quasiment irrécupérable. Cet échec, c'est celui de la vente de quatre centrales nucléaires de type EPR par Areva.

Abu Dhabi est riche, certes, mais c'est aussi un pays remarquablement bien géré. Un État qui a la préoccupation de l'avenir et investit dans le monde entier pour se procurer des ressources qui lui permettront de pérenniser des revenus pour l'après-pétrole. À la différence de beaucoup d'autres pays dans la même situation, l'émirat crée aussi sur son sol des activités industrielles. Il construit des villes économes en consommation d'énergie, lutte contre le gaspillage des ressources pétrolières, mène une vraie politique de développement durable. Pour faire face à ses besoins grandissants en matière d'énergie, Abu Dhabi avait donc fait le choix d'une énergie non carbonée: l'énergie nucléaire.

Dans la compétition commerciale qui s'ouvrait, la France possédait des atouts. Son expérience, d'abord: cinquante-huit réacteurs nucléaires fonctionnaient dans notre pays. Jamais nous n'avions eu à déplorer d'incident notable. Et puis nous proposions un réacteur de grande capacité, l'EPR

(1 600 MW), que nous présentions à bon droit comme le réacteur le plus sûr au monde. Autre avantage : la qualité de nos relations avec Abu Dhabi. Cette entente avait été inaugurée entre Cheikh Zayed et Jacques Chirac. Elle s'est poursuivie depuis. Deux fois par an, alternativement chez l'un et l'autre, je tenais des réunions avec Khaldoon Al-Mubarak. En plus d'être le secrétaire général du gouvernement et l'homme de confiance de Cheikh Mohammed, celui-ci était par ailleurs le président du fonds d'investissement Mubadala.

Khaldoon Al-Mubarak est une personnalité de grande qualité, très attachée à la France. Son père, qui était ambassadeur, y avait été assassiné. L'homme sait s'entourer des meilleurs conseillers, qu'il va chercher dans le monde entier. Il a deux passions : l'art moderne, dont il est à Abu Dhabi un soutien efficace, et le football – il préside le club de Manchester City. Lors d'une de nos rencontres à Abu Dhabi, avec l'aval de Cheikh Mohamed, nous avions relancé un accord de coopération de défense.

Par la qualité des relations entre nos deux pays, les Émiriens ont tout fait pour que le marché des centrales nucléaires ne nous échappe pas. À plusieurs reprises, ils nous ont donné du temps pour nous organiser et ajuster nos offres, notamment concernant les prix. Cheikh Mohammed est même venu spécialement à Paris, pour quelques heures, afin d'exposer au président français les conditions qui nous permettraient de réussir. C'était en fin d'après-midi sur la terrasse de l'Élysée. Exceptionnellement, Cheikh Mohamed portait un costume occidental. Il est reparti dans la nuit. C'était notre dernière chance de conclure, elle n'a pas suffi. Si nous avons échoué au profit des Coréens, nous n'avons qu'à nous en prendre à nous-mêmes.

Comme d'habitude, l'équipe chargée de l'évaluation des offres s'était montrée très professionnelle. Dirigée par un ingénieur local de talent, elle était constituée d'experts de différents pays, qui comptaient parmi les meilleurs au monde. En quelques mois, elle était parvenue à mettre au point une réglementation de sûreté irréprochable. Très vite, elle avait soulevé un problème de fond concernant la construction des centrales : Areva, qui présentait le projet, n'avait jamais construit de centrale nucléaire complète. En effet, l'entreprise n'avait jamais démontré sa capacité à piloter des chantiers gigantesques impliquant la maîtrise de multiples techniques – la plupart, du reste, en dehors du champ nucléaire. Les autorités d'Abu Dhabi souhaitaient donc qu'EDF rejoigne Areva pour assurer la maîtrise d'œuvre de l'ensemble. Le moins que l'on puisse dire, c'est qu'EDF n'était guère enthousiaste. Son PDG, Pierre Gadonneix, entretenait des relations exécrables avec Anne Lauvergeon, son homologue d'Areva. EDF, qui j'en suis sûr aurait relevé le défi, n'avait en plus jamais été associé au projet depuis le début des discussions. En tant que représentant de l'État actionnaire, j'ai dû exiger du président d'EDF qu'il rallie le projet.

Autre problème : le prix proposé apparaissait trop élevé aux yeux de nos interlocuteurs. Comment baisser ce tarif ? Areva, à vrai dire, n'en avait aucune idée. L'entreprise ignorant quelle était sa propre marge, elle ne savait donc pas comment réduire le prix. Pis, Areva ne connaissait même pas le site exact du projet et ne pouvait donc pas déterminer la nature du sol. En catastrophe, nous avons étudié ce qu'il était possible de faire du côté du génie civil. Interrogé sur ce point, le président de Vinci, Xavier Huillard, a fait travailler ses ingénieurs de façon théorique. Le prix qu'il nous a communiqué était plus bas que nos estimations, mais encore loin de satisfaire le client. Les émirats ont beau avoir des moyens financiers, ils se montrent rationnels dans leurs décisions et ne jettent pas l'argent par les fenêtres.

En quoi avons-nous failli dans cette affaire ? Quelles étaient les raisons de notre échec ? La première cause tient à ce qu'Areva a prétendu à un métier qu'elle ne maîtrisait pas, celui de maître d'œuvre général. Dans le projet similaire que l'entreprise a mené en Finlande, cette même carence a entraîné des retards et des pertes financières considérables. La deuxième raison est que le dossier n'avait pas été suffisamment préparé. D'abord sur les prix, qui étaient trop élevés. La présence d'Areva sur le terrain s'est aussi révélée insuffisante. Les Coréens comptaient plus de cent personnes sur place, ils avaient dépêché comme chef de file un ingénieur qui avait déjà à son actif la construction de plusieurs centrales. Areva, elle, n'était représentée que par une seule personne, compétente et sympathique, mais isolée et sans expérience. La troisième cause de l'échec, qui explique largement l'impossibilité de réduire les prix, tient de façon intrinsèque à l'équipement lui-même. Certes, son niveau de sûreté exceptionnel était supérieur à celui des centrales coréennes, mais le client n'a pas manqué de calculer le rapport entre les niveaux de sûreté des deux offres et leurs prix respectifs.

Le projet coréen comprenait un coefficient de risque d'un sur un milliard, celui d'Areva d'un sur dix milliards. Le raisonnement d'Abu Dhabi était le suivant : une probabilité de risque d'un sur dix milliards justifiait-elle le supplément de prix ? Cette observation renvoie à un élément important du débat sur nos choix nucléaires à l'exportation. N'aurions-nous pas intérêt à développer, éventuellement avec la Chine, un nouveau modèle de centrale ? Un mouvement dans cette direction a été fait par le conseil de politique nucléaire, sous la présidence de Nicolas Sarkozy. Il avait été aussi prévu que la maîtrise d'œuvre générale de la construction des centrales soit désormais assurée par EDF ou par GDF Suez, devenu Engie. Ces orientations ont été confirmées depuis. C'est heureux.

Une dernière leçon est à tirer de ce ratage : l'action publique est certes indispensable à l'appui des grands projets, mais elle ne suffit pas. L'autorité politique ne peut pas rattraper les erreurs commises par les industriels. Le lobbying gouvernemental ne peut pallier l'inadaptation des projets techniques ni compenser des prix trop élevés.

Le TGV en Arabie saoudite et les mollets des passagères…

Cette leçon se confirmera lors d'un autre échec : celui de la fourniture d'un TGV à l'Arabie saoudite sur la ligne Médine-La Mecque. C'était un formidable marché, qui pesait lui aussi une dizaine de milliards d'euros. Si nous l'emportions, nous pouvions espérer un effet d'entraînement. Alstom et la SNCF s'y étaient engagés conjointement, avec une société locale pour le génie civil. Nos entreprises étaient convaincues de la supériorité de leur proposition. Le TGV français, il est vrai, possède des références exceptionnelles. Cela fait trente ans qu'il fonctionne sans avoir jamais connu d'accident grave. Chaque année, il transporte 60 millions de voyageurs dans l'Hexagone.

Très vite, cependant, nous avons buté sur le problème du prix. La Chine avançait une offre d'un montant sensiblement inférieur. Cette concurrence apparaissait comme la plus dangereuse, il fallait donc tenter de l'éliminer. Un week-end, avec le président de la SNCF, Guillaume Pepy, et le président d'Alstom, Patrick Kron, nous nous sommes rendus en Arabie saoudite dans un Falcon de la flotte gouvernementale afin de convaincre les autorités de la supériorité de l'offre française. La journée avait mal commencé. Plusieurs responsables saoudiens, sous la houlette du très puissant directeur du cabinet du roi, semblaient avoir comme unique préoccupation d'exclure du cercle de nos contacts un brillant jeune Saoudien qui nous conseillait dans la progression du dossier. La délégation locale nous expliqua que le roi était très irrité contre lui et s'apprêtait à le sanctionner. Durant plusieurs heures, mes collaborateurs, qui étaient en contact avec ce jeune homme, subirent un feu de questions dans une sorte de procès au ton martial. Je participais par séquences à cette réunion. À sa marge, je m'employais à maintenir un canal de conversation plus amical. La controverse, fort désagréable au demeurant, tournait autour de jeux d'influence au sein de la cour. Quelques jours après notre départ, nous apprendrons que celui qui devait être sanctionné était revenu en grâce dans l'entourage royal…

Peu de temps après, les choses sérieuses se précisaient. Je devais rencontrer le roi en «tête à tête». Ce qui signifiait, selon les mœurs locales, en présence d'une trentaine de personnes alignées le long des murs de la salle d'audience. Cette pièce étant d'une taille gigantesque, aucun de ceux qui étaient présents ne pouvait entendre ce que nous disions. La salle était parsemée de dorures, avec des bouquets de fleurs disposés sur toutes les tables pour embaumer l'atmosphère. Le roi et moi nous tenions de part et d'autre d'un guéridon. Mon argumentation était exclusivement technique. Notre TGV avait pour lui son expérience, le train chinois ne possédait de références ni sur la sécurité ni sur la vitesse. À un moment de la conversation, le roi fit appeler son ministre en charge des relations avec la France, Abdallah Ali Reza, pour lui demander son sentiment. Au terme d'un long entretien, le roi me fit savoir sa décision: le projet chinois était écarté.

La nouvelle provoqua une explosion de joie au sein de la délégation française lors de notre retour vers Paris. Nous nous sommes même laissés aller à boire une coupe de champagne. Allongés tant bien que mal sur les fauteuils de l'avion, et même sur le sol, nous étions convaincus d'avoir emporté la partie. Le président de la SNCF était si heureux qu'il me promit de m'offrir une carte me permettant de circuler gratuitement toute ma vie sur les lignes…

Malgré notre joie, une réalité s'imposait. Sur un plan stratégique, nous percevions que les équilibres entre le prix et la qualité de nos produits industriels étaient en train de bouger. Comme dans le domaine nucléaire, nombre de clients pouvaient être séduits par des propositions d'une qualité un peu inférieure, mais sensiblement moins chères. Nous ne pouvions leur donner tort. Dans le cas du projet en cours, était-ce si important que le train chinois soit un peu en dessous de la vitesse moyenne de notre TGV ?

L'aventure n'était pas terminée. Alors qu'Alstom entrait dans les discussions plus techniques avec les experts saoudiens, un obstacle inattendu survint : les Saoudiens refusèrent les trains à deux niveaux que nous leur proposions. Une opposition qui découlait de considérations. Selon eux, les passagères qui descendaient de l'étage risquaient de laisser entrevoir leurs mollets. Compte tenu de notre culture occidentale, nous avions du mal à admettre un tel argument. Mais le client est roi, si j'ose dire… Et cette réserve ne me semblait pas insurmontable. Après tout, nombre des rames de TGV construites par Alstom circulaient avec des voitures d'un seul niveau. J'estimais donc que nous n'avions qu'à proposer au client ce type de modèle. Et là surprise : Alstom n'en fabriquait plus ! Il fallait deux ans à l'entreprise pour redémarrer une chaîne de fabrication adéquate. Ce n'était donc pas possible.

Nous parvînmes à franchir cet obstacle en argumentant sur la rentabilité, mais aussi en expliquant que l'on pouvait séparer les hommes et les femmes dans les différentes voitures. Cet épisode permit de mettre en lumière d'autres faiblesses des propositions françaises : une flexibilité insuffisante, une écoute trop légère des souhaits du client, une conviction excessive que nos choix sont forcément les bons. En d'autres mots : une certaine arrogance. Les négociations purent continuer.

Convaincus que le terrain était désormais dégagé, nous n'avons guère prêté attention à l'émergence d'un nouveau concurrent : le constructeur espagnol Talgo. Cette société ne possédait que peu de références, seulement seize de ses rames étaient alors en service. Et comme il s'agissait d'une entreprise européenne, nos industriels étaient convaincus qu'elle ne pouvait proposer des prix plus bas que les nôtres, à moins de vendre à perte. À notre grand dépit, c'est pourtant Talgo qui l'emportera. Deux éléments ont joué en sa faveur : le prix proposé, mais aussi – je ne peux m'empêcher de le penser – le fait que l'Espagne soit une monarchie. Le président Sarkozy n'avait pas ménagé sa peine pour obtenir du roi Abdallah qu'il confirme son choix du TGV français. Il l'avait appelé, il lui avait écrit à plusieurs reprises. Mais, de son côté, le roi Juan Carlos faisait de même. Il m'est clairement apparu à cette occasion que les souverains s'épaulaient entre eux.

17

Ministre de l'Intérieur

Durant l'essentiel de ma vie professionnelle, j'avais servi le ministère de l'Intérieur. Une institution que j'ai beaucoup aimée et dont je connaissais les arcanes. Ce ministère n'est pas seulement chargé de la sécurité des biens et des personnes, il a aussi sous sa coupe la sécurité civile, la sécurité routière, l'administration du territoire, les collectivités locales, l'immigration et les libertés publiques. Plus que tout autre, il est le ministère de la République. Par mon expérience, je connaissais aussi les fonctionnaires de police et les militaires de la gendarmerie, qui y sont désormais rattachés. Je n'ignorais rien de leurs compétences et de leur dévouement. Jamais pourtant, même en rêve, je n'avais imaginé devenir ministre de l'Intérieur. Jamais je n'avais intrigué ou pris la moindre initiative en ce sens. D'abord parce que je n'y pensais pas, ensuite parce que j'étais intellectuellement comblé par mes fonctions de secrétaire général de la présidence. Pourtant, je le suis devenu.

Un dur apprentissage

En novembre 2010, le président avait déjà évoqué son désir de me nommer place Beauvau. C'était à l'occasion du remaniement gouvernemental qu'il préparait avec François Fillon. Brice Hortefeux, son ami le plus proche et le plus ancien, occupait le poste et obtenait du reste de bons résultats. Il avait expliqué au président son amertume de quitter son ministère, et Nicolas Sarkozy avait renoncé.

En février 2011, le chef de l'État reprit son idée initiale. Pourquoi? Pour autant que je sache, il le fit sous l'influence de Patrick Buisson. Ce dernier considérait qu'en tant que non-professionnel de la politique je serais plus libre pour porter sans concession les discours relatifs à la sécurité et à l'immigration. Des domaines qui paraissaient primordiaux au regard des échéances électorales à venir. Il est vrai que j'étais sur ces questions un familier de la pensée du président. Et puis je connaissais la maison mieux que personne, j'étais certain d'être opérationnel dès ma nomination.

Le président m'a annoncé son choix dans son bureau. Comme à notre habitude, nous nous tenions debout l'un en face de l'autre. J'ai aussitôt acquiescé, tout en lui disant mon regret de m'éloigner de lui. De toute façon, sa décision était prise. Lorsque ma nomination fut officielle, François Fillon me confia dans un sourire : « Je suis très heureux que vous soyez ministre, car désormais vous êtes placé sous mon autorité... »

Si j'étais heureux de ce nouveau défi, j'avais conscience que les quatorze mois dont je disposais avant le scrutin présidentiel étaient très courts pour obtenir les résultats que souhaitait le chef de l'État. Je suis convaincu que si j'avais été nommé en novembre 2010, ces quelques mois de plus auraient permis à mon action d'être plus décisive sur le plan politique. Le jour de la passation de pouvoir, j'ai quitté l'Élysée à pied par l'avenue de Marigny, avec la petite équipe qui me suivait, pour gagner la place Beauvau.

À la fin de cette journée, après que j'eus rendu visite à des services de police et de gendarmerie à Chartres, une curieuse impression s'empara de moi. Alors que je m'apprêtais à passer ma première nuit sur place, je repensais à tous ceux qui m'avaient précédé dans ces éminentes fonctions.

Face à tous ces noms à la riche carrière politique, j'eus le sentiment d'entrer dans un monde nouveau. Je ressentis la même chose la première fois que je réunis l'ensemble des préfets pour leur faire part de mes directives. En traversant la salle jusqu'à mon pupitre, je serrais les mains qui se tendaient vers moi. Je les connaissais tous, j'étais l'un des leurs. Et pourtant, j'étais devenu quelqu'un d'autre.

C'était un nouveau métier qu'il me fallait embrasser. Un métier qui n'offrait aucun répit. Un métier qui, d'une certaine façon, exigeait d'être toujours en représentation. Un métier qui imposait une exigence encore supérieure à l'égard de mes concitoyens et de ma famille politique. Lorsque je reçus près de deux cents parlementaires de la majorité pour leur faire part de mes orientations, je savais que chacun d'entre eux avait à l'esprit la réélection de Nicolas Sarkozy à l'Élysée… et même sa propre réélection au Parlement.

La fonction de ministre de l'Intérieur était aussi faite de rituels. Moi qui avais pour habitude d'avaler un morceau en dix minutes, je devais désormais me plier à de longs déjeuners et dîners. Je devais aussi affronter un exercice redoutable, que nombre de ministres tentent d'esquiver : les questions d'actualité à l'Assemblée nationale. Défendre un projet de loi ne m'a jamais posé de problème. Répondre à des questions d'actualité au Sénat non plus, car au palais du Luxembourg, ministres et sénateurs se situent sur un même niveau de plancher. À l'Assemblée, en revanche, les ministres sont placés au fond de la fosse. Ils se retrouvent contraints de hurler tant le niveau sonore est élevé. Et puis il y a des usages à respecter. La première fois que j'ai eu à répondre à une question, l'un de mes collaborateurs m'avait conseillé de me tourner vers la majorité, et non vers l'opposition. Mais comme la question venait d'un député de l'opposition, j'ai eu droit à un beau charivari de la part de la gauche, heureusement compensé par les applaudissements de la droite. Le soir, Nicolas Sarkozy eut la gentillesse de me téléphoner pour me dire que je donnais l'impression d'avoir fait cela toute ma vie.

Si les quatorze mois que j'avais devant moi me semblaient déjà bien courts, c'était compter sans un problème de santé qui me tint éloigné durant un mois. Depuis plus de trente ans, je passais chaque année un contrôle médical pour mon cœur, à la suite d'une infection qui avait affecté une valve. En juillet 2012, mon examen révéla une détérioration de mon état. Je n'en ressentais aucun effet, mais celle-ci risquait à tout moment de m'être fatale. Il fallait donc m'opérer d'urgence. Je subis une intervention chirurgicale de plus de dix heures, suivie d'une difficile rééducation. J'étais si affaibli que je ne pouvais plus me déplacer seul, ni même parler sans être frappé d'irrépressibles quintes de toux.

Quelques jours après avoir regagné le ministère, je tentai une première sortie pour faire une course à un magasin situé à cinq cents mètres de la place Beauvau. Je fus contraint de m'asseoir, ne pouvant aller plus loin. Le choix était simple : ou je restais à mon poste en brûlant les étapes de ma convalescence ou j'arrêtais. Je me dis qu'à force de volonté j'y arriverais. Je pensais aussi que le président avait besoin de moi. Sans être présomptueux, j'estimais que personne ne pourrait prendre en main le ministère assez vite pour être pleinement utile au chef de l'État. Après l'opération que j'avais subie, la convalescence conseillée était de trois mois. La mienne dura trois semaines. Dès la mi-août, j'étais au travail. Je donnai une interview à *L'Express* afin de signifier que j'étais de retour. En vérité, je craignais que mes forces ne me trahissent. Alors que je présidais la cérémonie du 19 août commémorant la libération de Paris, j'avais le sentiment de pouvoir chanceler à tout instant. En prononçant mon discours à la préfecture de police, j'angoissais à l'idée d'être pris d'une toux que je ne pourrais réprimer. Mais ce n'était pas fini.

Le 12 septembre, deux mois jour pour jour après mon opération du cœur, j'étais de nouveau opéré. D'un cancer cette fois. Cet épisode n'a jamais été rendu public. Je tins seulement dans la confidence le président de la République, le Premier ministre et mes très proches collaborateurs. Cette fois, ma convalescence ne fut que de quelques jours. Une semaine plus tard, j'étais sur le pont. Tout cela représentait néanmoins un temps précieux que je n'avais que partiellement mis au service de ma mission. J'avais imaginé un été studieux qui, dans la torpeur de l'actualité, m'aurait permis d'être très présent médiatiquement, de populariser auprès de l'opinion les actions et les projets du gouvernement ainsi que les valeurs qui sous-tendaient sa politique. Cela ne fut pas possible.

Fort heureusement, je pouvais compter sur mes collaborateurs : Stéphane Bouillon, mon directeur de cabinet ; Hugues Moutouh, mon conseiller spécial ; Georges-François Leclerc et Alain Gardère, mes directeurs adjoints ; Nathalie Gonzalez-Prado, mon chef de cabinet. Avec leur concours, dès mon entrée en fonction, j'avais pu définir mes priorités : le recul sensible de l'insécurité, la perception de ce recul par l'opinion, une meilleure maîtrise de l'immigration et le respect de notre identité. Ce dernier sujet représentait l'essence de nos grands principes républicains. Dans la conjoncture que nous connaissions, l'un d'eux apparaissait fragilisé : la laïcité.

La question de l'islam

La laïcité n'est pas un principe secondaire : l'article 2 de notre Constitution dispose que la France est une république laïque. Reste que cette problématique est devenue incendiaire dans le débat public.

Lorsque je suis arrivé place Beauvau, le débat faisait rage. Il avait été lancé à l'Assemblée nationale par Jean-François

Copé. La question de la laïcité donnait lieu aux habituelles empoignades verbales entre les partis politiques tout en mettant mal à l'aise les représentants des communautés religieuses. Il fallait que le gouvernement reprenne la main par rapport au Parlement. Mais il fallait aussi apaiser les tensions. En bref, il s'agissait de mettre un terme à la polémique en introduisant quelques règles claires et simples à la fois.

C'est ainsi que je proposai aux représentants des grandes religions un document fixant des règles de laïcité et suggérant des moyens de les faire vivre. La composition du panel des représentants que je reçus se révéla intéressante tant elle illustrait les difficultés du débat avec les religions dans notre pays. L'Église catholique était représentée par une unique personnalité, l'archevêque de Paris ; le judaïsme par deux personnes, le grand rabbin et le président du Consistoire ; les protestants par deux personnes aussi ; le bouddhisme par une seule. Les musulmans, eux, étaient douze, chacun étant le porte-parole d'un courant.

Pour faire vivre les règles, et afin que le dialogue mené au niveau national s'étende à l'ensemble du territoire, nous avons décidé de créer des conférences départementales de la laïcité et de la liberté religieuse. Nous avons désigné des référents laïcité dans chacun des ministères et dans les préfectures. Nous avons aussi renforcé la formation des agents publics. Mais, pour veiller au respect des règles, encore faut-il en avoir. Ce fut l'objet d'une circulaire de l'été 2011 : les rappeler, notamment pour les hôpitaux, les écoles et les cantines scolaires. Au regard de nos principes, il n'est pas tolérable qu'un mari puisse exiger que le médecin de service ne soigne pas son épouse au motif qu'il est un homme. Il n'est pas acceptable qu'une famille réclame la fourniture de repas confessionnels à la cantine de l'école. De mon point de vue, j'ajouterai qu'il n'est pas non plus admissible que les mères qui accompagnent des sorties scolaires soient voilées, alors que le voile est interdit à l'école. Ces mères participent à la mise en œuvre du service public et le service public se doit d'être neutre ! Je regrette que le gouvernement socialiste de François Hollande ait rétabli la possibilité que les accompagnatrices de sorties scolaires puissent être voilées. Je sais bien que l'on me rétorquera que le Conseil d'État ne s'y est pas opposé, mais j'affirme pour ma part que la question est politique et non juridique.

Dans le même esprit, je décidai de mettre un terme aux prières de rue. Daniel Vaillant, l'un de mes prédécesseurs place Beauvau, était élu du XVIIIe arrondissement de Paris où cette pratique était courante. Celui-ci osa déclarer que ces prières « ne gênaient personne ». Eh bien si : elles gênaient beaucoup de monde ! Sans oublier qu'elles n'étaient pas conformes à notre conception de la laïcité ! Franchement, on ne voit pas pourquoi les processions catholiques, pourtant ancrées dans notre tradition historique, feraient l'objet d'une réglementation confirmée et précisée au fil du temps par la jurisprudence, alors que parallèlement on tolérerait qu'un culte se développe sur la voie publique – et souvent avec une volonté provocatrice. Avec le concours de Michel Gaudin, devenu préfet de police, nous avons trouvé un vaste local en bon état où le culte musulman a pu rassembler ses fidèles de l'Est parisien. Il s'agissait d'un ancien magasin militaire désaffecté, qui offrait un vaste espace complété d'une grande cour fermée. Ce lieu suffisait largement pour accueillir tous ceux qui, jusque-là, priaient sur la voie publique le vendredi matin dans les quartiers environnants.

Des solutions ont été trouvées dans d'autres villes, comme à Nice, avec la mise en place d'une desserte par autobus d'une mosquée de la périphérie. Quand j'ai quitté le ministère de l'Intérieur, il n'y avait plus de prières de rue.

L'urgence de la sécurité

En ce qui concerne la sécurité, un choix stratégique était à faire : savoir si l'on privilégiait la lutte contre certaines formes de criminalité et de délinquance ou si l'on faisait face à l'ensemble de leurs manifestations dans ces domaines. Ce fut la deuxième option qui l'emporta. En partant de l'analyse d'Alain Gardère, qui avant de rejoindre mon cabinet était le directeur de la sécurité publique de Paris et de la petite couronne, nous estimions que si nous ne nous attaquions pas à l'ensemble des manifestations de l'insécurité, celles sur lesquelles on relâcherait la pression prospéreraient et les milieux criminels s'y reporteraient. C'était un calcul à moyen terme qui comportait un risque : la délinquance globale pouvait mettre plus de temps à baisser. Et c'est ce qu'il advint. En 2011, la délinquance a été contenue, mais la baisse ne fut que très légère. En revanche, nos efforts portèrent leurs fruits en 2012. Quand j'ai quitté mes fonctions au mois de mai, la délinquance générale avait baissé de 4 % sur les quatre premiers mois de l'année par rapport à la même période l'année précédente.

Une autre question était à traiter : la perception par l'opinion de nos efforts. Lors de la campagne présidentielle de 2002, Lionel Jospin avait commis un déni de réalité en distinguant l'insécurité et le sentiment d'insécurité. Il n'empêche que les Français sont plus sensibles à ce qu'ils ressentent qu'aux statistiques. Il fallait donc qu'au quotidien, dans leurs villes comme dans leurs villages, ils acquièrent la conviction que la police et la gendarmerie étaient plus efficaces. Ce fut l'objet de la politique des patrouilleurs.

J'avais eu cette idée il y a longtemps déjà, mais le nom en revient à Frédéric Péchenard, alors directeur général de la police nationale. Ce concept consistait à augmenter le nombre des patrouilles dans la rue pour être plus visibles et rassurer la population. Au lieu d'attendre au commissariat les appels pour se rendre dans tel ou tel lieu, les policiers étaient affectés *a priori* à des missions de voie publique. Les fonctionnaires pouvaient ainsi prendre des contacts et s'enquérir des attentes de la population. Cette présence accrue sur le terrain était importante pour les personnes les plus vulnérables ou les plus exposées, comme les commerçants. En cas de besoin, les moyens de communication leur permettaient de se porter vers les urgences. De son côté, la gendarmerie développait des techniques adaptées à ses territoires d'intervention qui répondaient à la même inspiration.

En quelques semaines, les résultats furent spectaculaires. La présence policière sur la voie publique s'était accrue de plus de 20 %. Partout, la population se rendait compte que la police et la gendarmerie étaient auprès d'elle. Toutes les enquêtes de satisfaction le démontraient. Dans plusieurs villes, j'ai accompagné des patrouilles, je me suis enquis auprès des habitants de la façon dont ils ressentaient cette présence renforcée. Tous se montraient ravis. Un commerçant me confia à quel point il se sentait sécurisé quand il portait sa recette à la banque en fin de journée. Une personne âgée me dit sa satisfaction de faire un brin de causette avec des policiers. C'était la police que j'avais toujours souhaitée : au service de la population, à sa disposition, au plus près de ses attentes. Quant aux policiers, ils étaient heureux de se voir reconnus dans ce rôle, salués, considérés.

Cela ne signifiait pas que tout allait pour le mieux dans le meilleur des mondes. Je me souviens de la visite que j'ai dû faire en urgence dans le quartier chinois de Paris, terrorisé par les agressions qui y avaient cours. Il est toujours difficile de rencontrer des personnes qui ont été frappées, blessées, traumatisées lors du vol d'un sac à main ou d'un collier. C'est plus difficile encore lorsqu'on est ministre.

Car tout ce que l'on peut dire à une personne dans la souffrance, dans une relation de proximité et d'intimité humaine, se fait devant les caméras et les micros. Après les mesures que j'ai prises, la sérénité est revenue dans le quartier chinois. C'est une grande satisfaction d'entendre aujourd'hui encore des habitants de ce quartier se réjouir de la tranquillité retrouvée à cette époque.

À plusieurs reprises, je me suis aussi rendu dans le quartier de La Goutte d'Or (XVIIIe arrondissement de Paris). Malgré le surplus d'effectifs, malgré les efforts policiers, je n'ai pas pu y faire grand-chose, tant les trafics en tout genre y étaient nombreux. À l'époque, un dispositif qui venait d'être installé sur les téléphones portables devait permettre leur désactivation en cas de vol. Le jour où j'étais à La Goutte d'Or, un commerçant du quartier proposait déjà de remettre en marche les téléphones désactivés : la publicité s'étalait sur sa vitrine. C'est une œuvre de longue haleine qui doit être conduite pour reprendre possession de ces quartiers. Une reconquête qui passe aussi par la maîtrise de l'immigration irrégulière.

Face à l'immigration

La maîtrise de l'immigration était certainement le domaine à l'égard duquel l'attente des Français était la plus forte. Depuis, elle n'a cessé de progresser. Contrairement aux dirigeants politiques ou aux commentateurs, qui évoluent dans une bulle élitiste bien éloignée de ce que vit l'immense majorité de la population, les Français se montrent très lucides. Dans leur esprit, la question de l'immigration est intimement liée au développement des communautarismes. Il s'agit donc d'une menace potentielle sur leurs valeurs et leur identité. Cette préoccupation existe aussi au niveau européen.

Je me souviens qu'avec mon homologue allemand j'avais dû monter au créneau lors d'un conseil européen des ministres de l'Intérieur après l'exposé de la commissaire chargée du dossier, Cecilia Malmström, qui proposait d'augmenter les flux d'immigrés vers l'Europe. L'Europe, je m'en souviens, comptait à l'époque dix-neuf millions de chômeurs. Il y avait de quoi être surpris qu'en pareille situation des responsables, au mépris de tout réalisme politique et même économique, puissent proposer de telles évolutions. Sans oublier les risques de crisper davantage les opinions publiques !

Aujourd'hui encore, malgré la déferlante vers l'Europe de migrants qui sont loin d'être tous des réfugiés, des responsables tiennent les mêmes discours, avec les résultats que l'on connaît sur les opinions.

Sur le plan national, il n'était pas possible de modifier les flux d'immigration en si peu de temps. En un an, il n'était matériellement pas envisageable de concevoir, écrire et faire voter des dispositions législatives nouvelles, dans un calendrier parlementaire déjà surchargé. Mais ce qui pouvait être fait a été fait. La France compte près de deux cent mille immigrés réguliers de plus chaque année, ce qui équivaut à la population d'une ville comme Rennes. C'est trop, la France ne peut pas en absorber autant. À quoi sert-il d'accueillir de nouveaux venus qui vont devenir des chômeurs, et qui vont par conséquent surcharger nos systèmes sociaux déjà à bout de souffle ? À l'époque, un quart des étrangers en France étaient au chômage. Ce chiffre n'a pu qu'empirer. Sans oublier les communautarismes qui se développent et créent l'inquiétude.

La première mesure que j'ai prise, avec le ministre du Travail Xavier Bertrand, a consisté à réviser la liste des professions censées connaître des difficultés de recrutement. Cette seule mesure a permis de réduire le nombre des étrangers admis à travailler de 26 % en 2011, puis à nouveau de 25 % au premier trimestre 2012. Le raisonnement était simple et reste valable : si l'on trouve en France des personnes possédant les qualifications pour exercer un métier, pourquoi faire venir des gens d'ailleurs ? La deuxième mesure a été de nous montrer plus rigoureux dans la délivrance des titres de séjour pour « liens personnels et familiaux » ou pour le regroupement familial. Au premier trimestre de 2012, le nombre de titres accordés dans ce domaine était en baisse de 22 % par rapport à la même période de 2011. Le problème était cependant plus profond – et malheureusement, il le reste.

Ce sont les diverses formes du regroupement familial qui sont la cause majeure de l'importance de l'immigration légale. Or, il faut bien constater que l'immigration familiale non préparée a pour corollaire toutes les difficultés, voire l'impossibilité de l'intégration. Plus le problème est massif, plus l'intégration est difficile. Chacun peut comprendre qu'il est plus facile de traiter efficacement un problème de faible ampleur qu'un défi gigantesque. La plupart des personnes admises au séjour pour des raisons familiales ne sont pas préparées : elles arrivent chez nous sans parler le français, sans être initiées à nos institutions, à nos valeurs, à notre façon de vivre. Les pères de famille qu'elles rejoignent n'ont pas davantage été initiés à nos modes de vie. Ils s'y adaptent tant bien que mal, au hasard de leurs expériences. Résultat : par souci d'éviter l'isolement et le dépaysement, les nationalités se regroupent entre elles, les villages se rassemblent dans les mêmes quartiers. C'est ainsi que se créent les communautarismes, cause de beaucoup de misère, en particulier pour les femmes qui se trouvent dépourvues d'autonomie et d'accès au travail.

La réforme que j'avais commencé à préparer était d'une grande simplicité. Elle consistait à vérifier, avant le départ du pays d'origine, une connaissance minimale de la langue française, de notre système scolaire, de nos principes. Cette mesure avait pour objectif que l'intégration, qui précède l'assimilation, puisse se faire dès la première génération. Aujourd'hui, on admet au séjour et on s'efforce ensuite d'intégrer. Ce qui est globalement un échec, même si l'on dénombre – heureusement – de formidables réussites et même si certaines nationalités réussissent mieux que d'autres à s'intégrer. Le dispositif que j'avais en préparation consistait à n'admettre que des personnes qui présentaient les garanties d'une intégration certaine. Malheureusement, je n'ai pas eu le temps de mettre en place ces nouvelles règles, qui étaient de nature à réduire nombre de tensions dans notre société.

Alors que les modifications devaient passer par la loi, la discussion de la loi de Finances absorbait tout le temps du dernier trimestre 2011. Il n'y avait plus de place disponible dans le calendrier parlementaire. Il s'agit d'ailleurs d'un redoutable problème que d'adapter le temps de la décision politique au rythme, toujours plus rapide, de l'évolution du monde et à l'urgence des attentes de l'opinion. Les mécanismes de la décision publique ne sont pas à l'unisson de ces exigences nouvelles.

Ce sont les mêmes principes qui m'ont guidé sur la réforme des naturalisations, avec cette fois le temps de la mettre en œuvre. Pour schématiser : jusqu'alors, on naturalisait d'abord et on se préoccupait ensuite de l'assimilation à notre société. Je décidai de renverser l'ordre des facteurs. La naturalisation devait être un aboutissement, la reconnaissance que l'on est un Français à part entière, quels que soient son origine et l'attachement légitime qu'on lui garde. C'est tout de même une exigence minimale qu'un Français parle le français ! C'est tout de même la moindre des choses qu'il connaisse les grands principes et les libertés qui régissent notre vie collective. Par exemple, pour aller droit au fait, que la religion ne peut se substituer à la loi civile ou que la femme est l'égale de l'homme. Les tests de naturalisation ont donc été revus à cette fin. Contrairement à ce que prétendaient les socialistes, dont un député avait dit un jour à l'Assemblée sa conviction que je ne serais même pas capable de les réussir, ces tests étaient à la portée de quelqu'un qui désirait vraiment devenir français et s'y était un minimum préparé. La conséquence, en tout cas, fut une baisse de 30 % des naturalisations.

Lorsqu'il devint ministre de l'Intérieur, Manuel Valls revint sur cette réforme. De la même façon, il décida de régulariser nombre d'étrangers en situation irrégulière. Il instaura une règle nouvelle consistant à régulariser tous ceux qui étaient irréguliers depuis cinq ans. Un formidable appel d'air ! On ne m'empêchera pas de trouver curieux le principe de récompenser ceux qui ont été le plus longtemps en situation illégale. Cela revient à dire que plus on contrevient à la loi, plus on acquiert de droits. Mais il est vrai que, après les travaux de Terra Nova sur le sujet, les socialistes ont décidé d'abandonner la classe ouvrière pour cultiver l'électorat touchant de près ou de loin à l'immigration. D'où leur insistance récurrente à proposer la participation des étrangers aux élections locales.

Simultanément aux réformes liées à l'immigration légale, je renforçai la lutte contre l'immigration clandestine. En 2011, trente-trois mille étrangers en situation irrégulière sont rentrés chez eux, soit 17 % de plus qu'en 2010. En 2012, nous étions sur une tendance supérieure à quarante mille. Bien entendu, sous le gouvernement socialiste, le nombre des reconduites aux frontières a de nouveau fléchi, redescendant à quinze mille. Sous couvert d'améliorer la situation des demandeurs d'asile, le gouvernement de François Hollande a fait adopter par le Parlement le démantèlement de nos outils de reconduite des clandestins.

Cerné par les polémiques

En à peine plus d'une année à la tête du ministère de l'Intérieur, je pense sincèrement avoir réalisé avec mon équipe, sous l'autorité du président et du Premier ministre, un travail honnête et lancé des réformes attendues des Français. Si le temps l'avait permis, ces réformes auraient pu être politiquement déterminantes. Les échanges entre mes collaborateurs, ceux du président et ceux du Premier ministre étaient fluides et fréquents. Je déjeunais régulièrement avec François Fillon, nous travaillions en confiance. Mais le souvenir que je garde de cette année est avant tout celui de la férocité de la vie politique, en même temps que celui du peu de considération que le système partisan apporte à l'acuité des problèmes qui assaillent nos concitoyens.

Quand je suis devenu ministre de l'Intérieur, j'étais auprès de Nicolas Sarkozy depuis dix ans. J'étais plongé au cœur de la vie politique, mais je n'en étais pas encore un acteur direct. Le devenir a changé la donne. À moins de faire preuve de toutes les prudences qui interdisent l'action, cela revient à se placer au centre des polémiques.

Et des polémiques, j'en ai essuyé. La plupart d'entre elles étaient menées par l'opposition avec une grande violence et une totale mauvaise foi, voire une authentique malhonnêteté intellectuelle. Ainsi, lorsque je déclarai à l'Assemblée nationale que les enfants de l'immigration réussissaient moins bien à l'école et qu'il fallait imaginer des solutions pour qu'ils réussissent mieux, l'opposition se déchaîna. Guy Delcourt, député du Pas-de-Calais, prit la parole en affirmant que j'étais indigne de mes origines nordistes en m'attaquant à des enfants. Peu lui importait que je ne fisse que dénoncer une réalité mesurable et mesurée, confirmée depuis par de nombreuses études. Peu lui importait aussi que, bien évidemment, je ne m'en «prenais» pas à ces pauvres enfants mais que je suggérais des dispositions susceptibles de les remettre sur les chemins de la réussite.

Je le dis tel que je le ressens : il est pitoyable que l'esprit partisan empêche de traiter sérieusement des problèmes aussi douloureux. Il ne s'agit que d'une volonté de créer des polémiques dont on pense qu'elles peuvent être préjudiciables à l'adversaire, au détriment de l'intérêt collectif. Cette conception de la politique en arrive à nier les problèmes qui se posent à notre société, à écarter toute générosité, tout souci d'efficacité dans l'action. Disons les choses : cette conception n'est intéressée que par la conquête et l'exercice du pouvoir. C'est l'une des raisons pour lesquelles je déteste la politique politicienne.

Il en fut de même lorsque je déclarai dans une interview à un quotidien du soir : « Les Français ne sont pas xénophobes, mais ils veulent que la France reste la France. » Le propos état banal, mais le tollé fut étourdissant. Heureusement, un sondage me réconforta : pas loin de 70 % des Français m'approuvaient, dont 58 % des sympathisants socialistes.

Je subis le même type de « procès » avec la signature de la fameuse circulaire sur les étudiants étrangers, devenue la « circulaire Guéant ». Celle-ci ne faisait que rappeler la loi votée en 2006, à l'initiative de Nicolas Sarkozy, qui permettait aux étudiants étrangers ayant terminé leurs études de travailler un certain temps afin de parfaire leur formation. Elle demandait aux préfets de vérifier que l'emploi de ces étudiants était en rapport avec leur niveau d'études, afin d'éviter les pratiques qui consistaient à occuper un poste sous-qualifié afin de se maintenir en France. La loi ne donnait aucunement un droit au séjour systématique aux étudiants étrangers.

Dans cette circulaire, qui ne faisait donc que confirmer le droit, l'opposition et certains membres de la majorité ont voulu voir la volonté de limiter le nombre d'étudiants étrangers en France, portant ainsi atteinte à notre rayonnement culturel et à la satisfaction de nos besoins économiques. Personne, du reste, ne se souciait des besoins des pays d'origine en enseignants, médecins, ingénieurs ou juristes. Comme personne ne se souciait des difficultés des étudiants français à trouver un emploi. Une fois de plus, le réalisme se heurtait à l'idéologie et à l'élitisme.

Un sondage de l'époque indiquait pourtant que 52 % des Français étaient favorables à une réduction du nombre d'étudiants étrangers dans notre pays, ce qui, pourtant, n'était pas l'objectif que je poursuivais. J'étais d'autant plus certain de mon bon droit que je n'avais fait que rappeler la loi et que le nombre des étudiants admis à prolonger leur séjour avec une première expérience professionnelle était en forte augmentation. Je dois toutefois admettre que j'ai commis une erreur de communication. J'ai mal mesuré le malentendu qui s'était creusé avec la communauté universitaire.

Cette période fut difficile. De jour en jour, la bronca montait. Nombre d'intellectuels m'interpellaient. Le président lui-même faisait l'objet d'un véritable siège de la part de certains visiteurs du soir, qui feignaient de considérer que j'étais hostile à la venue en France de brillantes individualités étrangères. Nicolas Sarkozy a eu la courtoisie de ne pas m'en parler, mais j'ai su la teneur de leurs propos. Quelques mois plus tard, j'ai mis un terme à la polémique en diffusant une circulaire complémentaire qui précisait les choses, mais j'avais perdu trop de temps et laissé se développer un débat inutile.

Je fis l'objet d'une autre polémique lorsque je déclarai devant une réunion de l'UNI[1] une phrase qui me semblait aller de soi : « Contrairement à ce que dit l'idéologie relativiste de gauche, pour nous toutes les civilisations ne se valent pas. Celles qui défendent l'humanité nous paraissent

1. Union nationale interuniversitaire.

plus avancées que celles qui la nient. Celles qui défendent la liberté, l'égalité, et la fraternité, nous paraissent supérieures à celles qui acceptent la tyrannie, la minorité des femmes, la haine sociale ou ethnique.» Ce fut sans doute à la suite de ce propos que la violence des attaques à mon égard connut son paroxysme. Serge Letchimy, député de la Martinique, me traita même de «nazi» en séance de questions d'actualité à l'Assemblée nationale. Cela donna lieu à un incident : à la suite de François Fillon, l'ensemble du gouvernement et les députés de la majorité quittèrent l'hémicycle. Le président de l'Assemblée, Bernard Accoyer, éprouva le besoin d'organiser deux jours plus tard une rencontre entre Serge Letchimy et moi. Cet entretien se déroula de façon tout à fait courtoise.

Aujourd'hui encore, je ne parviens pas à comprendre le ressort qui permet de qualifier comme étant d'inspiration «nazie» un propos entièrement fondé sur nos valeurs républicaines et humanistes. Sauf à ce que le raisonnement soit exactement ce que je dénonçais : le fruit d'un relativisme si exacerbé que l'affirmation des principes qui fondent l'unité même de notre société n'est plus acceptée si nous osons affirmer que nous les préférons à ceux des sociétés qui les nient.

Même à droite, beaucoup se sentirent obligés de prendre leurs distances avec moi. Jean-Pierre Raffarin affirma que je n'étais pas un ethnologue. Ce qui est exact, mais à ma connaissance il ne l'est pas davantage. Au demeurant, l'ethnologie n'avait aucun rapport avec mon propos… Alain Juppé déclara qu'il n'aurait pas dit les choses de la même façon. Sans qu'il m'en ait parlé, je sais que le président Sarkozy ne s'était pas non plus enthousiasmé pour mon intervention. Il en a fait la confidence à un ami commun. Et pourtant, me semble-t-il, tous les Français auraient pu – et auraient dû – partager cette appréciation. Je suis même convaincu que si la droite avait enfourché ce cheval de bataille, au lieu de faire la fine bouche, elle aurait disposé d'un formidable argument dans la campagne électorale à venir.

Le pays des droits de l'homme en est-il à respecter les civilisations (« ensemble des traits distinctifs, spirituels et matériels, qui constituent une société » selon Stonenhagen) qui bafouent les droits de l'homme ? Notre nation fondée sur les Lumières et l'humanisme met-elle sur un même pied qu'elle-même des États qui cultivent l'arbitraire et la violence ? Avec les atrocités d'Al Qaïda et de l'État islamique, les idéologies totalitaires et barbares ont depuis pris le devant de la scène. Toute la classe politique multiplie désormais les références aux civilisations, affirmant même que nous devons « sauver notre modèle de civilisation »... Il n'est jamais bon d'avoir raison trop tôt, dit-on. Mais qu'est-il de plus effarant que le manque de lucidité et le conformisme ? Combien de temps encore tant de responsables politiques continueront-ils à se compromettre dans l'adhésion à la bien-pensance du moment ? Sur la plupart des polémiques qui ont émaillé mon passage au ministère de l'Intérieur, la classe politique était en retard par rapport à l'opinion.

Le 16 mai, en quittant la place Beauvau, comme le veut la tradition, j'ai échangé avec Manuel Valls quelques mots de passation de pouvoirs sur le perron. Je lui souhaitai de réussir avec sincérité, il y allait de l'intérêt des Français. Avec l'arrogance qui le caractérise, il annonça qu'il allait mettre fin à la politique de résultats développée à l'initiative de Nicolas Sarkozy, ainsi qu'à l'outil statistique en vigueur depuis des années en matière de sécurité. L'analyse serait désormais qualitative, disait-il...

Il annonça aussi une autre politique de l'immigration. Derrière le caractère martial du verbe, dans la bouche de Manuel Valls cela signifiait l'acceptation de la remontée de l'insécurité, l'impossibilité de suivre les résultats, et donc d'en rendre compte aux Français. Et aussi, clairement, le refus de limiter l'immigration. C'était d'ailleurs le programme de François Hollande.

La fin de mon passage au ministère de l'Intérieur restera aussi marquée par une tragédie. Une tragédie qui était, malheureusement, le début d'une sanglante série.

18

L'affaire Merah

La vie est parsemée de coïncidences troublantes. Le dimanche 18 mars 2012, je participais au Palais des Congrès de Paris à un grand rassemblement communautaire organisé par le Consistoire. L'élection présidentielle se profilait, les partis politiques avaient dépêché ceux de leurs responsables censés entretenir les meilleurs rapports avec la communauté juive. Jean-François Copé était présent pour l'UMP, Manuel Valls pour le PS. En plus de la polémique sur l'abattage rituel, qui venait d'être relancée par les défenseurs de la cause animale, nous évoquions la sécurité des juifs de France.

Le soir même, j'étais invité par le comité israélite de Boulogne-Billancourt, où je commençais à préparer l'élection législative à laquelle j'avais décidé de me présenter. Le dîner, qui se tenait dans le local associatif voisin de la synagogue, se déroula dans une ambiance décontractée. J'étais assis à la même table qu'Arié Bensemhoun, le président de la communauté juive de Toulouse. Je connaissais beaucoup des personnes présentes. Certaines d'entre elles m'aidaient dans mon début de campagne. Au moment du dessert, on m'invita à prendre la parole. Je choisis de parler du devoir de vigilance. Je ne pensais pas si bien dire…

Un jour sombre

Je n'ai découvert le judaïsme que tard dans ma vie. Il n'y avait pas de juifs dans mon village natal, guère plus dans mon lycée. Au cours de vacances passées chez mes grands-parents paternels, mon grand-père, qui avait fait les deux guerres, m'avait emmené voir *Nuit et Brouillard* à la salle des fêtes du village dont il était maire. Le film m'avait bouleversé. Depuis, j'ai lu de nombreux ouvrages sur le sujet, j'ai visité le camp d'extermination de Bergen-Belsen en Allemagne, j'ai eu le privilège de m'entretenir souvent avec Claude Lanzmann.

Depuis des siècles, les juifs se sont inscrits dans l'histoire de notre pays. «Complètement juifs et complètement français», comme l'a dit un jour Nicolas Sarkozy. J'ai la conviction que les Français ont un devoir particulier à l'égard des juifs. Nous avons le devoir de veiller à leur sécurité, de protéger leur identité, parce que, à un moment de l'histoire de l'Europe, ils ont été martyrisés. Nous avons aussi le devoir de veiller à éradiquer toutes les manifestations de l'antisémitisme.

C'est la raison pour laquelle, au début de l'année 2014, j'ai rompu le silence médiatique auquel je m'étais astreint pour dénoncer une manifestation qui s'était déroulée à Paris sous le nom de «Jour de colère», qui n'était pour moi qu'un jour de honte. J'ai vu des vidéos, entendu des témoins. Ce jour-là, des milliers de personnes ont défilé en scandant: «Les juifs dehors!» Certains événements font froid dans le dos.

Le lendemain du rassemblement au Palais des Congrès, je devais partir de bonne heure en Alsace afin d'inaugurer une sous-préfecture et un hôtel de police. J'avais choisi de m'y rendre par avion de ligne. Au bout du roulage, alors que nous décollions, l'un de mes collaborateurs reçut un SMS: «Fusillade à Toulouse.» Nous n'en saurons davantage qu'en atterrissant à Strasbourg.

La nouvelle était épouvantable : un individu venait de tuer trois enfants et un adulte dans la cour de l'école Ozar Hatorah. J'abandonnai immédiatement mon programme pour me rendre toutes affaires cessantes à Toulouse. Ce n'était pas simple. Aucun avion civil de Strasbourg n'était disponible. Faire venir un avion de la flotte gouvernementale prendrait trop de temps. Les hélicoptères administratifs basés à Strasbourg ne seraient pas non plus à Toulouse avant de longues heures et les conditions météorologiques ne leur permettaient pas de franchir la Bourgogne. Je rentrai donc à Paris par l'avion qui m'avait amené. À Orly, un appareil gouvernemental m'attendait sur la piste. Au passage, j'emmenai avec moi le grand rabbin Bernheim.

Je connaissais bien cet éminent intellectuel, qui sera amené à quitter ses fonctions dans des circonstances difficiles. Lors de nos rencontres, il m'avait fait comprendre les affres de nos compatriotes de confession juive. Lorsqu'il me disait que les juifs de l'Est parisien fuyaient leurs quartiers pour aller vers l'ouest de la capitale, il disait la vérité. Mais il l'exprimait avec une douceur et une délicatesse qui donnaient encore plus de force à son propos. Lorsqu'il m'expliqua que son frère n'avait pu terminer ses études scientifiques parce que l'examen avait lieu un jour de fête religieuse, il me convainquit de me rapprocher du ministre de l'Enseignement supérieur pour tenter de trouver des dates d'examens qui éviteraient de telles situations, quelles que soient les religions concernées. Il y a tout de même suffisamment de jours dans l'année pour que l'on puisse s'organiser !

J'apprendrai que le président de la communauté juive de Toulouse, Arié Bensemhoun, essayait lui aussi de regagner sa ville. J'ai regretté de ne pas l'avoir su plus tôt, sa place était avec nous. À l'aéroport de Toulouse, je retrouvai Nicolas Sarkozy. Il était bouleversé. Ses traits étaient tirés, et ce n'était pas en raison de la fatigue. Nous avons échangé un court instant au pied de son avion. Il me demanda de m'installer à Toulouse jusqu'à ce que l'assassin soit interpellé.

Lorsqu'on arrive au cœur d'un tel drame, on se demande toujours ce que l'on va faire. Plusieurs préoccupations assaillent un ministre. Comme les autres, il est envahi par le chagrin et doit gérer sa propre émotion. Mais il sait que, compte tenu de sa fonction, chacun de ses actes sera observé sous le prisme du symbole. Il n'a donc pas droit à l'erreur.

L'urgence était de retrouver l'assassin afin d'éviter d'autres massacres. Je devais donner mes consignes aux collaborateurs qui m'accompagnent afin qu'ils les répercutent. Des moyens considérables de police judiciaire, des renforts mobiles ainsi qu'une première vague de membres du Raid se mettaient en route. La communauté éducative de l'école Ozar-Hatorah souhaitait me rencontrer : je me rendis sur place avec mes collaborateurs. Depuis le matin, tout l'établissement ne parlait évidemment que du drame. Chacun évoquait les victimes telles qu'il les avait connues. L'émotion était poignante. Les enseignants, les parents d'élèves, les élus étaient tous au bord des larmes. Mais je garderai avant tout en mémoire la volonté de lutter qui s'exprimait à travers leurs paroles. Le civisme, devrais-je dire. Je ressentais au sein de cette communauté éducative la conscience aiguë de l'histoire du peuple juif : « Nous ne laisserons pas la violence nous abattre. Nous ne nous laisserons pas faire. » La décision fut prise que les cours reprendraient le surlendemain. Cela reste pour moi une formidable leçon de courage, en même temps qu'une ode à la vie.

La menace d'un nouveau massacre

La tragédie toulousaine plongea la France entière dans la douleur. Jamais on n'avait tué des enfants juifs dans une école. À vrai dire, il s'agissait d'une nouvelle étape dans un parcours criminel déjà entamé. Le 11 mars, un sous-officier parachutiste avait été tué à Toulouse par un individu qui s'était présenté comme un acheteur potentiel du scooter que vendait la victime. Une enquête classique avait été engagée : il s'agissait d'un meurtre comme il en survient malheureusement huit cents en France chaque année. Celui-ci ne revêtait pas de signification particulière.

Le 15 mars, tout changea. À Montauban, un homme avait tiré sur un groupe de soldats parachutistes qui retiraient de l'argent à un distributeur en face de leur caserne. Deux d'entre eux avaient été tués, un troisième grièvement blessé. La scène avait été enregistrée par les caméras de surveillance. Le tueur possédait les mêmes caractéristiques physiques que celui de Toulouse. Il utilisait le même scooter, un T-Max. Dès lors, l'enquête prit une autre tournure.

Les deux régiments auxquels appartenaient les victimes étaient intervenus en Afghanistan. Pourrait-il s'agir d'une action qui visait à punir la France de son engagement dans ce pays ? Si tel était le cas, l'enquête devait plutôt se concentrer vers une piste islamiste. Mais une autre hypothèse se dégageait. L'une des victimes était noire, les autres étaient d'origine maghrébine. Avions-nous affaire à des assassinats aux mobiles racistes ? Dans ce cas, les recherches devraient s'orienter vers des milieux d'extrême droite.

Dans les premiers temps, ce deuxième axe fut privilégié. La PJ, la DCRI et la sécurité militaire analysaient des milliers de fiches pour identifier des profils d'individus susceptibles de passer à l'acte. Un important état-major d'enquête fut mis en place à l'hôtel de police. Les services de Bordeaux vinrent renforcer ceux de Toulouse. Un travail de fourmi était mené. Les propriétaires de scooters du même type que celui de l'assassin étaient entendus, les listes des adhérents des clubs de tir étaient passées au peigne fin. Les échanges informatiques relevés sur l'ordinateur du militaire tué à Toulouse faisaient aussi l'objet d'une exploitation. Les titulaires des adresses IP étaient contrôlés sur les différents fichiers de police. L'alliance de la technologie et des méthodes à l'ancienne nous permit d'arriver à un nom : Mohamed Merah. Sa mère fut identifiée comme ayant pris contact pour l'achat du scooter du soldat toulousain. Les fonctionnaires de la PJ transmirent l'information à leurs collègues de la DCRI. Le nom de la mère de Merah ne leur était pas inconnu. Un de ses fils, Mohamed, avait été placé sous écoutes téléphoniques.

En attendant cette information capitale, qui ne parvint qu'au cours de l'après-midi du lundi, je remplissais mes fonctions de ministre. Je rendis visite aux policiers de la PJ et de la DCRI qui s'étaient installés à l'hôtel de police. Je me devais de les soutenir, de m'inquiéter de leurs besoins, mais je ne m'attardai pas pour ne pas perturber leur travail. Une course contre la montre était engagée.

À l'hôtel de police, l'atmosphère était calme, professionnelle. On sentait la détermination collective, la volonté d'aboutir. Tous savaient ce qu'ils avaient à faire. Les instructions partaient vers le terrain, les comptes rendus étaient transmis. Chacun gardait son arme avec lui pour intervenir en cas d'urgence. Je me rendis aussi à Montauban, auprès des responsables du 17e régiment du génie parachutiste. Traumatisée par l'attentat, la communauté militaire vivait dans la hantise que l'auteur de ces crimes odieux ne soit l'un des siens.

En fin d'après-midi, j'assistai à un service religieux à la synagogue de Toulouse. En ma qualité de ministre de l'Intérieur, je me trouvais avec quelques autres sur l'estrade, près du rabbin. Nombre de personnalités politiques étaient disposées dans les travées. Soudain, nous avons vu arriver François Bayrou. En vertu de je ne sais quel titre, il venait de participer à la conférence de presse donnée par les responsables communautaires. Il me rejoignit auprès du rabbin et s'éclipsa à peine le service religieux terminé. Je dois dire que son comportement surprit beaucoup de monde. Le moins que l'on puisse dire est qu'il n'était pas conforme à l'image qu'il voulait donner de lui.

Le soir, je tins plusieurs réunions avec des responsables de l'enquête. Je retournai ensuite sur le terrain, pour apporter mon soutien aux unités arrivées en renfort. Celles-ci effectuaient des contrôles renforcés dans le cadre du plan Vigipirate. Pour la première fois en France, ce plan était porté à son échelon le plus élevé : le niveau écarlate. Des centaines de policiers et de gendarmes étaient arrivés à Toulouse pour protéger la population. Pour l'heure, nous ne savions pas encore si nous avions affaire à un tueur solitaire ou à un réseau terroriste.

Le lendemain, une minute de silence fut observée dans l'ensemble des établissements scolaires de France. Je me rendis dans une école de Toulouse. Tous les enseignants de la ville parlaient de l'attentat avec leurs élèves. Dans une salle de classe aux murs clairs, j'assistai à l'évocation du drame par une institutrice. J'admirais ces enseignants qui savaient trouver le ton juste pour permettre aux jeunes enfants d'exprimer leur tristesse et leur solidarité sans céder à la panique ou à la peur.

Plus tard dans la matinée, j'assistai à la levée des corps des quatre victimes de l'école Ozar-Hatorah. Une cérémonie bouleversante. Les victimes avaient été veillées toute la nuit par la communauté juive de Toulouse dans une salle de classe. La scène qui se déroulait sous mes yeux était insoutenable : les trois cercueils des enfants semblaient minuscules à côté de celui de l'adulte. Un linceul recouvrait les dépouilles, les visages n'étaient pas apparents. À tour de rôle, les familles se recueillaient devant les cercueils, avant qu'un Transall de l'armée de l'air ne vienne les chercher pour les acheminer vers Paris, d'où ils partirent pour Israël. Dans l'assistance, le silence régnait. Aucun cri ni aucun pleur ne venait le briser. Je saluai les familles en tentant de trouver les mots qui convenaient. Je ne suis pas certain d'y être parvenu. Dans mon esprit, une image revenait sans cesse. Une image captée par la vidéosurveillance lors des crimes. Une image sur laquelle on percevait distinctement le tueur se pencher vers l'un des enfants pour lui tirer une balle dans la tête.

«Merah est logé!»

Face à l'émotion nationale, je devais répondre aux questions de la presse pour tenir l'opinion informée. Je le faisais le plus souvent avec le concours du parquet. À ce stade, je savais que la piste Merah était privilégiée, mais je ne dissuadai pas les journalistes qui évoquaient l'hypothèse d'un assassin néonazi. Nous n'avions pas encore repéré Merah, il ne fallait surtout pas éveiller ses soupçons. Son dernier domicile connu avait été placé sous surveillance. Le mardi 20 mars au matin, au passage d'un hélicoptère qui survolait la ville, quelqu'un ouvrit les volets de l'appartement. C'était Merah. Il était «logé»!

Entre-temps, nous en avions appris davantage à son sujet. Merah était «bien connu des services de police», comme on dit. À son actif: une douzaine de délits, des vols, des coups et blessures, y compris avec arme blanche. Il avait également fait l'objet d'une plainte de parents dont il avait forcé le fils à regarder d'ignobles vidéos de djihad, parmi lesquelles figuraient des décapitations. Avec son frère aîné, Mohamed Merah avait fréquenté les milieux salafistes de Toulouse sans pour autant montrer le moindre signe de vouloir s'engager dans le terrorisme. Le groupe avec lequel il avait été en lien s'intéressait avant tout à l'idéologie, pas aux actions violentes. Merah avait aussi effectué deux voyages qui avaient attiré l'attention des services de renseignement : l'un en Afghanistan, l'autre au Pakistan. Il était passé par plusieurs pays pour s'y rendre, notamment par Israël. À la suite de son séjour au Pakistan en 2011, il avait été convoqué à la DCRI. Il était parvenu à convaincre ses interlocuteurs policiers du caractère inoffensif de son voyage, même s'il fit l'objet de filatures. Désormais, il n'y avait plus de doute : c'était un suspect sérieux.

À l'évidence, il fallait interpeller Merah au plus vite. Nous ignorions encore s'il avait agi seul ou s'il faisait partie d'un groupe qui avait décidé de semer la terreur dans notre pays. L'affaire était extrêmement sensible. Non seulement la France était sous le choc, mais nous étions en pleine période d'élection présidentielle. À mes yeux, il n'était pas pensable que la campagne se déroule dans un tel climat. Ce n'était pas une question partisane : il fallait que le débat soit débarrassé de l'émotion exceptionnelle qui avait gagné le pays. Avec les responsables policiers, la décision fut donc prise : nous tenterons d'interpeller Mohamed Merah durant son sommeil, à 3 heures, dans la nuit de mardi à mercredi. Nicolas Sarkozy, que j'avais très fréquemment au téléphone, me demanda expressément de le réveiller pour le tenir informé.

Il fut précisé aux forces de l'ordre qu'il fallait tout faire pour le prendre vivant. D'abord parce que c'est la loi, ensuite parce qu'il pouvait nous fournir des renseignements importants. Dans la soirée qui précédait l'intervention, je présidais à la préfecture une dernière réunion de réglage. Le déroulement de l'opération était parfaitement prévu. Je retournai me reposer quelques heures dans la chambre que le préfet avait mise à ma disposition. À 2 h 30, je me levai pour suivre l'interpellation en direct. Malheureusement, rien ne se passa comme prévu.

Nous avons d'abord appris dans la nuit que Merah avait failli nous échapper. Aussi incroyable que cela puisse paraître, il était sorti de chez lui pour téléphoner à la chaîne

France 24. Aujourd'hui encore, nous n'avons pas d'explication certaine de ce qu'il s'est passé. Le plus vraisemblable est qu'il soit sorti par les sous-sols, qu'il connaissait parfaitement, afin de rester hors de la vue des policiers qui surveillaient l'immeuble. Ceux-ci ne se trouvaient pas trop près du site afin de ne pas se faire repérer. À 3 heures du matin, lorsque le Raid commença à installer le matériel pour faire sauter la porte dans l'optique d'une intervention de quelques secondes, Merah tira à travers et blessa deux fonctionnaires. J'appelai le président pour lui faire part de l'échec de l'opération. Je lui indiquai aussi que, compte tenu de sa réaction, nous étions à présent certains que Merah était l'assassin.

Je me rendis sur place dans le petit matin pluvieux. Les blessés avaient été évacués. Ils n'étaient heureusement pas gravement touchés. Je partis leur rendre visite à l'hôpital. Malgré la tension extrême du moment, ils réussirent à me faire rire quand j'entrai dans leur chambre : sur leur lit respectif, tous deux avaient conservé leur cagoule d'intervention par crainte d'être photographiés par la presse. Eux aussi en riaient de bon cœur.

Sur place, il fallait de nouveau tenter l'interpellation. Fidèles à la ligne qui avait été choisie, nous tentions de négocier la reddition de Merah. Sa mère fut amenée sur les lieux, tout comme sa sœur, lourdement voilée. Aucune d'elles ne se sentit capable de le raisonner. Un moyen de communication fut donné à Merah en échange d'une arme qu'il accepta de jeter par la fenêtre. Pour communiquer avec nous, il choisit son interlocuteur : un fonctionnaire de la DCRI qui l'avait débriefé à son retour du Pakistan. Le contenu de leurs conversations m'était régulièrement transmis.

Merah expliquait son itinéraire, sa volonté de « venger les Palestiniens et les talibans afghans », sa soif de « mettre la France à genoux ». Il raconta qu'il avait tué les enfants à l'école parce que le nouveau militaire qu'il avait prévu d'assassiner ne se trouvait pas à son domicile lorsqu'il s'y était rendu. Il affirmait qu'il voulait commettre des massacres dans une synagogue, qu'il avait aussi dressé une liste de policiers à abattre. Il précisait même à son interlocuteur que celui-ci faisait partie de ses cibles. Pourtant, Merah promettait de se rendre. Dans l'après-midi, il donna des signes de bonne volonté. Il lança les clés du box dans lequel il avait garé son scooter. Il indiqua le lieu où se trouvait sa voiture, qui contenait plusieurs armes. Puis il se tut, indiquant qu'il reprendrait contact à 23 heures.

L'assaut

Pendant ce temps, se tenait à Montauban une cérémonie à la mémoire des militaires abattus, en présence des familles et de leurs frères d'armes, mais aussi du chef de l'État et de tous les candidats à l'élection présidentielle. L'atmosphère était lourde. Le vent violent fit s'écrouler une tente sur le carré des anciens combattants.

De retour à Toulouse, je me mis à nouveau en relation avec le dispositif policier. Un peu avant 23 heures, Merah reprit contact. Il avait renoncé à l'idée de se rendre – l'avait-il vraiment envisagé ? En substance, son discours consistait à dire : « Je vous ai bien eus, j'avais besoin de repos. J'aime la mort. Venez me chercher si vous l'osez. Vous le paierez très cher. » Nous n'avions plus le choix : il fallait l'interpeller de force. Je contactai le président qui me donna son feu vert. L'échange fut bref. Comme nous, le chef de l'État estimait que la situation ne pouvait plus durer. Force devait rester à la loi.

Pour fatiguer et insécuriser Merah, les hommes du Raid firent sauter la fenêtre et envoyèrent des grenades dans l'appartement à intervalles réguliers. Un coup de feu retentit en provenance de l'intérieur, laissant penser qu'il s'était peut-être suicidé. C'était plausible : nous n'avions plus aucun signe de sa part. Mais il fallait rester prudents.

Le jeudi, à l'aube, l'assaut se préparait. J'étais à nouveau sur les lieux. Mon service de sécurité m'obligea à m'abriter derrière un véhicule blindé qui avait été dépêché sur place. Comme toujours en pareilles circonstances, les choses prenaient du temps. Régulièrement, nous allions nous réchauffer dans le véhicule qui servait de PC aux sapeurs-pompiers.

Des échelles furent posées contre la façade et des policiers y grimpèrent. Une fois dans l'appartement, ils progressèrent lentement en nous tenant informés de leurs faits et gestes par radio. Des matelas et des meubles avaient été disposés sur le sol avec l'intention manifeste de gêner l'action des forces de l'ordre. Tout l'appartement fut passé au peigne fin : aucun signe de vie. Il n'y avait plus qu'un seul endroit où Merah pouvait être caché : la salle de bains. Les policiers entreprirent de creuser un trou dans la paroi afin d'introduire des gaz lacrymogènes pour le forcer à sortir. D'un coup, Merah sortit l'arme à la main et se mit à tirer.

Le contact radio s'interrompit, les hommes du Raid étaient dans le feu de l'action. De là où je me trouvais, j'entendais distinctement les coups de feu. Merah tira soixante-neuf cartouches, tout en s'approchant de la fenêtre. Les policiers ripostèrent. Merah tira encore depuis le balcon en direction des hommes positionnés en bas. C'est à cet instant qu'une balle l'atteignit à la tête. Emporté par son mouvement, Merah tomba en contrebas. Je vis parfaitement sa chute. Craignant qu'il ne porte des explosifs dans son sac, les policiers l'entourèrent avec prudence. J'appelai aussitôt Nicolas Sarkozy pour le prévenir qu'il était maîtrisé. Manifestement, le président était déjà informé par quelqu'un d'autre. Il me rétorqua : « Oui, je sais : il est mort. » En réalité, il ne l'était pas. Il bougeait encore.

Quelques minutes plus tard, je rappelai le chef de l'État. Cette fois, Merah était bien mort. Il avait été touché d'une trentaine d'impacts. Il portait un gilet pare-balles. Je m'approchai de son cadavre. Pour la première fois, je vis son visage émacié que je ne connaissais qu'à travers des photos. Sans doute était-ce un effet d'optique, mais j'ai eu le sentiment qu'il conservait un rictus de haine même dans la mort. Il était un peu plus de 11 h 30. C'était terminé.

Restait à annoncer le dénouement à la presse. Avec le procureur de Paris et celui de Toulouse, nous remontions la rue d'un pas lourd. Avec la tension qui retombait, nous étions envahis par la fatigue. Une véritable forêt de caméras et de micros nous attendait. Comme depuis le début de l'affaire, mes déclarations restèrent factuelles. À la fin de mon intervention, un collaborateur m'interpella : « Il faut redescendre la rue, il y a autant de journalistes qui attendent de l'autre côté. » C'est seulement à cet instant que nous avons réalisé que l'intervention était suivie en direct dans le monde entier. Un ami d'outre-Atlantique, que je n'avais pas vu depuis vingt ans, m'appela pour me dire qu'il venait d'écouter ma déclaration à la télévision américaine.

Je retournai ensuite au cantonnement du Raid. Je félicitai tous ceux qui avaient participé à cet ultime assaut, sous la direction de leur chef, le remarquable Amaury de Hauteclocque. En récompense de ses mérites, ce vaillant policier serait congédié par le gouvernement socialiste... Même si les hommes du Raid sont durement entraînés, même s'ils sont toujours physiquement prêts à affronter de telles situations, on mesure mal le degré de courage et de caractère dont ils font preuve pour aborder des missions dans lesquelles ils savent qu'ils peuvent perdre la vie. Je fis un passage à l'hôpital pour saluer les blessés de la matinée. Rien de grave : le plus atteint avait eu le pied touché par une balle. Je rendis aussi une dernière visite au militaire blessé à Montauban.

Avec mes collaborateurs, qui m'avaient accompagné sans interruption tout au long de la crise, nous sommes rentrés à Paris. À notre arrivée au ministère, un autre moment d'émotion nous attendait. Tout mon cabinet était là, formant une haie d'honneur et applaudissant. Nous avions réussi. Le cauchemar était éloigné, même si la douleur demeurait. Quelques jours plus tard, le président de la République reçut à l'Élysée tous ceux qui avaient permis ce dénouement, avec remise de décorations pour certains d'entre eux. Certes, ils avaient fait leur devoir, mais la nation se devait de leur rendre hommage.

Les jours d'après…

Après cela vint le temps des polémiques, certaines à la limite de l'argument politicien. Des polémiques indignes, faisant fi de la mémoire des victimes et du sacrifice des policiers qui avaient œuvré pour mettre un terme à l'équipée sauvage de Merah.

Lorsqu'il deviendra ministre de l'Intérieur, à l'occasion d'un débat houleux à l'Assemblée nationale, Manuel Valls croira bon de déclarer en se tournant vers les députés de droite : « Le retour du terrorisme, c'est vous ! » L'affrontement politique ne justifie pas tout. Certains ont déploré qu'on n'ait pas arrêté Merah avant qu'il n'entame son parcours criminel. Je rappelle qu'il avait été contrôlé, suivi, écouté. Rien dans son comportement n'avait donné l'alerte. Dans notre pays, on n'arrête pas les gens sans raison. Certains – peut-être les mêmes – ont dénoncé les lenteurs de l'enquête. À ceux-là je voudrais dire que nous aussi aurions préféré gagner quelques heures. Nous aurions ainsi évité les morts de l'école Ozar-Hatorah. Mais tous les experts savent bien que rarement une enquête de cette dimension n'aboutit aussi rapidement que la nôtre. Je veux dire aussi aux Français que tous les policiers engagés dans la résolution de ces crimes ont donné le meilleur d'eux-mêmes. Ils ont fait tout ce qui était possible pour mener cette enquête à son terme le plus vite possible.

Certains, enfin, ont affirmé que Merah n'agissait pas seul. Une chose est certaine : à chaque fois, il a tué en solitaire. Pour autant, j'ai toujours prétendu qu'il était difficilement envisageable qu'il n'ait pas reçu de soutien, mais ces soutiens peuvent avoir été inconscients. Depuis la mort de Mohamed Merah, d'autres interpellations ont eu lieu. Mis à part son frère, personne n'a été mis en cause. Quant à l'origine de ses voyages et de ses armes, sa mère a donné une explication qui semble plausible : Merah aurait retapé une vieille voiture et l'aurait revendue en réalisant un substantiel bénéfice.

Que puis-je retenir de cette dramatique affaire ? Comme responsable politique, la nécessité d'une vigilance de tous les instants face aux attentats. Un impératif absolu de continuer à adapter, dans le respect des principes républicains, nos méthodes et notre arsenal juridique à ce danger qu'est le terrorisme intérieur. Une menace d'autant plus difficile à appréhender lorsque les actes sont commis par un individu solitaire ou un petit groupe. Comme citoyen, je retiens un moment d'unité nationale, une communion dans la douleur, puis dans le soulagement. Le rappel aussi du devoir qui s'impose à tous : lutter de toutes nos forces contre le racisme et l'antisémitisme.

Voilà quelques mois, j'ai reçu le rabbin Samuel Sandler, qui a perdu trois membres de sa famille dans la tuerie de Toulouse : son fils Jonathan et ses petits-enfants, Gabriel et Arieh. Il souhaitait que je lui relate ce que j'avais vu au cours de l'enquête. Il me parla aussi de ceux qui lui manquaient chaque jour depuis cinq ans. Malgré un chagrin indélébile, il était un homme debout.

19

2012, l'année des défaites

Les dates avaient été fixées : le second tour de l'élection présidentielle aurait lieu le 22 avril et le second le 6 mai. La campagne officielle s'ouvrirait le 20 mars. En ce début d'année 2012, la situation de Nicolas Sarkozy n'était guère encourageante : les sondages l'annonçaient largement perdant contre François Hollande. Certaines enquêtes prédisaient même un écart de vingt points. Après avoir caracolé à plus de 60 % d'opinions favorables en début de mandat, sa popularité s'était érodée au fil du temps.

De nombreuses réussites, mais aussi des insatisfactions

Certaines raisons étaient clairement identifiables : l'usure du pouvoir et les effets de la crise financière. Sur ce dernier point, la France s'en sortait pourtant mieux que ses voisins européens, grâce à l'action gouvernementale. Mais le nombre de chômeurs avait augmenté, plongeant de nombreuses familles dans la difficulté. Certaines des politiques menées avaient créé des insatisfactions qui réduisaient la portée des réussites. L'insécurité n'avait cessé de reculer, mais les Français souhaitaient toujours plus de résultats, et on peut les comprendre. Nous avions bien mieux maîtrisé l'immigration que les socialistes sous le gouvernement de Lionel Jospin, mais la population restait avant tout choquée par les comportements communautaristes. Malgré nos mesures sur l'interdiction du voile intégral ou les prières de rue, des manifestations identitaires perduraient. Le relèvement du taux de la TVA, conçu comme une arme antidélocalisation dans les dernières semaines du quinquennat, avait braqué l'opposition sans avoir eu le temps de produire les effets attendus.

D'autres raisons étaient moins compréhensibles. Je pense en particulier à une forme de saturation devant l'abondance des réformes – de l'ordre de cinq cents, selon un institut universitaire belge. Nos concitoyens ne semblaient pas toujours saisir le sens ou la cohérence de l'action gouvernementale. Des réformes, notre pays en avait pourtant besoin ! Il en aurait même fallu davantage. Mais leur rythme donnait le sentiment que la stratégie n'était pas claire, que le gouvernement se dispersait. Certaines mesures imprévues s'ajoutaient à celles du programme présidentiel. Des mesures utiles, mais qui faisaient perdre le fil des priorités.

Ainsi, la fin de la publicité à partir de 20 heures sur les chaînes publiques représentait en soi une réforme pertinente. C'était un marqueur fort pour la télévision publique, par différence avec la télévision commerciale : offrir aux téléspectateurs des films, des débats ou des documentaires sans coupures publicitaires. On peut même considérer que c'est l'originalité et l'honneur du service public. Cela dit, quelle que soit la noblesse de la cause, elle demandait un lourd engagement politique, de longues explications à l'opinion, une mobilisation parlementaire intense. À l'arrivée, les Français se demandaient pourquoi nous en faisions autant sur ce sujet au lieu de nous concentrer sur des domaines qu'ils considéraient comme prioritaires.

Une telle interpellation s'adresse à tout gouvernement, quel qu'il soit. Il y a tant de choses à faire pour répondre aux attentes, tant de situations personnelles à améliorer ! Un gouvernement responsable ne peut rester sourd aux besoins qu'exprime la population à travers ses diverses composantes. Après tout, même si les buralistes ne représentent qu'une petite partie des entreprises, ceux-ci ont le droit de vivre de leur travail. Le gouvernement a donc le devoir de les accompagner dans les mutations qu'entraîne la réduction de la consommation du tabac. Il faut aussi s'occuper de l'école, de la santé, de la politique familiale, de notre outil de défense, de la culture. Il faut soutenir le développement de nos entreprises, l'adaptation de notre agriculture, l'essor des nouvelles technologies. Tous les domaines sont importants.

Avec le recul, je pense cependant qu'il faut davantage hiérarchiser les initiatives gouvernementales. Faire en sorte, en termes d'action ministérielle et de communication, que tous les projets n'apparaissent pas comme étant d'importance égale. Sans doute y a-t-il à cet égard à imaginer un bon usage des lois-cadres, qui permettraient d'affirmer des stratégies prioritaires et d'annoncer les conséquences à en tirer. Toujours est-il que, sous le flot des innovations, les Français avaient le tournis. Et, bien qu'ils s'en défendent, nos compatriotes sont conservateurs. Ils n'aiment guère avoir le sentiment d'être bousculés.

Parmi les raisons du désamour, il y avait aussi la personnalité du président. À titre personnel, je trouve cela très injuste. Mais mon opinion ne compte guère. Nicolas Sarkozy a fini par agacer. Son omniprésence a sans doute joué un rôle. À le voir en permanence sur tous les fronts, beaucoup ont dû considérer qu'il en faisait trop, qu'il s'agitait, qu'il gouvernait de façon trop personnelle. À le voir toujours brillant, certains se sont sans doute sentis complexés, voire un peu humiliés. Ils le trouvaient arrogant. S'ajoutait à cela la réputation que ses adversaires lui ont faite : il serait « bling-bling ». Il était caricaturé parce qu'il portait une montre Rolex ou des lunettes de soleil Ray Ban. Mais enfin, quel avocat qui a réussi – et c'est son cas – ne possède pas de montre d'un certain prix ou une paire de Ray Ban ? La vie de Nicolas Sarkozy a toujours été une vie de travail. Aujourd'hui comme hier, ses activités lui prennent tout son temps, au point qu'il avale ses repas en quelques minutes.

Il était également de bon ton de moquer sa propension à fréquenter des *beautiful people*, comme les artistes ou les chefs d'entreprise. Outre que la plupart de ceux qu'ils connaissaient étaient ses administrés lorsqu'il était maire de Neuilly, ceux-ci étaient des interlocuteurs dans ses fonctions de chef de l'État, comme tous ses prédécesseurs. François Hollande n'a-t-il pas fréquenté les mêmes personnes à titre privé sans que cela lui soit reproché ?

Des faiblesses dans la préparation de la campagne

Bref, la situation de ce début d'année 2012 n'était pas bonne. Dans la perspective de la présidentielle, une première question se posait : Nicolas Sarkozy devait-il entrer rapidement en campagne ? Il décida – à juste titre, à mon sens – de tenir le plus longtemps possible son rôle de président. D'abord parce qu'il estimait que c'était son devoir, ensuite parce que cela le confortait dans sa stature de chef de l'État. Ce fut le discours de François Hollande au Bourget, le 22 janvier, qui le poussa à entrer dans l'arène plus vite qu'il ne l'avait prévu.

Lors de la composition de son équipe de campagne, je décelai très vite deux paradoxes. Le premier : malgré des individualités de grande qualité, cette équipe était moins expérimentée, moins forte, moins structurée que celle de 2007. Guillaume Lambert, le chef de cabinet du président, fut nommé directeur de campagne. C'est un garçon intelligent et subtil mais, compte tenu de son âge et de son parcours, qui ne disposait pas de l'autorité nécessaire. Cette nomination apparaissait illogique puisque, à la différence de 2007, le président sortant disposait d'un large éventail pour choisir ses collaborateurs, que ce soit parmi le personnel administratif ou politique.

Deuxième paradoxe : alors qu'en 2007, notamment grâce à Emmanuelle Mignon, nous avions élaboré un programme innovant, avec des propositions détaillées, celui de 2012 paraissait évanescent. En 2007, nous portions un projet de rupture, articulé autour de valeurs fondamentales. Celui de 2012 n'était pour l'essentiel que le prolongement de ce qui avait été réalisé au cours du mandat. C'était également paradoxal, car le candidat avait à sa disposition une armée de fonctionnaires volontaires pour l'aider à préparer ses propositions. Faute d'un travail antérieur suffisant, la ligne politique manquait de fermeté et de clarté.

Nicolas Sarkozy voulait répondre aux préoccupations des Français en matière de sécurité et d'immigration. On a dit qu'il s'agissait de la « ligne Buisson ». C'est inexact. Patrick Buisson avait effectivement souligné les grandes attentes de l'opinion dans ces domaines. Si je ne possède pas d'atomes crochus avec Patrick Buisson, que je n'ai jamais rencontré en privé, je lui reconnais une brillante analyse sur les attentes des Français dans une perspective culturelle et une forte capacité stratégique pour répondre à la satisfaction de ces attentes. Mais c'est Nicolas Sarkozy qui définissait sa « ligne » : celle qui proposait une Europe protectrice, envisageait la suspension des accords de Schengen, dénonçait toutes les formes de communautarisme et les atteintes à la laïcité, suggérait de diviser par deux l'immigration légale.

Très vite, des ambiguïtés apparurent dans la campagne. Faute de définition préalable suffisante du projet, des réserves se faisaient jour dans l'entourage du candidat. Un vendredi soir, alors que je venais de terminer un meeting dans la région Lorraine avec Nadine Morano et Valérie Debord, je reçus un coup de téléphone de Pierre

Giacometti, qui conseillait politiquement le président. Il me demanda de ne pas venir le lendemain à la réunion publique que tenait Nicolas Sarkozy à Bordeaux sur les questions migratoires. Selon lui, il était préférable que le président apparaisse seul afin de ne pas donner l'impression d'être influencé par d'autres. Selon Giacometti, il s'agissait de donner le sentiment que le candidat se livrait lui-même. Cette explication me laissa dubitatif, et pour tout dire blessé et frustré. J'eus l'impression qu'on me tirait le tapis sous les pieds et que la force du discours de mon candidat s'effritait.

Parmi l'entourage présidentiel, j'étais de ceux qui incarnaient, par le propos et par l'action, la fermeté sur les thèmes de l'immigration, de la sécurité, de la laïcité, du refus du communautarisme et du relativisme. Je le faisais par conviction, mais aussi parce qu'on m'avait demandé de tenir ce rôle. Des influences s'exerçaient pour « centriser » la campagne. Un autre jour, Nathalie Kosciusko-Morizet, porte-parole du candidat, prit ses distances avec l'une de mes déclarations sur l'islam, alors que celle-ci était mot pour mot la réplique d'un propos tenu par le candidat dans une interview au *Figaro Magazine*... Ces hésitations entre les lignes étaient perçues par l'opinion. Les électeurs tentés par le Front national se demandaient qui était le vrai Nicolas Sarkozy.

Comme tous les ministres, je ne participais pas de façon très directe à la campagne. J'étais membre du comité stratégique, qui réunissait une fois par semaine les principaux responsables du parti autour du candidat. Au sein de ce comité, la détermination de Nicolas Sarkozy apparaissait totale et ses idées parfaitement claires. Il consultait, écoutait avec attention les analyses et les suggestions. Cependant, il ne donnait curieusement pas le sentiment d'avoir envie. Il était encore président, avec tout ce que cela comporte de charges et de défis. On peut comprendre que la campagne l'enthousiasmait moins que l'exercice de la fonction présidentielle.

Je participais aussi à quelques meetings, qui me firent découvrir l'ivresse de ces rencontres survoltées où les militants crient avec passion leur volonté de victoire, portent l'orateur, lui soufflent par leurs réactions les phrases qu'ils veulent entendre. J'eus même l'occasion de prendre la parole devant huit cents personnes à Bordeaux, aux côtés d'Alain Juppé. C'était mon premier meeting. Face à l'enthousiasme du public, Alain Juppé me glissa à notre descente de scène : « Comment voulez-vous qu'on abandonne la politique… Nous n'avons pas le droit ! » Il avait l'air sincèrement ému.

En dehors de ces quelques interventions dans la campagne, j'exerçais pour l'essentiel mon métier de ministre. Obtenir des résultats, encore et toujours, faire des propositions crédibles dans le cadre de mes responsabilités, c'était la meilleure contribution que je pouvais apporter à notre candidat.

L'espoir avant l'échec

Nicolas Sarkozy a commencé sa campagne mollement. Dans les premiers temps, il donnait la curieuse impression de ne pas être dans le tempo. Nombre de ses soutiens sentaient une forme de lassitude chez lui. Comme s'il n'avait pas envie de se battre, de se livrer totalement. Ce sentiment, ils l'éprouvèrent encore lors du débat télévisé du 2 mai entre les deux finalistes du second tour. Ce soir-là, Nicolas Sarkozy commença par battre François Hollande à plates coutures lors de la séquence qui portait sur les questions économiques. Ensuite, il parut en retrait, ne semblait plus s'intéresser au débat. Il s'en rendit compte. Vers 1 heure, il me téléphona pour me demander ce que j'avais pensé de sa prestation. Je le rassurai, parce que je ne devais rien faire pour l'affaiblir, rien dire qui porterait atteinte à son moral. Mais je savais que s'il m'appelait, c'est qu'il n'était pas satisfait de lui-même.

Mis à part cette contre-performance, Nicolas Sarkozy s'est complètement ressaisi dans la seconde partie de la campagne. Il croyait en sa victoire ; il y croira jusqu'au bout. Les dernières semaines furent époustouflantes d'engagement et de dynamisme. Au point que nombre de commentateurs ont estimé, après coup, qu'il aurait pu inverser le cours des choses s'il avait disposé de quelques jours de plus. Une dynamique s'était créée. Le meeting de la Concorde avant le premier tour et celui du Trocadéro avant le second furent de véritables apothéoses. Ce sont des marées humaines qui se sont déplacées pour vibrer avec le candidat. À chaque fois, une armée de drapeaux tricolores déferlait sur Paris. Les militants étaient submergés par l'émotion. Les écarts se resserraient dans les sondages, le peuple de droite se reprit à espérer.

Cet espoir, nous sommes un certain nombre à l'avoir eu jusqu'au bout. Le dimanche 6 mai, dès 18 heures, les estimations donnaient Nicolas Sarkozy battu. Au ministère de l'Intérieur, les bureaux électoraux tests, choisis parce qu'ils reflètent habituellement les résultats nationaux, étaient moins catégoriques. À certains moments, leur cumul donnait même le président sortant en tête. Ils laissaient penser que les résultats seraient serrés. À 20 heures, les JT annoncèrent les résultats : François Hollande l'emportait avec un score provisoire situé entre 52 et 53 %. Nicolas Sarkozy était battu.

Très vite, il se rendit à la Mutualité où l'attendait une foule de partisans. Je l'y rejoignis. Dans une déclaration d'une remarquable dignité, il reconnaissait sa défaite, souhaitait bonne chance à son successeur et à la France. Il annonça son retrait de la vie politique. Le discours était à la hauteur de la fonction et à la hauteur de l'homme d'État qu'est Nicolas Sarkozy. La salle croula sous l'émotion. Beaucoup de militants étaient en larmes. Je me trouvais dans la foule, parmi eux. Certains me tendaient la main, d'autres me serraient dans leurs bras.

Peu après minuit, Nicolas Sarkozy me téléphona pour me demander les résultats définitifs. François Hollande obtenait 51,64 % des suffrages et lui 48,36 %. Seuls 3,2 points les séparaient. Il était rassuré : ce score était plus serré que celui des estimations. La défaite n'était pas humiliante. Comparée aux sondages réalisés six mois plus tôt, qui donnaient plus de 20 points d'avance à François Hollande, la remontée était même fantastique. Il n'a manqué qu'un peu plus de 570 000 voix pour l'emporter.

Beaucoup de responsables politiques et de politologues ont cherché les raisons de l'échec. Nombreux sont ceux qui l'ont imputé au refus de Marine Le Pen de choisir entre la droite et la gauche – elle déclara qu'elle voterait blanc. D'autres évoquaient la prise de position de François Bayrou, qui annonça le 3 mai qu'il voterait François Hollande à titre personnel. Bien sûr, tout cela a joué. Mais soyons lucides : la principale raison de la défaite était l'affaiblissement de la popularité de Nicolas Sarkozy et l'incapacité dans laquelle il s'est trouvé de rétablir sa crédibilité.

Lorsqu'il a annoncé qu'il ne ferait plus de politique, Nicolas Sarkozy était d'une totale sincérité. Je puis témoigner qu'il avait toujours imaginé être en mesure de se passionner pour autre chose. Comme présider un groupe industriel ou financier, voire diriger un club de football. Même si la politique est au cœur de son existence…

Le spectacle des erreurs de son successeur l'amènerait à changer d'avis. Quelques semaines seulement après sa défaite à la présidentielle, je sais qu'il avait déjà ressenti l'envie de revenir dans le jeu. Non par vengeance, mais par goût de l'action. Parce qu'il désirait compléter le travail réalisé, remettre cette France qu'il aime tant sur de bons rails. Je le voyais régulièrement. Il n'évoquait pas explicitement son retour, mais je lisais entre les lignes. Il me faisait part de son amertume que son successeur érigeait comme ligne directrice – et quasi exclusive – l'annulation de tout ce qu'il avait réalisé au cours de son mandat. Il me confiait ce qu'il ferait s'il était aux manettes. Bref, il avait des fourmis dans les jambes.

Ma première campagne pour moi-même

Retour en mai 2012. Au ministère de l'Intérieur, j'expédiais les affaires courantes jusqu'à la passation de pouvoir. Une page se tournait, mais d'autres défis électoraux m'attendaient : les 10 et 17 juin avaient lieu les élections législatives. Je soutenais quelques candidats de ma famille politique, mais, surtout, je menais ma propre campagne dans la 9e circonscription des Hauts-de-Seine, à Boulogne-Billancourt.

La décision de me présenter à la députation se déroula en plusieurs étapes. À l'approche de l'été 2011, mes plus proches collaborateurs étaient venus me voir en délégation, de façon presque solennelle. Ils m'avaient convaincu d'envisager une candidature aux législatives. Selon eux, me présenter était un moyen de continuer à exister politiquement, quel que soit le résultat de l'élection présidentielle. J'avais pris goût au combat politique, à la défense de mes idées, aux joutes médiatiques. J'estimais aussi qu'avec l'expérience qui était la mienne, dans tous les domaines de l'action publique, je pouvais encore rendre des services à mon parti et à mon pays.

À l'automne, je fus renforcé dans mes convictions lorsque mon ami Christian Blanc, député de la 3e circonscription des Yvelines, vint me voir. Il m'annonça qu'il ne se représenterait pas et me proposa de lui succéder. Il ajouta que sa circonscription avait l'habitude d'élire des personnalités sans réelle attache locale, que la campagne ne me demanderait qu'une présence limitée qui ne perturberait pas mes devoirs ministériels. Rapidement, je fus adoubé par les responsables UMP des Yvelines. Lors d'une réunion qui les rassemblait tous, notamment Gérard Larcher et Valérie Pécresse, ils décidèrent de me soutenir. Le candidat naturel à la succession de Christian Blanc vint me voir et accepta l'idée d'être mon suppléant. Mais, en décembre 2011, une visite changea la donne : celle de Pierre-Christophe Baguet, député-maire de Boulogne-Billancourt.

Celui-ci commença par évoquer ses ambitions pour sa ville, son souhait qu'elle soit desservie par deux gares du nouveau système de transports du Grand Paris, les difficultés d'aboutissement du projet d'aménagement de l'île Seguin, qui traînait depuis des années. Au moment de partir, alors qu'il avait déjà ouvert la première des deux portes qui séparaient mon bureau de la salle d'attente, il m'annonça que lui non plus ne souhaitait pas se représenter à la députation. Dans la foulée, il me proposa d'être candidat. Je n'hésitai pas longtemps – pas suffisamment à vrai dire. Je renonçai aux Yvelines et j'acceptai d'être candidat à Boulogne. Pourquoi ? Simplement parce que cette circonscription me semblait plus naturelle.

J'avais vécu six ans de ma vie à Boulogne, en deux périodes. Mes enfants y avaient été scolarisés. Je connaissais bien cette ville, sa sociologie de population, le nom de ses rues, les commerces que j'avais l'habitude de fréquenter. Avec le fond de naïveté qui m'a toujours caractérisé, il me semblait plus logique d'être candidat là où j'avais habité plutôt que d'être « parachuté » dans une circonscription dont je ne connaissais rien. Ce choix spontané fut une lourde erreur. Dans la 3e circonscription des Yvelines, j'aurais été élu sans coup férir. À Boulogne, je serai battu.

Le panier de crabes de Boulogne

Certes, j'ai été investi sans difficulté par les instances du parti. Mais j'avais sous-estimé la difficulté de la situation locale. Dans une circonscription qui se confond avec les limites d'une commune, les enjeux sont d'abord municipaux. Or, la droite municipale de Boulogne était secouée par des haines inexpiables depuis des années.

Pierre-Christophe Baguet avait remplacé à la mairie Jean-Pierre Fourcade, l'ancien ministre des Finances de Valéry Giscard d'Estaing. Fourcade, sorti de l'Ena comme inspecteur des finances, digérait mal d'avoir pour successeur un ancien animateur jeunesse dont le seul diplôme était le Bafa. Depuis, il voulait sa revanche sur ce maire populaire qu'il méprisait. Dans cette optique, il soutenait dans sa conquête de la mairie Pierre-Mathieu Duhamel, ancien collaborateur d'Alain Juppé à Matignon. Pour les législatives, il encourageait Thierry Solère, un candidat UMP dissident. Ancien adjoint de Pierre-Christophe Baguet à la mairie, Thierry Solère était en rupture de ban avec la majorité municipale. Il avait été exclu du parti lorsqu'il avait annoncé sa candidature contre moi aux législatives.

Ces querelles internes ne me concernaient pas. Mais, aux yeux de tous les acteurs locaux, ce scrutin législatif n'était que la préparation de l'élection municipale à venir. Au cours de la campagne, lors des nombreuses réunions d'appartement que je tiendrai avec Pierre-Christophe Baguet, je noterai d'ailleurs que celui-ci n'évoquait que des questions liées à la ville. À ses yeux, j'étais celui qui devait le débarrasser de Thierry Solère.

Malgré la situation complexe, j'ai tout mis en œuvre pour remporter la victoire. Juste avant la campagne, j'avais rencontré Thierry Solère. J'étais bien conscient que ma candidature était difficile à accepter pour lui. Il s'était préparé depuis longtemps pour ce scrutin, mon arrivée dans la course avait été une grande déception. Je compris vite qu'il serait candidat contre moi malgré l'investiture que me donnerait l'UMP. Mais il se serait retiré si Nicolas Sarkozy avait remporté la présidentielle.

Je contactai aussi Jean-Pierre Fourcade et rencontrai Pierre-Mathieu Duhamel pour apaiser les tensions. Jean-Pierre Fourcade m'assura qu'il resterait totalement neutre, Pierre-Mathieu Duhamel s'engagea à m'accompagner dans quelques réunions. Tous deux me demandèrent en échange de prendre un suppléant qui ne soit pas un soutien trop voyant de Baguet. J'ai cru qu'ils respecteraient leur engagement, j'ai eu tort. En réalité, l'un comme l'autre feront campagne pour Thierry Solère.

Pierre-Mathieu Duhamel voulait redevenir le maire de Boulogne qu'il avait été quelques mois. Sa priorité était de faire chuter Baguet, et par conséquent moi aussi, car je risquais de le soutenir aux municipales si j'étais élu. Quant à Jean-Pierre Fourcade, au soir du second tour, il répondra à une personne de mon entourage qui lui demandait si Thierry Solère ferait un meilleur député que moi : « Vous savez bien, madame, que ce n'est pas de cela qu'il s'agit. Ce qui est en cause ce sont les élections municipales et les sociétés d'économie mixte du département. » Ainsi va la politique…

Pour la première fois, à soixante-sept ans, je me lançai donc dans ma propre campagne. Je n'avais comme expérience que la présidentielle de 2007, mais cela n'avait vraiment rien à voir. Grâce aux militants, je trouvai un local non loin de l'hôtel de ville pour ma permanence, dans une ancienne papeterie. Je disposais d'un bureau au rez-de-chaussée où je pouvais travailler et recevoir des visiteurs. Le lieu pouvait aussi accueillir quelques collaborateurs, avec une salle de réunion au sous-sol. Pour me loger, je louais un appartement meublé de trois pièces près de ce que j'avais connu comme étant la salle des fêtes et qui était devenu le Théâtre de l'Ouest parisien. Si j'avais été élu, j'aurais quitté Paris pour m'installer à Boulogne.

Je constituai aussi mon équipe. Quelques collaborateurs du ministère de l'Intérieur m'accompagnèrent à titre bénévole, mais pour l'essentiel, ceux qui me prêtaient leur concours étaient des militants locaux. Ceux-ci étaient extraordinaires de gentillesse et de dévouement, mais force est de reconnaître qu'ils étaient avant tout sous l'autorité de leur responsable local, c'est-à-dire le maire. J'ai rencontré des difficultés à définir une stratégie de campagne, à en fixer les moyens et les étapes, sans consulter d'abord le maire. Pour dire les choses, je ne me sentais pas vraiment autonome. Le maire, cependant, joua complètement le jeu. Il venait avec moi dans presque toutes les réunions, me présentait à ses administrés sur les marchés. Nous affirmions notre volonté de nous montrer complémentaires dans nos mandats respectifs si j'étais élu. Sans rechigner, il me fit bénéficier de sa grande popularité. Sans lui, j'aurais été bien en peine.

Je n'avais pas oublié le souhait de Jean-Pierre Fourcade et de Pierre-Mathieu Duhamel que je ne prenne pas un suppléant trop affiché dans une opposition à leur égard. J'avais choisi une femme, jeune, pour compenser mon âge : Christine Lavarde. Conseillère municipale depuis le dernier mandat, elle possédait le positionnement adéquat. Brillante ingénieure des Ponts et Chaussées, elle était aussi une sportive de haut niveau qui pratiquait des épreuves de l'Iron Man. Le matin, lorsque j'allais chercher mon journal, je la croisais en train de faire son footing dans les rues de Boulogne. Je n'ai eu qu'à me louer de ce choix. Aujourd'hui, Christine Lavarde est toujours conseillère municipale chargée des Finances. Si elle persiste dans l'engagement politique, je suis convaincu qu'elle a un réel avenir devant elle.

Un candidat sur le terrain

Reste que, dans les premiers temps, j'ai eu le sentiment de patiner. J'avais la nette impression de ne pas en faire assez. Peu à peu, la campagne monta en puissance. J'organisais des dizaines de réunions d'appartement, qui furent pour moi un vrai bonheur. J'y parlais de politique nationale bien sûr, mais aussi des enjeux locaux, du dossier de l'île Seguin, qu'il fallait désembourber, du devenir du château Rothschild, pratiquement tombé en ruines, de l'extension de Roland-Garros, qui perturbait les habitants du nord de la ville. Je proposais un grand projet d'urbanisme, qui consistait à rapprocher Boulogne la bourgeoise de Billancourt l'ouvrière par l'aménagement des avenues du général-Leclerc et Édouard-Vaillant, qui coupent la ville en deux.

Je visitais des centaines de commerces, chaque semaine, je me rendais sur les deux marchés pour bavarder avec les gens qui faisaient leurs courses. À force de me voir, certains vendeurs devenaient de vrais supporters. Je distribuais des tracts le matin de bonne heure, à l'entrée des bouches de métro. J'entrepris même de « faire les cages d'escalier », mais j'abandonnai vite : les codes d'accès interdisaient de pénétrer dans les immeubles. De surcroît, il n'y avait pas grand-monde dans les appartements durant la journée et je ne souhaitais pas déranger les gens le soir quand ils rentraient du travail. Je fis aussi des rencontres surprenantes.

Un jour, je tombai sur un homme attablé dans un café qui se disait le fils d'André Malraux, et tout le monde le considérait comme tel, puisqu'il l'était bel et bien. Une autre fois, je poussai la porte d'un agent immobilier qui se revendiqua du Front national. Il me raconta que François Hollande s'était un jour adressé à lui pour trouver un appartement et qu'il lui avait emprunté un stylo qu'il n'avait jamais rendu. Un coiffeur de l'avenue Jean-Baptiste-Clément m'assura qu'il avait souvent Ségolène Royal comme cliente lorsqu'elle habitait Boulogne et qu'elle partait régulièrement sans payer.

Ma rencontre la plus marquante eut lieu à l'angle d'une rue débouchant sur le rond-point Marcel-Sembat. J'étais en train de me présenter aux passants lorsque j'aperçus un petit groupe s'avancer vers moi, avec à sa tête une femme voilée dont on ne voyait que l'ovale du visage. Elle m'interpella à propos de la politique que je menais en matière d'immigration. Elle était cultivée, possédait une bonne rhétorique. Nous avons échangé nos arguments durant un bon moment. En partant, elle me lança : « De toute façon, vous êtes un homme du passé. Dans vingt-cinq ans, nous ferons régner notre loi sur la France. »

Je tins une réunion publique avec la participation de François Fillon, qui me soutenait pleinement. En revanche, je n'aurai pas l'appui de Jean-Louis Borloo. Celui-ci devait venir faire un tour de la ville avec moi, puis m'adresser un message de soutien. Il n'en fera rien. J'apprécie Jean-Louis Borloo, nous nous connaissons bien. Parfois, lorsque j'étais secrétaire général de l'Élysée, il m'invitait à passer la soirée avec lui au ministère de l'Environnement. Mais son comportement est conforme à celui qu'on lui prête souvent. Jean Louis Borloo est une personnalité très séduisante et attachante. Il a réalisé un travail formidable comme maire de Valenciennes, comme ministre de la Ville, puis comme ministre de l'Environnement, en coûtant très cher, il est vrai, au budget de l'État. Mais il a toujours du mal à s'engager vraiment. Avant de choisir qui il va soutenir, il aime bien savoir qui sera le vainqueur.

Dans plusieurs quartiers, dont celui où Thierry Solère était conseiller général, je découvris une difficulté à laquelle je ne m'attendais pas : les électeurs avaient du mal à intégrer que Solère n'avait plus le soutien de l'UMP. Mon concurrent jouait d'ailleurs sur l'ambiguïté. Sur ses bulletins de vote, le sigle UMP apparaissait bien plus gros que sur les miens. C'était complètement déloyal. Il en était de même d'un affichage sauvage sur mes panneaux électoraux qui laissait penser que j'avais le soutien du Front national. J'apprenais à connaître les petites vilenies d'une campagne.

Dans cette circonscription, plutôt du courant centriste de l'UMP, mes adversaires en rajoutaient sur les engagements «très droitiers» qui auraient été les miens au sein du gouvernement. Plus grave: un permanent du siège de l'UMP passait ses journées à faire campagne pour Thierry Solère. Cela m'amènera, lors de la course à la présidence du parti, à retirer mon appui à Jean-François Copé, qui en sous-main soutenait mon adversaire pour faire plaisir à son ami Pierre-Mathieu Duhamel. J'ai eu du mal à comprendre son attitude. Jean-François Copé est une personnalité bourrée de talent, mais cette rouerie politicienne, ce double jeu sont pour moi la négation de ce que doit être la politique. Je retrouverai plus tard ce trait de caractère lorsqu'il affrontera François Fillon pour la présidence de l'UMP. Je ne peux m'empêcher de me souvenir de ce qu'il m'a dit un jour: «Je ferai tout pour obtenir cette présidence. Vous m'entendez bien: tout!»

Au soir du premier tour des législatives, le 10 juin, j'arrivai en tête avec mille trois cents voix d'avance. Avant la campagne, Thierry Solère affirmait qu'il souhaitait une «primaire» entre nous pour désigner le candidat. Le premier tour en était une, mais depuis il avait vraisemblablement oublié son souhait... Deux jours avant le second tour, alors que je traversais un jardin public, je saluai une dame assise sur un banc. Elle se leva et me dit: «Je suis socialiste. Nous avons décidé de vous faire battre en votant pour votre concurrent de droite.» Les résultats confirmeront ce mouvement.

À La Rochelle, Ségolène Royal a été battue par son concurrent de gauche soutenu par la droite. À Boulogne, j'ai été battu par mon concurrent de droite soutenu par la gauche. Battu d'un point seulement, mais battu quand même. Le soir des résultats, j'appris aussi la défaite de mon fils, qui était candidat dans le Morbihan. J'en fus très peiné pour lui. Depuis des années, il avait réalisé de nombreux sacrifices personnels et professionnels pour être candidat. Il n'en a pas été récompensé. Il est vrai qu'il n'avait pas bénéficié du soutien de son prédécesseur, dont il était le suppléant. Cet homme de quatre-vingt-trois ans, qui ne se représentait pas, n'avait cessé de lui mettre des bâtons dans les roues.

Je n'ai pas tout perdu…

Une défaite est toujours une déception. Une tristesse aussi. Pour moi, elle signifiait l'enterrement de l'espoir d'un mandat qui donne la légitimité pour intervenir dans le débat politique. D'un point de vue plus personnel, elle signifiait aussi que j'allais devoir me tourner vers autre chose.

Malgré tout, et je suis sincère, je garde de cette campagne un très bon souvenir. Le souvenir de tous ceux qui m'ont aidé : le maire, ma suppléante, les élus municipaux, mes collaborateurs, les militants. Jeunes ou moins jeunes, les militants font mon admiration. Ils consacrent du temps, de l'énergie, de l'argent même, à la défense de leurs convictions. Ils n'attendent rien mais sont toujours là. Je suis fier et heureux de les avoir connus. Je revois, avec beaucoup de plaisir, certains d'entre eux de temps à autre. Et c'est toujours un bonheur de feuilleter l'album photo de la campagne qu'ils m'ont remis lorsque je les ai quittés.

Au-delà des militants, cette campagne m'a permis de rencontrer beaucoup de gens à l'occasion de longues soirées de discussion ou de quelques mots échangés sur un trottoir. Des contacts qui se révélèrent toujours très enrichissants. Des images me reviennent parfois en mémoire. Comme cette soirée que nous n'arrivions pas à terminer, alors que la campagne officielle devait s'arrêter à minuit. Les convives, tous dans l'immobilier, étaient des passionnés qui aimaient débattre sur la politique du logement. Je me souviens aussi d'une jeune femme qui venait de créer son entreprise de faire-part de naissance. Sa boutique ne désemplissait pas de jeunes parents. Je me souviens de ce vétérinaire très âgé, qui avait soigné mon chien quand j'habitais à Boulogne et qui s'était spécialisé dans les animaux exotiques. Je me souviens de cette sympathique fête de quartier au cours de laquelle la conseillère générale Marie-Laure Godin, veuve elle aussi, m'avait entraîné à danser, pour la première fois depuis la mort de ma femme. Il y a tant de visages et de sourires qui me restent familiers !

Si j'avais été élu, j'aurais eu à cœur de maintenir ce contact avec la population. De rassembler les intelligences et les bonnes volontés pour m'aider dans mon travail parlementaire. J'en ai eu une confirmation à Boulogne : la société civile ne peut se satisfaire d'un rendez-vous tous les cinq ans pour assouvir sa foi démocratique et sa volonté de participer à la gestion collective. Nos concitoyens estiment à juste titre qu'ils ont en permanence quelque chose à apporter à la réflexion politique. Ils veulent contribuer à la construction des projets pour notre pays. Ils ont raison. Le temps où l'on prétendait faire le bonheur des gens malgré eux est révolu. Nos concitoyens savent apprécier une situation, ils sont mieux placés que quiconque pour exprimer leurs préoccupations et leurs ambitions. Ils sont mieux placés que les technocrates ministériels – dont j'ai été – pour faire des propositions et suggérer des solutions aux problèmes qui les assaillent.

C'est un grand défi de la modernisation de la vie démocratique que de trouver les moyens d'associer le peuple aux décisions entre les échéances électorales. En 2007, Ségolène Royal préconisait l'instauration d'une démocratie participative. Elle n'avait pas tort. D'ailleurs, en 2008, Nicolas Sarkozy fit introduire dans la Constitution la possibilité de référendums d'initiative populaire. C'était la même idée.

20

Deux ou trois choses que je sais d'eux

En quarante ans de carrière, j'ai rencontré nombre de gens passionnants. Certains étaient connus, d'autres non. Je me souviens des formidables soirées passées avec le vulcanologue Haroun Tazieff en Guadeloupe, lorsque j'y étais secrétaire général de la préfecture. C'était juste avant l'éruption du volcan de la Soufrière. Notre maison était la seule résidence préfectorale qui n'était pas située sur les flancs du volcan mais à son pied. Tout le monde s'y était réfugié. Le soir, Haroun Tazieff racontait ses aventures et l'histoire de la Terre. C'était un conteur fascinant. Je me souviens de la négociation sur le prix de la canne à sucre que je menais pendant l'éruption, alors que plus de mille secousses étaient enregistrées chaque jour. Tout d'un coup, les cadres accrochés aux murs se mirent à trembler. Le président de la chambre d'Agriculture – qui portait l'admirable nom de Sosthène Gendrey – se leva et se tourna vers moi en déclarant d'un air solennel : « Monsieur le secrétaire général, les dieux ont parlé : il faut nous donner raison. »

Je me souviens du syndicaliste agricole Alexis Gourvennec, décédé en 2007. Il avait été l'un des inspirateurs de la révolution agricole bretonne et de la modernisation de la région. Au début des années 1970, il donnait régulièrement l'assaut contre la sous-préfecture de Morlaix afin d'appuyer les revendications des paysans. Le jour où le portail céda sous la force des manifestants, le préfet me demanda de faire installer des jambes de force pour arrimer le portail au sol. Il était tellement bien fixé qu'à l'assaut suivant, la poussée fit s'écrouler les murs qui l'encadraient !

De Raymond Marcellin à Georges Frêche

Je me souviens de la distinction spirituelle des prélats qui, chaque année à Orléans, venaient de toute l'Europe depuis le Moyen Âge pour participer aux fêtes organisées en l'honneur de Jeanne d'Arc. On a coutume de dire qu'à ces occasions, la moitié de la ville défile et l'autre moitié la regarde. Les représentants de l'ensemble des autorités de la République sont à la tête du cortège avec les élus, les associations suivent. Les cardinaux et les évêques se taillaient le plus franc succès, surtout lorsque, rompant avec la règle, ils acceptaient de défiler avec leurs vêtements de chœur en moire rouge ou violette. L'évêque d'Orléans offrait un dîner au cours duquel on servait de l'alose, un poisson de Loire rarissime. Ces rencontres étaient pour moi l'occasion d'échanger avec ces prélats d'une immense culture.

Je me souviens de la décision de Raymond Marcellin, alors ministre de l'Intérieur, d'assurer la sécurité de Georges Pompidou à la messe lors de ses vacances d'été de 1972 à Fouesnant (Finistère). Le président de la République tenait absolument à assister à l'office dans ce village. Mais à cette époque, le département était en proie à des manifestations violentes d'un mouvement d'artisans et de commerçants qui réclamait une meilleure couverture vieillesse. Le ministre n'avait rien trouvé de mieux que de faire en sorte que la foule des fidèles qui se trouverait sur la place de l'église soit constituée de CRS en civil. Marcellin avait même retenu un train spécial pour les acheminer… La décision fut finalement annulée. Grâce à la négociation, tout se déroula pour le mieux. Les mœurs policières étaient bien différentes à l'époque…

Lors d'une visite du président Pompidou à Brest, pour contenir les risques de manifestations des militants indépendantistes bretons, une solution originale fut mise en œuvre : au petit matin, un car de police les ramassa un à un pour les déposer à une cinquantaine de kilomètres, dans la Montagne noire. Quand les militants rentrèrent chez eux à pied, le président était déjà reparti pour Paris. Ce n'était pas méchant, mais le moins que l'on puisse dire est que le cadre juridique de la mesure était incertain.

Je me souviens de Georges Frêche, le maire de Montpellier, auprès de qui je devais faire bonne figure lorsqu'il achevait ses habituels discours de trois quarts d'heure. Le Midi est une région où l'on cultive le verbe, où l'on aime les interventions truffées de références culturelles, les envolées lyriques émaillées de la gouaille qui soutient l'attention et provoque les rires. À chaque cérémonie officielle, cinq ou six orateurs s'exprimaient. Georges Frêche était toujours l'avant-dernier. Il excellait dans le genre, entraînait le public dans un torrent verbal dans lequel il égratignait tous ses adversaires politiques, au premier rang desquels figurait Gérard Saumade, son camarade du PS, président du conseil général. En tant que représentant de l'État, je devais m'exprimer le dernier. Je dois confesser que mon éloquence est plus brève et plus sèche, voire plus technocratique. Ce n'était guère aisé de passer après Georges Frêche, mais ce fut une bonne école.

Les poignées de main de Chirac et la sauce tomate de Jospin

Je me souviens des personnalités que j'avais été chargé d'accueillir en tant que préfet. Lionel Jospin par exemple. Le jour de sa venue officielle à Rennes en tant que Premier ministre, il fit preuve d'un surprenant comportement alors que tout se passait pourtant très bien. Lors du déjeuner offert en son honneur, il s'était montré très heureux de retrouver Edmond Hervé, l'immuable maire de Rennes. Courtois, il échangeait avec les élus locaux. À la sortie de la mairie, un problème survint. Comme cela arrivait souvent, les intermittents du spectacle étaient en train de manifester. Tenus à distance par la police, ils étaient une cinquantaine à vociférer. Contre toute attente – et contre mon conseil –, Lionel Jospin décida de ne pas aller à leur rencontre. Compte tenu de leur proximité politique, l'échange se serait sans doute bien passé et aurait fait figure de petite victoire médiatique. Mais le Premier ministre préféra prendre la voiture pour regagner la préfecture, qui se trouvait pourtant à proximité.

Pourquoi a-t-il refusé le contact? Je crois que Lionel Jospin est une personne très pudique, qui répugne à la chaleur des foules. Je le retrouverai quelques mois plus tard, lorsqu'il tint son dernier meeting de la campagne présidentielle de 2002, au Parc des expositions. Par principe, le préfet n'assiste jamais à une réunion politique. Je restais donc à l'extérieur du bâtiment, devant lequel cinq cents douaniers manifestaient avant de tenter d'envahir la salle. En charge du service d'ordre, j'estimais qu'il me serait plus facile de prendre les décisions nécessaires en assistant directement aux éventuelles échauffourées. Les CRS rencontraient les plus grandes peines à contenir les manifestants, qui avaient trouvé le moyen de franchir les grands fossés qui constituent pourtant des obstacles naturels idéaux. Tout à coup, on m'annonça qu'à son entrée dans la salle, le Premier ministre avait reçu un projectile dans la poitrine et qu'il était couvert de sang. Consternation! Alors que je me rendais à ses côtés, un nouveau message me parvient: il ne s'agissait pas de sang, mais de sauce tomate.

Je me souviens de Jacques Chirac lors de sa venue à Rennes, le 10 septembre 2001. Impressionnant de professionnalisme, le chef de l'État avait aussi un don naturel pour la convivialité. Lors du trajet de l'aéroport à la préfecture, j'étais assis à côté de lui dans la voiture. Il baissa sa fenêtre et il me demanda d'ouvrir la mienne. Ce n'était pas qu'il avait chaud, mais il tenait à saluer des deux côtés les badauds qui s'approchaient du véhicule aux feux rouges. Le soir, lors du dîner qui rassemblait une centaine de personnes à la salle des fêtes de la préfecture, il répondit avec patience et minutie à toutes les questions des élus locaux ainsi qu'à celles des représentants du monde économique et social. Des questions et des réponses auxquelles j'avais contribué, comme il est de coutume.

Le lendemain, nous étions le 11 septembre. Avant de quitter la préfecture où il avait passé la nuit, le président tint à faire venir tout le personnel de cuisine et de service. En prenant son temps, il les remercia pour leur accueil et posa pour des photos avec chacun d'eux. Manifestement, il y prenait plaisir. Il se rendit ensuite à l'inauguration du Space, le grand salon des professionnels de l'agriculture, où il fut accueilli à bras ouverts. Tout le monde se pressait autour de lui, se bousculant pour lui serrer la main. Soudain, il tomba en arrêt devant un homme qui s'approchait : «Ah non, je vous ai déjà serré la main tout à l'heure», lui lança-t-il en souriant. Penaud, l'homme fit marche arrière. Cette anecdote en dit long sur la personnalité de Jacques Chirac. Il ne serrait pas les mains de façon mécanique : il retenait le visage de tous ceux qu'il croisait.

Après un déjeuner avec des responsables agricoles et des représentants d'associations de l'environnement, nous devions nous rendre à l'Université des Métiers. Au moment de monter en voiture, le président fut informé qu'un avion venait de percuter le World Trade Center à New York. Conservant une parfaite maîtrise de lui-même, il téléphona aussitôt à Dominique de Villepin pour en savoir plus. De mon côté, j'appelai Jacques Poinas, le chef de l'Uclat. Aucun n'avait davantage d'informations. Jacques Chirac s'apprêtait à commencer la visite de cette très belle réalisation qu'est l'Université des Métiers, dont le but était de revaloriser les professions de l'artisanat, mais les informations se précisaient : c'étaient deux avions qui avaient percuté les tours jumelles. À la télévision, les images défilaient en boucle. Annie Lhéritier, sa chef de cabinet, reçut des informations complémentaires de l'Élysée. Le président s'isola dans un bureau avec Claude, sa fille, et trois autres collaborateurs. Il rédigea lui-même un communiqué puis rejoignit la salle où devaient être prononcés les discours. Il demanda au public de l'excuser car il devait regagner Paris en urgence. Je le raccompagnai jusqu'à son avion. Il était bouleversé. Je sentais que l'homme d'État qu'il était comprenait qu'un nouveau péril venait de naître. Un péril auquel personne n'échappera.

Mon ami Alexandre Djouhri

J'ai aussi fait la connaissance de personnalités plus inattendues, tel Alexandre Djouhri. Beaucoup de choses ont été écrites sur mes relations avec lui, la justice s'y est même intéressée. Autant que je rétablisse moi-même les faits. J'ai rencontré Alexandre Djouhri pour la première fois en 2006, alors qu'il était venu voir Nicolas Sarkozy. Il était un homme d'affaires connu pour être un intermédiaire sur des marchés internationaux. Je m'étais renseigné à son sujet : la fiche des services de renseignement que l'on m'avait communiquée n'était guère élogieuse. J'étais tout de même frappé sur un point : tous les éléments qui étaient rapportés à son propos étaient fondés sur des rumeurs et non sur des faits établis. Il ressortait d'ailleurs qu'il n'avait jamais été condamné en justice. Je l'ai revu après l'élection présidentielle de 2007, et surtout après le décès de ma femme en 2008.

Ami de Dominique de Villepin, il s'était fixé un objectif : le rapprocher de Nicolas Sarkozy. Convaincu que Villepin devait de nouveau jouer un rôle politique, il voyait successivement l'un et l'autre, arrangeait des rencontres entre eux. Malgré l'affaire Clearstream, les deux hommes ne s'étaient jamais mal entendus. Ils avaient toujours manifesté de l'estime l'un vers l'autre. Sans doute la distance entre eux n'était-elle pas infranchissable. Ils ont pris l'habitude d'échanger sur la politique française ou l'actualité internationale et sont même allés jusqu'à envisager des stratégies d'alliance, un avenir en commun dans la vie politique.

Alexandre Djouhri a joué un vrai rôle dans ce rapprochement. Je partage sa conviction que les deux hommes auraient pu faire de grandes choses ensemble. Je pense d'ailleurs que si Nicolas Sarkozy avait remporté la primaire de 2017, il aurait proposé à Dominique de Villepin de jouer un rôle dans sa campagne présidentielle. Ce qui aurait été logique, puisque l'ancien Premier ministre apparaît à droite comme le meilleur spécialiste des relations internationales.

Pour le reste, quelles étaient mes relations avec Alexandre Djouhri ? Contrairement à ce qui a pu être affirmé, je n'ai jamais fait d'affaires avec lui. Ni – évidemment – lorsque j'étais fonctionnaire ou ministre ni par la suite. Il a effectivement entrepris de me favoriser quelques contacts lorsque je suis devenu avocat, mais sans que cela ne se traduise jamais par un résultat concret. À vrai dire, nos relations étaient tout simplement des rapports d'amitié.

Nous dînions souvent ensemble, nous discutions de tout, y compris de sujets personnels. Il m'a relaté son enfance difficile. Il faisait preuve d'une grande hauteur de vue à l'égard des questions fondamentales de la vie. J'étais impressionné par son intelligence, la richesse de son information, sa capacité à nouer des relations à haut niveau et à convaincre ses interlocuteurs. Je ne savais pas quelles étaient ses activités précises, mais ses qualités n'ont à l'évidence que pu le servir dans sa réussite. Une réussite dont beaucoup lui contestent la légitimité. Pourquoi? Sans doute parce que l'on admet mal en France qu'une personne née dans la misère puisse réussir. Alexandre Djouhri était pour moi un pôle de sérénité, mais aussi de réconfort lors des épreuves que j'ai traversées. Par son aptitude à me redonner le moral, il fut un précieux secours quand la mélancolie s'emparait de moi.

Désormais, je ne le vois plus. La justice m'a interdit d'être en contact avec lui, et de toute façon, il ne vient plus guère en France. Mais je dois dire que nos conversations me manquent.

Christian Bonnet, le premier de mes ministres

C'est évidemment au sein des ministères que j'ai le plus côtoyé d'acteurs politiques. J'ai travaillé pour la première fois auprès d'un ministre lors de mon passage au cabinet de Christian Bonnet place Beauvau, en 1977. Alors que j'étais en poste en Guadeloupe, j'ai été recruté sur la recommandation d'un camarade de l'Ena, Bernard Prades, qui travaillait avec lui. En dehors de la Bretagne, qui l'a tant de fois élu, je pense que les Français ont un peu oublié Christian Bonnet. Avant de devenir ministre de l'Intérieur, il avait été secrétaire d'État au Logement, puis ministre de l'Agriculture. Il ne montrait pas une passion sans bornes pour la presse, craignant toujours d'être piégé, de voir publier l'une de ses phrases isolées de leur contexte et par conséquent déformées. Si les médias n'étaient pas encore omniprésents, il avait tout de même conscience que l'action politique avait besoin de relais auprès de la population. Il se faisait donc violence pour parler aux journalistes.

J'ai en mémoire un dialogue télévisé d'une rare intensité qu'il eut avec l'évêque d'Ajaccio, Mgr Thomas, sur la situation de la Corse. C'était brillant d'intelligence. Christian Bonnet était doté d'une grande intuition politique, qu'il ressourçait chaque fin de semaine dans sa mairie de Carnac. Le samedi matin, avant de se rendre en mairie, il partageait un petit-déjeuner avec les gendarmes de la brigade locale. Il avait coutume de dire qu'il en apprenait plus sur l'état du pays au cours de ces rencontres que durant toute la semaine avec son cabinet. C'était dit avec la gentillesse et la courtoisie qui le caractérisaient, mais c'était vrai. J'ai pu le vérifier au fil des années chaque fois que j'ai échangé avec ceux que l'on dit de la France profonde, ces citoyens qui expriment la vie sans représenter aucune organisation.

En plus d'avoir été un grand ministre de l'Intérieur, Christian Bonnet fut un redoutable manœuvrier auprès du Parlement. Deux ans de suite, *L'Express*, qui publiait à l'époque une enquête annuelle à ce sujet, lui décerna le titre de meilleur ministre aux yeux des parlementaires. Lui qui avait siégé au Palais Bourbon dès 1958 n'avait pas son pareil pour rencontrer députés et sénateurs, par petits groupes ou individuellement, afin de les convaincre de la justesse de son action. Les textes qu'il portait étaient toujours votés à des majorités confortables. Christian Bonnet était un ministre sérieux, pétri des exigences de son devoir et d'une totale loyauté envers Valéry Giscard d'Estaing. Chaque jour, il dictait une note personnelle d'observation sur la conjoncture politique à l'attention du président et de son Premier ministre.

De cette période, je me souviens aussi de Jean Paolini, le directeur de cabinet de Christian Bonnet. J'ai été peiné d'apprendre sa mort en janvier 2015. Place Beauvau, il se révélait indispensable au ministre. Homme d'une grande intelligence et d'une culture impressionnante, il a toujours fait mon admiration pour le temps qu'il se ménageait afin de se consacrer à la réflexion. Il m'arrivait de le trouver arpentant son bureau en lisant tel ou tel ouvrage de philosophie. Je dois confesser – mais peut-être les temps ont-ils aussi changé – que, dans les mêmes fonctions, je n'ai jamais trouvé le temps de faire de même.

Alors que j'étais âgé d'à peine trente ans, j'ai eu la chance de faire mes premières armes dans ce ministère aux côtés de personnalités de très haute qualité. Cela fait plus de trois décennies que Christian Bonnet a quitté le gouvernement. Si lui-même n'est malheureusement plus en mesure de se déplacer, ses anciens collaborateurs continuent de se réunir régulièrement. Par amitié, mais aussi par fidélité envers celui qu'ils ont servi avec beaucoup de bonheur.

Les leçons de vie de Charles Pasqua

Charles Pasqua fut le deuxième ministre dont je fus le collaborateur direct. Je l'avais d'abord connu lorsqu'il était président du conseil général des Hauts-de-Seine et que j'étais secrétaire général de la préfecture. Il était un homme profondément attachant. Quelle que soit leur réputation, les acteurs politiques d'une telle dimension sont souvent des personnages hors du commun. Pour gravir les marches du pouvoir, ils n'ont pas seulement livré bataille contre leurs ennemis, ils se sont aussi fait élire à de multiples reprises. Cela signifie qu'ils ont su se faire reconnaître, apprécier, aimer. S'ils ont conquis le suffrage des électeurs, c'est qu'ils exerçaient plus de séduction que d'autres, qu'ils possédaient un charisme supérieur. Charles Pasqua était de ceux-là. Je lui conserverai toujours ma considération et mon affection.

Il était un enfant du peuple. Son père était brigadier de police. De ses origines, il avait conservé un sens social exceptionnellement développé et profondément sincère. Sa gestion du département des Hauts-de-Seine en a été très imprégnée. Un soir de Noël, il exigea de ses collaborateurs médusés qu'ils ne partent pas réveillonner avant d'avoir personnellement veillé à ce qu'aucun SDF ne reste dans la rue cette nuit-là. N'en déplaise à ses contempteurs, Pasqua était un homme bon. Sans doute a-t-il parfois donné trop facilement sa confiance. Engagé très jeune dans la Résistance, il en avait gardé des amitiés solides avec des responsables politiques de tous les horizons, notamment du Parti communiste. Malgré la rivalité politique, il tenait de longues conversations avec François Mitterrand, qu'il respectait. Pasqua s'était fait lui-même, dans son parcours professionnel comme dans sa pensée politique.

J'ai toujours été très impressionné par la capacité de cet homme, qui n'avait pas eu la chance de faire de longues études, à brosser des fresques de l'histoire des civilisations. Son esprit était sans cesse en éveil. Au détour d'une lecture, au hasard d'une rencontre, il cherchait toujours à apprendre. Il aimait raconter des anecdotes. Avec son accent, les souvenirs qu'il relatait prenaient dans sa bouche une saveur particulière. Comme lorsqu'il racontait qu'il avait inventé un apéritif sur lequel il touchait régulièrement des redevances de brevet. Son goût pour l'humour ne dissimulait pas la profondeur de sa réflexion. Pour les technocrates qui travaillaient avec lui, dont je faisais partie, il fut une authentique ouverture sur le monde réel.

Pasqua était un stratège politique. Sa ligne était claire, sa pensée ne louvoyait pas, il savait où il voulait aller. À la différence de beaucoup, il agissait en fonction de ses convictions. Jamais il ne déviait de sa fidélité au gaullisme. Même lorsqu'il prit ses distances avec Jacques Chirac, qu'il avait tant servi, ce fut au nom du gaullisme. Il avait aussi de grandes intuitions, une volonté constante d'innover, d'aller de l'avant. À la tête des Hauts-de-Seine, il a lancé avec l'architecte communiste Roland Castro une politique de la ville d'une exceptionnelle ambition, qui a bouleversé le paysage urbain et l'état social des communes les moins favorisées. Il a construit l'université Léonard-de-Vinci, qui a été contestée mais qui a ouvert la voie dans bien des domaines à la rénovation des universités françaises. Parmi les premiers, il a lancé son département dans la coopération décentralisée.

À la tête du ministère de l'Intérieur, il a fait adopter une loi d'orientation et de programmation pour la police qui a renouvelé en profondeur le concept même de la sécurité dans notre pays. Une loi qui affirmait le principe d'une police de proximité, qui reconnaissait la contribution à la sécurité des polices municipales et des sociétés privées. Il a fait adopter une grande loi d'aménagement du territoire, qui malheureusement n'a été que très partiellement mise en œuvre après son départ du gouvernement. Ce texte, qui organisait l'équipement du pays en infrastructures, avait pour but ultime de donner leur chance à tous les territoires de la République, notamment au monde rural.

Charles Pasqua était aussi un remarquable meneur d'hommes. Son leitmotiv était la confiance. Il s'appuyait sur une théorie du management très claire : le patron doit indiquer le but à atteindre et le collaborateur doit trouver lui-même les moyens pour y parvenir. Ses équipes étaient libres de leurs mouvements et pouvaient faire preuve d'initiatives. Parfois, sa confiance s'accommodait d'un certain sens de la taquinerie. C'est ainsi qu'il me causa un jour l'un de mes plus grands désarrois.

C'était à l'automne 1994, quelques jours après qu'il m'eut fait nommer directeur général de la police. Je l'avais accompagné à l'Assemblée nationale. Comme trop souvent, le débat était oiseux, les échanges entre la droite et la gauche restaient stériles. Pasqua en avait assez. Soudain, il se leva et réclama que je prenne la parole à sa place sur la politique de lutte contre les trafics de stupéfiants que nous conduisions. Les administrateurs de l'Assemblée étaient très embarrassés: habituellement, seuls les ministres s'expriment devant les députés. Pasqua s'obstina. Il demanda qu'on lui apporte un règlement intérieur et dénicha une disposition qui me permettait d'intervenir. Fébrilement, je m'exécutai. Je dois dire que je n'en menais pas large. Sous la Ve République, seuls deux fonctionnaires ont pris la parole devant l'Assemblée: le commissaire au Plan Pierre Massé dans les années 1960, pour un propos de haute tenue qui engageait l'avenir du pays, et moi-même.

Pasqua aimait la vie et les tables de qualité, malgré ses efforts pour perdre du poids. Le soir, au ministère, il improvisait souvent des apéritifs au cours desquels il n'hésitait jamais à entonner une chanson corse. Il était capable de beaucoup de drôlerie, mais ne nous y trompons pas: la plupart du temps, il apparaissait extrêmement sérieux. Ce fut un plaisir quotidien de travailler avec ce très grand bonhomme. Charles Pasqua nous a quittés le 29 juin 2015. Le soir de sa mort, un ami malien m'a appelé en larmes. Il évoqua le petit hôpital que Charles Pasqua avait fait construire dans sa région d'origine, qui reste encore aujourd'hui le seul équipement sanitaire du secteur. Un établissement qui a sauvé des vies et allégé des souffrances.

Jean-Louis Debré: une estime déçue

Avec Jean-Louis Debré, ministre de l'Intérieur d'avril 1995 à mars 1997, mes rapports furent moins étroits, car je n'ai jamais fait partie de son cabinet. En tant que directeur général de la police, mon bureau n'était pas situé dans son environnement immédiat. Je le côtoyais tout de même de façon quasi quotidienne et l'accompagnais dans ses déplacements dès que ceux-ci concernaient les activités policières.

C'est avec lui que j'ai vécu la vague d'attentats de 1995. Nous avons dû faire face ensemble à la pression écrasante qui s'exerçait sur nous, de la part de l'opinion comme du sommet de l'État. Comme tous les responsables politiques, je le sentais impatient de voir l'enquête aboutir, mais il ne laissait rien paraître. Il savait que tous les services de police faisaient leur maximum. Une telle expérience commune tisse entre les hommes des liens particuliers.

Par ailleurs, Jean-Louis Debré est quelqu'un de très agréable à vivre. Au quotidien, il se montrait prévenant, attentif aux autres. Il possède un sens du devoir qui confine parfois au sacrifice de soi. Quelques jours avant les législatives perdues d'avril 1997, il a passé une partie de la nuit à signer des lettres de félicitations personnalisées à plusieurs milliers d'officiers qui venaient d'être promus. C'était sa façon à lui d'aller jusqu'au bout de ce qu'il estimait être son devoir. Sa croyance en l'État est immense, au point de lui donner parfois les apparences d'un rite. Mais un rite porté par la foi, jamais une posture. L'État est pour lui une abstraction, un ensemble de principes et de règles. Il en parle avec une emphase qui tient à la révérence. De la même façon, il a l'amour de la France chevillé au corps, plus que celui des Français. Sans doute attache-t-il plus d'importance à une vision théorique qu'à la réalité elle-même.

Je lui sais gré de la confiance qu'il m'a témoignée en toutes circonstances. Comme lorsqu'il m'a conservé à mon poste, alors que certains dans l'entourage du Premier ministre voulaient se débarrasser de tous ceux qui avaient servi le gouvernement d'Édouard Balladur. Il m'a toujours laissé une grande liberté d'initiative et d'action, ce qui est le gage de l'efficacité. Lorsqu'il officiait place Beauvau, Jean-Louis Debré a souvent été brocardé par les commentateurs et les humoristes. Lorsque j'ai quitté la direction de la police nationale, certains ont même écrit que j'avais été le vrai ministre de l'Intérieur et que lui-même n'avait fait que de la représentation. Il n'en a rien été, je voudrais lui rendre justice sur ce point.

Les fonctions de ministre de l'Intérieur sont écrasantes, surtout en période de crise. Le ministre ne peut pas tout faire, il doit déléguer les rôles. Jean-Louis Debré occupait son premier poste ministériel. Il appréhendait les débats parlementaires et s'y préparait avec soin. Cela lui prenait beaucoup de temps. C'est vrai, j'ai parfois été aux avant-postes davantage que je ne l'aurais été sous l'autorité d'un autre ministre. Quand je réalisais mon tour de France de la police pour convaincre les effectifs d'une réforme difficile, il m'est arrivé de me sentir un peu seul. Mais j'avais moi-même proposé ce partage des charges, et c'était bien ainsi.

Durant les attentats de 1995, la longueur de l'enquête nous a valu la critique de l'opinion et du président de la République lui-même. La police, qui produisait un formidable travail, commençait à gronder devant ce qu'elle ressentait comme une injustice. Je pris alors la plume pour justifier de notre action dans un grand quotidien du soir (comme on dit...). Mais c'était en accord avec Jean-Louis Debré. Un samedi après-midi, dans son bureau, nous avions revu le texte ensemble. Il m'avait suggéré quelques modifications bienvenues. Il est vrai que ce n'était pas un exercice habituel pour le directeur d'une administration de contester ainsi publiquement les appréciations du président de la République. Mais la distribution des rôles était de la responsabilité du ministre. Il était bien le patron.

Je dois reconnaître que j'ai moins apprécié son propos lorsqu'il fut interrogé en 2006 après la publication du livre *Place Beauvau : la face cachée de la police*. Face aux accusations de cet ouvrage sur des brutalités policières lors de l'enquête sur les attentats de 1995, Jean-Louis Debré se défaussa sur moi en déclarant : « Il faut que le directeur général de l'époque s'explique. » Il n'avait jamais encouragé la moindre violence ? Moi non plus. Il n'en avait jamais entendu parler? Moi non plus. Mais sans doute était-ce ma proximité avec Nicolas Sarkozy qui le poussait à s'exprimer ainsi.

J'ai d'ailleurs trouvé inacceptables ses critiques contre la présidence de Nicolas Sarkozy dans le livre de souvenirs qu'il a publié après son départ du Conseil constitutionnel, en avril 2016. La mauvaise qualité de ses relations avec Nicolas Sarkozy m'a toujours peiné. Leurs sentiments réciproques, c'est de notoriété publique, n'étaient guère cordiaux.

Chevènement, le miraculé de la République

Lorsqu'il quitta le ministère de l'Intérieur après la défaite de la droite aux législatives en 1997, Jean-Louis Debré fut remplacé par Jean-Pierre Chevènement. Une nomination surprise, puisque Daniel Vaillant était pressenti. L'arrivée de Chevènement place Beauvau suscita en moi une certaine appréhension. Réputé pour être à la gauche du Parti socialiste, il passait pour un idéologue. Et puis, il faut bien le dire, les directeurs d'une administration s'inquiètent toujours de leur avenir lors d'un changement de majorité. Mon appréhension fut de courte durée.

Dès notre première rencontre dans son bureau, j'eus la conviction que j'avais affaire à un ministre complètement investi dans sa mission. Il n'apparaissait pas sectaire, il écoutait et cherchait à apprendre. Je l'affirme sans ambages : Jean-Pierre Chevènement est ce qu'il est convenu d'appeler un grand monsieur. Je lui suis reconnaissant de m'avoir fait confiance en me conservant auprès de lui durant huit mois. Je lui sais gré aussi de son attitude lors de mon départ. Son « entourage » lui avait affirmé que je souhaitais être nommé préfet du Val-d'Oise, sans même m'en avoir jamais parlé. C'était faux. À la place, le ministre me confia la responsabilité d'une région. Pas n'importe laquelle, la sienne : la Franche-Comté.

Pour autant, les huit mois durant lesquels j'ai travaillé à ses côtés ne furent pas toujours des plus agréables. Le ministre était conscient que le travail réalisé au cours des années précédentes était sérieux. Il convenait volontiers que les orientations fixées étaient porteuses de progrès encore significatifs. Je crois qu'il savait aussi qu'en raison de mon attachement aux principes de la fonction publique j'étais à son égard d'une totale loyauté. Reste que son entourage, essentiellement composé d'alliés politiques peu avertis des problématiques de la place Beauvau, se méfiait de moi. Alors que j'étais censé les mettre en œuvre, je n'étais pas pleinement tenu informé des orientations du ministère. Les différents projets n'étaient pas forcément mauvais, mais ils ne pouvaient réussir qu'à la condition de disposer des moyens nécessaires. À un moment donné, il devint donc préférable que le ministre se sépare de moi.

Grâce à la vigilance du cabinet du président Jacques Chirac, ainsi qu'à son soutien personnel, je partis dans des conditions honorables. C'est d'ailleurs une vraie question de savoir si les responsables d'une administration centrale doivent rester en place lorsque la majorité politique change. La déontologie qui régit la fonction publique plaiderait en ce sens : un fonctionnaire est au service d'un gouvernement, il apporte sa compétence au pouvoir qui définit la ligne à suivre sans prêter d'importance à sa couleur politique. Pourtant, avec le recul, je pense qu'il convient mieux de changer les responsables. Il est très difficile pour un haut fonctionnaire de suivre une ligne d'action, puis d'en changer, avec la même conviction. Il est aussi laborieux d'apparaître légitime et sincère lorsqu'on met en œuvre des politiques différentes. C'est pour cette raison qu'il me semble également sage de changer les préfets d'affectation lorsqu'une nouvelle majorité est élue.

Toujours est-il que Jean-Pierre Chevènement fut un ministre auquel je me suis attaché et à qui je reste attaché. Il était intransigeant sur les principes républicains, patriote dans l'âme et généreux dans les sentiments. Chaque semaine, il réunissait l'ensemble des directeurs du ministère pendant une heure. Au grand dam de mes collègues, ces réunions se résumaient parfois à un dialogue entre lui et moi. Les enjeux internationaux des questions de sécurité et d'immigration le passionnaient. Chevènement détonnait dans la galerie politique.

J'ai déclaré un jour à un journaliste du *Monde* qui écrivait un portrait de lui qu'il était un véritable intellectuel. Je pense qu'il en a été un peu meurtri, car cela paraissait réduire sa capacité d'action. Comme souvent, mes propos n'avaient été que partiellement rapportés. À mes yeux, ce n'était pas une critique : c'était un éloge. Après avoir satisfait à toutes ses obligations, au moment où le ministère entrait dans la torpeur de la nuit, le ministre se consacrait aux choses de la pensée et de la culture. J'admirais sa propension à resituer son action dans une perspective historique ou culturelle. Je trouvais remarquable – cela devrait aller de soi, mais c'est loin d'être toujours le cas – qu'un ministre s'accordât le temps de la réflexion et de la consultation avant de prendre une décision ou de se faire une opinion.

Nous avons vécu plusieurs moments qui nous ont beaucoup rapprochés. Comme l'assassinat du préfet Érignac, le 6 février 1998, veille de mon départ du ministère pour la préfecture de Besançon. Ce soir-là, je venais de finir de passer les consignes à mon successeur. Je décidai d'aller dîner avec mon épouse dans un restaurant à deux pas de la place Beauvau. En gage de la liberté retrouvée, je partis sans mon téléphone. À 22 heures, lorsque je regagnai mon bureau, mes collaborateurs me cherchaient partout. Claude Érignac venait d'être tué à Ajaccio. À 23 heures, dans la salle qui jouxtait le bureau du ministre, nous tenions la première réunion pour lancer l'enquête. Au lieu de partir le samedi, je ne quitterai Paris que le dimanche en fin de matinée, après un ultime tour d'horizon de la situation en Corse.

En Franche-Comté, j'avais à cœur de donner vie aux projets qui étaient chers à Jean-Pierre Chevènement pour sa région et pour sa ville : la restructuration industrielle de Belfort, l'aboutissement du projet de TGV. En tant que préfet, j'avais toujours plaisir à travailler avec lui, même s'il me surprenait parfois par sa propension à vouloir résoudre les problèmes économiques régionaux par l'intervention publique. Une logique bien différente du discours qu'il tenait sur le plan national. Chevènement aime avec passion sa région, ses montagnes, ses forêts. Il savait, je crois, que je partageais ses sentiments à cet égard. Un sentiment que j'ai éprouvé partout où j'ai exercé des responsabilités. Je suis convaincu que l'on ne peut bien accomplir une mission publique que si l'on est guidé pas l'amour des lieux et des hommes que l'on sert. Lui et moi partagions cette conviction.

Mais nous partagions quelque chose de plus personnel encore. Chacun se souvient de son accident opératoire, survenu en septembre 1998. Entré à l'hôpital pour une opération bénigne, Jean-Pierre Chevènement resta plusieurs semaines entre la vie et la mort avant de s'en sortir sans la moindre séquelle. Durant sa longue période de coma, chacun s'était résigné à son décès. Ses amis politiques qui géraient l'intérim au ministère s'évertuaient d'ailleurs à détruire sans vergogne tout ce qu'il avait réalisé. Lorsque j'appris qu'il avait repris conscience, j'ai eu le sentiment d'une forme de miracle. Peu de temps après, alors que j'étais en réunion avec la presse dans une salle de la préfecture, ma secrétaire, très émue, m'annonça que Jean-Pierre Chevènement me demandait au téléphone. Je me précipitai pour lui répondre. L'un des journalistes présents ce jour-là écrivit qu'en revenant je donnais l'impression d'être comme transporté. C'était vrai.

Lors de notre conversation, Jean-Pierre Chevènement m'annonça qu'à sa sortie de l'hôpital il souhaitait se rendre dans sa ville de Belfort. En route vers sa convalescence dans le Jura, il me demanda s'il pouvait passer la nuit à la préfecture et dîner avec le maire de Besançon, son épouse, ma femme et moi-même. Ce jour-là, Jean-Pierre Chevènement flottait littéralement dans la veste en tweed marron que je lui connaissais bien. Il réapprenait à vivre. Le dîner fut joyeux. Nous avons bu de très bons vins. Ce fut un moment intense. Ce n'est pas si fréquent de bavarder avec quelqu'un qui revient de l'au-delà. Surtout lorsque cette personne vous fait part de ce qu'il a ressenti au cours de cette expérience mystique.

21

Sarkozy tel qu'il est

Parmi toutes les personnalités politiques avec lesquelles j'ai travaillé, Nicolas Sarkozy restera celui qui m'a le plus marqué. J'ai vécu à ses côtés durant dix ans : au ministère de l'Intérieur, à celui des Finances, lors de la campagne présidentielle de 2007, puis à l'Élysée. Je l'ai accompagné jusqu'au bout de cette extraordinaire aventure. Extraordinaire, cette aventure l'a été en raison de tout ce que j'ai pu réaliser avec lui. Mais aussi par la proximité quotidienne que nous avons entretenue au long de ces années.

D'abord un affectif

N'en déplaise à ses détracteurs, Nicolas Sarkozy est un véritable homme d'État. Il est aussi un être humain d'une qualité rare. Les commentateurs se sont souvent interrogés sur les raisons de notre si bonne entente. Il est vrai que nos personnalités sont très différentes. Il est exubérant, je suis réservé. Il est parfois irascible, je suis d'un calme presque inaltérable. Il est audacieux, je suis plutôt timide. Il aime la fréquentation des personnalités connues, je trouve souvent davantage de profondeur aux gens plus ordinaires. Mais nous avons formé, je crois, une bonne équipe. Je lui apportais ce dont il avait besoin, et lui me donnait la joie de participer à son action. Évidemment, je ne suis sans doute pas tout à fait objectif à son propos. Car, pour dire les choses simplement, j'ai pour lui une profonde admiration et une sincère affection. Mais je suis peut-être l'un de ceux qui le connaissent le mieux. À ce titre, je suis mieux placé que d'autres pour rétablir un certain nombre de vérités. Tant de choses inexactes ont été dites à son sujet...

Nicolas Sarkozy n'est pas conforme à son image médiatique, même si parfois il contribue à la véhiculer. Au nom de sa liberté, il ne cherche pas à corriger son image. Nicolas Sarkozy est un homme comme tous les autres, avec ses qualités et ses faiblesses. Mais il est aussi une force en mouvement. Contrairement à ce que l'on pourrait croire, il est d'abord un affectif. Je crois qu'il a toujours souffert de l'absence de son père durant son enfance. Il voue une grande dévotion au souvenir de son grand-père, qui le conduisait une fois par semaine au cinéma à l'autre bout de Paris. Il en parle encore aujourd'hui avec émotion dans la voix. L'amour qu'il porte à sa mère illustre sa quête constante d'un cocon familial heureux et sa soif d'être aimé.

Je puis témoigner à quel point il était empli de douleur lorsque son épouse, Cécilia, l'a quitté la première fois au printemps 2005. Nous étions alors au conseil général des Hauts-de-Seine. Ce jour-là, il devait remettre une croix de la Légion d'honneur. Il m'a téléphoné. Littéralement effondré, il m'a demandé de remettre la décoration à sa place en m'expliquant les raisons. C'était physiquement au-dessus de ses forces de s'arracher à sa douleur. Après son retour provisoire, j'avais accompagné Cécilia à son bureau au ministère de l'Intérieur. Comme cela a été rapporté, je lui ai indiqué : « Durant votre absence, les fleurs ont été changées tous les jours. » C'était vrai : Nicolas Sarkozy avait exigé que ce soit fait.

J'ai encore à l'esprit la deuxième déchirure au sein du couple, en pleine campagne présidentielle de 2007.

Le futur président devait faire des efforts prodigieux sur lui-même pour surmonter son chagrin, pour se battre jour après jour contre ses concurrents, comme si de rien n'était. Un affectif certes, mais aussi une force de caractère hors du commun. Lui qui n'aimait travailler que de façon collective se réfugiait souvent dans l'isolement, demeurant seul chez lui au lieu de venir nous rejoindre au QG de campagne. Mais il restait capable de se galvaniser lors des meetings. Sarkozy aime la scène. Même s'il eût été tout aussi payant électoralement de se contenter de déclarations aux médias pour faire la une de la presse plutôt que de prononcer d'épuisants discours aux quatre coins de la France, il réclamait que nous organisions des réunions publiques.

Après sa prise de fonction à l'Élysée, dont les magnifiques images donnaient le sentiment qu'un couple s'y installait, Cécilia s'éloigna définitivement. Nicolas Sarkozy en fut malheureux. Terriblement malheureux. Il ne supportait ni la solitude ni l'absence d'amour. Il remplissait ses fonctions avec devoir, mais il faisait pitié à voir. Malgré le rythme soutenu de sa tâche, les soirées et les week-ends étaient pour lui des cauchemars. Tout son entourage proche le ressentait. Il est difficile de travailler avec quelqu'un qui souffre, fût-il le président de la République. Certains de ses collaborateurs historiques l'incitaient à sortir, à rencontrer du monde. Je dois dire que je n'étais pas de ceux-là. Au-delà du devoir que je ressentais à son égard, j'en éprouvais un plus grand encore : passer un peu de temps avec mon épouse. Puis, un jour, il rencontra Carla Bruni.

Le ciel s'illumina à nouveau. Il avait retrouvé une femme belle, intelligente, cultivée. Elle apparaissait moins « politique » que Cécilia, qui avait accompagné son mari tout au long de son ascension. Dans les premiers temps, Carla Bruni montrait moins d'intérêt à la chose publique. Cela changera beaucoup par la suite. Elle accompagnera Nicolas

Sarkozy dans toutes ses batailles et lui fera rencontrer de nombreuses personnalités du monde culturel. J'ai préparé leur mariage avec le maire du VIIIe arrondissement de Paris. Ce n'était pas simple car, bien entendu, il fallait que ce soit discret. Le maire avait étudié toutes les dispositions à prendre pour célébrer leur union en dehors des locaux de la mairie. La cérémonie eut lieu un samedi en fin de matinée dans le « salon vert », la salle de réunion du président. Une vingtaine de personnes étaient présentes, des amis et des parents des deux mariés, ainsi que quelques collaborateurs. Le chef de l'État était de nouveau heureux. Tout le monde autour de lui s'en réjouissait.

Nicolas Sarkozy n'est pas seulement un affectif dans sa vie privée. Il est attentif aux gens. Régulièrement, il s'enquiert des études des enfants de ses collaborateurs. Quand ma femme est tombée malade en 2008, il ne se passait pratiquement pas de jour sans qu'il me demande de ses nouvelles. Quand j'ai été opéré en 2011, il est immédiatement venu me voir en salle de réanimation.

Nicolas Sarkozy est aussi un homme de devoir. Il travaille vite, et il travaille aussi beaucoup. Avec lui, il n'y a pas un document qui ne revienne annoté, au plus tard le lendemain de sa transmission. Mais ce qui est plus frappant, c'est qu'il n'accepte pas d'être désœuvré, ne serait-ce qu'une heure. Si un instant de liberté se dégage dans son agenda, il le comble aussitôt en provoquant une réunion supplémentaire ou en donnant un rendez-vous. S'il s'arrête, il considère qu'il trahit les devoirs de sa charge. Pour lui, le moindre interstice de son emploi du temps doit être occupé. Occupé à trouver des idées, à configurer des projets, à obtenir des réponses aux attentes des Français et aux défis qu'affronte notre pays. Mais il y a une contrepartie.

Des conseils qu'il n'aurait pas dû écouter

Toujours à la recherche d'idées nouvelles, à l'écoute de propositions innovantes, Nicolas Sarkozy s'éloignait parfois des priorités qu'il s'était fixées pour ajouter d'autres initiatives. Cela pouvait donner le sentiment d'une dispersion dans l'action, désorienter les responsables de sa famille politique ou l'opinion, voire conduire à des décisions précipitées. À titre d'exemple, si l'intervention militaire en Libye était justifiée – la France ne pouvait laisser un massacre se perpétrer à Benghazi – et si, ne l'oublions pas, c'est le gouvernement de François Hollande qui s'est désintéressé du suivi politique de l'intervention, force est de reconnaître que l'influence de Bernard-Henri Lévy sur cette décision a été excessive.

En tant que philosophe, celui-ci pouvait légitimement jouer un rôle dans une optique de témoignage. Mais, dans ce que j'ai perçu, il outrepassa son rôle d'intellectuel dans l'affaire libyenne en imposant une pression sur la classe politique française, y compris sur le président de la République. Je considère qu'il est allé trop loin. Je lui fais crédit de sa sincérité, mais il a eu une influence sur la décision d'intervenir qui a relégué au second rang les analyses plus objectives et rationnelles qui venaient des services de renseignement et des diplomates. Bernard-Henri Lévy a fait de l'intervention militaire un enjeu de politique intérieure, ce qu'elle n'aurait jamais dû être.

Nicolas Sarkozy a sans doute aussi été trop influencé par Nathalie Kosciusko-Morizet sur les problématiques environnementales. Après avoir entretenu des relations exécrables avec Jean-Louis Borloo lorsqu'elle était sa secrétaire d'État, elle l'avait remplacé au ministère de l'Écologie. En menant une véritable croisade écologiste, j'estime qu'elle a poussé le président à commettre des erreurs. Si le développement durable est évidemment un domaine dans lequel nous devons accentuer nos efforts, ceux-ci doivent être menés de façon progressive pour engranger la confiance de l'opinion. Imposer des mesures sans pédagogie, et parfois avec une pointe de provocation, se révéla contre-productif. À titre d'exemple, l'interdiction des recherches sur le gaz de schiste fut à mon sens une faute. Comme le furent les contraintes imposées brutalement aux agriculteurs en matière de pesticides.

Une autre conséquence de la boulimie de travail de Nicolas Sarkozy fut qu'il concentra entre ses mains l'essentiel des démarches des affaires de l'État. Lors de sa présidence, la quasi-totalité des initiatives gouvernementales venait de lui et était traitée à son niveau. Aussi bien pour ce qui est des réformes de son programme présidentiel que des réactions aux événements conjoncturels. Chaque sujet était débattu autour de lui, dans le salon vert.

Au-delà de sa personnalité, cette façon de faire était aussi une conséquence directe de la réforme du mandat présidentiel. Sa réduction à cinq ans et sa coïncidence avec le mandat des députés font que le président de la République n'est plus seulement chargé des intérêts supérieurs du pays. La majorité qui se dégage à l'Assemblée est désormais élue dans le sillage de son programme, il est donc de fait le chef de cette majorité. De plus, élu sur un programme, il ressent le devoir de veiller personnellement à sa mise en œuvre.

Le successeur de Nicolas Sarkozy, François Hollande, prétendait vouloir être un président « normal », revenir à une conception des institutions reposant davantage sur l'articulation entre le Premier ministre et le Parlement. Cette volonté n'a pas résisté à la logique du quinquennat. Si j'en crois la presse, le président Hollande s'occupait de tout et supervisait tout. Comme son prédécesseur… Les observateurs relevèrent même que son Premier ministre était parfois surpris d'apprendre des décisions ou des nouvelles orientations à l'occasion d'un discours présidentiel. D'après les médias, François Hollande entrait même bien plus que Nicolas Sarkozy dans le détail des dossiers. Il n'hésitait pas à voir les ministres individuellement. Ceux-ci ressortaient de leurs entretiens avec son feu vert pour des projets qui n'avaient pas été confrontés aux différents points de vue des autres ministères, notamment celui du Budget. Cela explique sans doute bien des ratés dans la conduite des affaires et dans la communication gouvernementale.

Nicolas Sarkozy, lui, ne recevait ses ministres en tête à tête que de façon exceptionnelle, et uniquement pour des motifs politiques. Il organisait de nombreuses réunions avec les ministres, mais toujours en présence du premier d'entre eux.

Toujours est-il que ce sens aigu du devoir permettait aussi à Nicolas Sarkozy de s'adapter en permanence aux exigences de l'actualité. Lorsqu'à l'été 2007 la Russie effectua des percées militaires en Géorgie, Nicolas Sarkozy interrompit immédiatement ses vacances pour se rendre auprès des protagonistes de la crise. À Moscou, où il rencontra le président Medvedev avec son Premier ministre Vladimir Poutine, et en Géorgie. Par sa médiation, il obtint la paix. Lorsqu'en septembre 2008, après la faillite de Lehman Brothers, le monde s'enfonçait dans la crise financière, il remua ciel et terre en tant que président de l'Union européenne pour éviter la faillite du système bancaire. Il convoqua à l'Élysée les chefs d'État et de gouvernement de l'Union européenne pour leur faire des propositions. Il obtint leur adhésion. Au final, la crise sera jugulée et l'effondrement annoncé n'aura pas lieu. Lorsqu'en 2010 l'avenir de notre système de retraite s'assombrit, il mit en route avec succès une réforme qu'il n'avait pas proposée lors de sa campagne, mais qui était devenue indispensable.

Des échanges musclés

Nicolas Sarkozy est aussi un homme spontané, sincère, prodigue de lui-même, toujours prêt à s'engager au mépris des risques. Jamais il ne s'abritait derrière le gouvernement. Il prend – et revendique – la responsabilité de chacune de ses décisions et de leurs effets. Bien sûr, son comportement ne fut pas tout le temps conforme à la façon dont les Français imaginent leur président. Il n'est pas toujours lisse et compassé, sort parfois de ses gonds. Après tout, c'est un être humain !

Le jour où Franck Louvrier lui annonça qu'il devait recommencer l'enregistrement de ses vœux du Nouvel An parce que la caméra de France 2 n'avait pas fonctionné, il explosa de colère. Et lorsque le Conseil constitutionnel décida d'annuler la taxe carbone en 2009, mieux valait ne pas rester dans les parages ! L'échec de cette mesure, véritable amorce d'une fiscalité verte, était pour lui une vraie déception. Lorsqu'au Salon de l'agriculture il lança à une personne qui l'interpellait un très peu présidentiel « casse-toi, pauv' con », il regretta amèrement sa réaction. Mais n'oublions pas que l'individu l'insultait : beaucoup de gens acceptent-ils d'être injuriés sans répondre par des paroles un peu vertes ?

Il eut des échanges musclés en d'autres occasions : au Guilvinec avec les marins-pêcheurs, à Saint-Laurent-des-Eaux avec les agents d'EDF, aux ateliers du Landy avec les cheminots. D'une certaine façon, c'était la rançon de la proximité. Le revers de la médaille de sa détermination à aller jusqu'au bout du dialogue, de l'explication, de la conviction. Cette volonté représente d'ailleurs une autre facette de sa personnalité. Plutôt que « volonté », je devrais même dire « rage de convaincre ». Même en privé, Nicolas Sarkozy passait de longs moments à justifier ses prises de position auprès de ses collaborateurs ou de ses visiteurs.

Inlassablement, il répétait les mêmes arguments. Sans doute était-ce pour lui une façon de se rassurer sur le bien-fondé de ses orientations. Mais c'était aussi une répétition de ce qu'il sera amené à dire ensuite en public.

Nicolas Sarkozy aime débattre, séduire, emporter la décision. C'est une qualité lorsqu'on est président, car une telle fonction impose très souvent de convaincre. Ses plus proches partisans ont parfois eu le sentiment que, justement par plaisir de convaincre, il faisait plus de cas de ses adversaires que de ses fidèles. Certains en concevaient de l'amertume. Sa force de persuasion était si grande que des malentendus pouvaient naître. Il n'était pas rare que des visiteurs sortent de son bureau convaincus par ses arguments, puis se ravisent en regrettant de ne pas avoir fait front.

Nicolas Sarkozy est aussi quelqu'un de gentil. Il l'est dans la vie quotidienne. Je précise que, dans mon esprit, c'est une grande qualité. On le dit éruptif ? Ce n'est pas faux. Il lui arrivait de se mettre en colère, d'être injuste envers ses collaborateurs ou de proférer des paroles excessives à l'égard de tel ou tel. C'était pour lui une façon de « passer ses nerfs », d'évacuer la tension qui l'habitait à certains moments. Presque toujours, il le regrettait. Lorsqu'il avait tancé un collaborateur, il le rappelait peu après. Non pour s'excuser, mais pour lui marquer de la considération en lui demandant son sentiment sur une question. C'était sa manière à lui d'exprimer ses regrets.

Dans le même esprit, il ne réprimandait pas lui-même les ministres auxquels il souhaitait adresser des reproches. Rama Yade ou Jeannette Bougrab ont eu droit à des remontrances, mais c'est François Fillon et moi qui en avons été chargés. Nicolas Sarkozy savait bien que, compte tenu de nos tempéraments maîtrisés, les choses qui devaient être dites le seraient sans provoquer de drames. Je dois avouer que ce type de démarches n'était pas agréable, surtout à l'égard de quelqu'un que je connaissais bien ou que j'estimais. Mais quand cela était nécessaire, je l'ai fait.

On dit aussi de Nicolas Sarkozy qu'il n'écoute pas. C'est vrai qu'il ne donne pas toujours le sentiment de recevoir immédiatement les idées et les arguments qui lui sont exposés. Cela dit, rien ne lui échappe. Combien de fois l'ai-je entendu adopter un point de vue auquel il avait fait mine de ne pas prêter attention un ou deux jours plus tôt! Il est une «éponge»: tout ce qu'il voit, tout ce qu'il entend, il le retient, en garde la trace, l'ajoute au stock des données qui nourrissent sa réflexion.

Eh bien, oui: il aime la culture!

On dit enfin de lui qu'il préfère le sport à la culture. C'est vrai qu'il aime le sport. Plusieurs fois par semaine, il court durant une heure. En vacances, il est capable de faire quatre-vingts kilomètres à vélo pour rendre visite à un ami. Il joue au tennis, pratique l'équitation comme un cavalier émérite. J'ai même appris lors d'un déjeuner en compagnie de Jean-Luc Rougé, le premier champion du monde du judo français, que Nicolas Sarkozy était ceinture marron de cette discipline. Il est également un fidèle supporter du PSG. Mais sa passion pour le sport ne l'empêche en aucune façon de porter un grand intérêt aux œuvres culturelles de tout ordre.

Cette fausse réputation vient en partie de sa déclaration où il critiquait le fait que *La Princesse de Clèves* soit au programme des concours administratifs. Les commentateurs bienveillants en ont déduit qu'il avait exprimé du mépris pour ce magnifique roman de Madame de La Fayette. Il n'en est rien. Il avait seulement souligné que le contenu des concours administratifs n'était pas toujours bien adapté aux métiers auxquels ils ouvrent l'accès.

La controverse vient aussi de son goût pour la chanson populaire. Dès qu'il monte en voiture, il écoute une station qui lui est consacrée. Il connaît par cœur les paroles de dizaines de titres. Je me souviens d'une fête d'anniversaire au ministère des Finances en présence de Didier Barbelivien, venu avec sa guitare. Lorsqu'il interpréta quelques morceaux, c'est Nicolas Sarkozy qui lui soufflait les paroles de ses propres chansons. Pour être cultivé et donner à la culture la place qui lui revient dans la politique publique, faut-il pour autant mépriser le sport et les chansons que toute la France fredonne ? Je ne le pense pas.

Nicolas Sarkozy a participé à plusieurs émissions culturelles. À chaque fois, il a suscité l'admiration de ceux qui l'ont écouté. Sans adopter un ton pédant, si fréquent dans les cercles parisiens dits cultivés, il peut parler de littérature, de musique classique, de peinture, d'architecture ou de théâtre. Il le fait en captivant son auditoire, y compris quand celui-ci est constitué d'auteurs, de compositeurs ou d'acteurs. Et il le fait d'autant mieux que, piqué au vif par les railleries concernant son peu d'intérêt pour la culture, il s'est plongé dans la lecture ou la relecture des grandes œuvres de la littérature, ainsi que dans la découverte des films majeurs de l'histoire du cinéma. Son épouse, Carla, l'a beaucoup encouragé en ce sens.

Ce que je rapporte est certainement contraire à beaucoup d'idées reçues, mais c'est l'absolue vérité. Lui qui ne jurait que par Louis-Ferdinand Céline, pour le style et non pour le personnage, se passionne désormais pour Camus, Zola, Proust, Flaubert et Maupassant, sans pour autant négliger les best-sellers contemporains. En matière de septième art, il a acheté les DVD des œuvres complètes des plus grands réalisateurs. Souvent, lorsque j'allais le voir dans son appartement privé de l'Élysée, il me montrait avec fierté ses dernières acquisitions. Parfois jusqu'à des heures avancées de la nuit, il les visionnait. N'en déplaise à certains, il en remontrerait à bien des critiques, tant en littérature qu'en cinéma.

Quant à sa politique culturelle, n'oublions pas sa volonté de créer un grand musée de l'Histoire de France, le transfert des Archives nationales, la création de la Philharmonie, l'achèvement du Louvre de Lens, la construction de l'antenne du Centre Pompidou à Metz, le Mucem à Marseille, ainsi que la Cité du cinéma. Et n'oublions pas non plus la réhabilitation de l'architecture dans le cadre du Grand Paris.

Tel est le Nicolas Sarkozy que je connais. Un homme profondément attachant, dévoué corps et âme à son pays et à ses concitoyens. Un être lucide, conscient de l'évolution du monde et de l'acuité des problèmes qui se dressent devant nous. Une personne aux idées claires et à l'énergie indomptable. Il est celui qui, à mes yeux, aurait pu être l'artisan du redressement. Aurait dû.

22

Le bilan des années Sarkozy

L'histoire le dira sans aucun doute : le bilan de la présidence de Nicolas Sarkozy restera d'abord marqué par sa gestion de la plus grande crise financière que le monde ait connue depuis les années 1930. Au deuxième semestre de 2008, Nicolas Sarkozy présidait le Conseil de l'Union européenne. Il bénéficiait donc de la légitimité pour rassembler les chefs d'État de l'Union européenne et dialoguer en leur nom avec le président des États-Unis et les institutions financières internationales. Sa maîtrise des dossiers, son volontarisme, sa ténacité ont permis d'éviter le pire. C'est lui, avec le soutien de Gordon Brown, le Premier ministre travailliste du Royaume-Uni, qui fit adopter la décision permettant que tous les gouvernements sauvent leurs banques, quelle que soit l'importance des actifs douteux dans leur bilan. Cela n'allait pourtant pas de soi.

Donner le cap pour éviter le pire

Je n'étais pas présent à la deuxième réunion avec les chefs d'État de l'Union européenne – ma femme venait de décéder –, mais j'ai assisté à la première, un dimanche en fin d'après-midi à l'Élysée. La principale interrogation portait sur l'analyse de la situation. Beaucoup de participants étaient désemparés. Ignorant comment une telle crise avait pu survenir, ils n'avaient forcément aucune idée de ce qu'il convenait de faire. Ils constataient la situation, mais ne proposaient rien. Silvio Berlusconi annonça une suite dramatique due aux retraits de leurs dépôts par les détenteurs de cartes de crédit. Il fallait qu'un cap soit donné. C'est le président de la République française qui le fit.

De la même façon, il lança le programme des régulations financières afin d'éviter que cela ne se reproduise. C'est sur la base de ses propositions que les mesures de régulation se sont depuis succédé. Sur le plan national, un programme de prêts, pouvant aller jusqu'à 40 milliards d'euros, fut décidé afin que les banques puissent renforcer leur capital. Simultanément, des garanties ont été prévues jusqu'à 330 milliards d'euros. Avec une totale mauvaise foi, et une grave inconscience, la gauche dénonça « un cadeau fait aux banques ». Cette affirmation dissimulait à l'opinion l'absolue nécessité économique de ces mesures, mais aussi le fait qu'il ne s'agissait en aucune façon d'un « cadeau ». Ces prêts étaient octroyés au taux de 9 %, ce qui amènera les banques à les rembourser par anticipation, laissant à l'État un bonus de trois milliards d'euros.

Il fallait, comme le président Sarkozy en fit adopter le principe à ses partenaires, réaliser une relance afin d'éviter une baisse de l'activité économique, avec toutes les conséquences que cela pouvait entraîner sur l'emploi. Allégements d'impôts, anticipation des remboursements de TVA aux collectivités locales, prêts aux PME, relance de l'investissement public, coup de pouce aux revenus des futurs bénéficiaires du RSA… En tout, ce sont 48 milliards qui ont été engagés. Les socialistes ont eu le culot après 2012 de dénoncer le creusement de la dette qui s'est opéré dans les comptes de l'État à cette occasion. À l'époque, ils trouvaient pourtant que ce n'était pas assez !

Nous n'avions d'autre choix que de réaliser ce plan de relance, même s'il était impossible de savoir à quel niveau exact nous devions le calibrer. Résultat : en 2009 la baisse du PIB français était inférieure de moitié à celle du PIB allemand. Avec le recul, on peut se dire que le plan de soutien aurait pu être de plus faible ampleur. Mais, en 2009, nous avons pu constater que la France allait moins mal que les autres.

La situation mondiale a bouleversé la donne du quinquennat. Nicolas Sarkozy s'était fixé l'objectif de faire tomber le taux de chômage à 5 % à la fin de son mandat. La crise financière fit voler en éclats cette ambition. Avant la crise, nous allions dans cette direction. Après la crise, le chômage augmentait dans tous les pays. En France, il sera de 9,3 % fin 2011. C'était pire ailleurs. Mais la crise n'a pas réduit l'ardeur réformatrice de Nicolas Sarkozy. Elle ne l'empêcha pas de mettre en œuvre des mesures structurantes de notre économie et de notre société.

D'abord, la réhabilitation de la valeur du travail. C'était une promesse de campagne : « travailler plus pour gagner plus ». Certains reprochent à Nicolas Sarkozy de ne pas avoir tenu son engagement de supprimer les 35 heures. En réalité, jamais il ne s'y était engagé. Au cours de sa campagne, il avait promis de défiscaliser les heures supplémentaires, à la fois pour l'entreprise et pour le salarié. Il a tenu parole. Cette réforme n'était pas qu'une mesure technique destinée à contourner les 35 heures. Elle était, dans l'esprit de Nicolas Sarkozy, une véritable vision de société.

En janvier 2005, alors qu'il venait tout juste de prendre la tête de l'UMP, il effectua son premier déplacement dans le Nord-Pas-de-Calais. Une rencontre l'a profondément marqué : une famille d'ouvriers, dans un immeuble HLM de Calais. Le père lui tint en substance ce propos : « Monsieur Sarkozy, ce n'est pas normal ! Je travaille dur, je trime tous les jours, et mon beau-frère qui ne travaille pas gagne plus que moi. » Ce jour-là, la conviction de Nicolas Sarkozy était faite. Quelqu'un qui travaille doit gagner davantage que celui qui ne travaille pas. D'où l'inscription dans la loi de la disposition selon laquelle un demandeur d'emploi qui refuse sans raison deux «offres raisonnables» peut être radié. D'où la création du contrat de sécurité professionnelle, qui renforce les compétences des salariés menacés dans leur emploi, afin qu'ils puissent retrouver immédiatement un poste et ainsi éviter de s'inscrire à Pôle Emploi. D'où aussi la création du RSA, qui succéda en 2009 au RMI. Le principe était que ceux qui ne possèdent pas un emploi à plein temps, mais font tout de même l'effort de travailler, touchent un complément de revenu.

À vrai dire, je ne suis pas sûr que cette réforme soit la meilleure qui ait été faite. Elle a été décidée après une phase d'expérimentation trop courte, sous la pression politique de Martin Hirsch, qui menaçait de quitter le gouvernement s'il n'obtenait pas satisfaction. Reste que cette mesure est profondément illustratrice de la foi de Nicolas Sarkozy dans la valeur travail. Pour lui, revaloriser le travail est le seul moyen de produire, individuellement et collectivement, plus de richesse. C'est le moyen de procurer des revenus pour les individus, en même temps qu'au niveau national. C'est aussi un raisonnement juste, et même moral. De plus, le travailleur acharné qu'est Nicolas Sarkozy ne peut qu'être convaincu que le travail épanouit. Qui ne lui donnerait pas raison?

L'école, l'économie, l'écologie, l'industrie...

La priorité donnée à l'éducation est un autre axe fort de la présidence Sarkozy. J'ai déjà évoqué la réforme de l'Université, je n'y reviendrai pas. Mais d'autres nombreuses mesures ont été entreprises pour adapter l'école, afin qu'elle soit davantage un lieu de réussite. Environ 20 % des collégiens de troisième ne savaient pas résoudre un problème de calcul de CM2, une même proportion ne maîtrisait pas le niveau de français qui doit être assimilé à la fin de l'école primaire. C'était évidemment inacceptable. L'accent a donc été mis sur quatre points :

– le renforcement des savoirs fondamentaux : lire, écrire, compter. Comment peut-on réussir dans sa vie professionnelle, et même personnelle, sans maîtriser ces savoirs ? Il est scandaleux que dans un pays comme le nôtre tant d'enfants soient condamnés à l'échec ;

– l'accompagnement individualisé, afin que les élèves qui ne suivent pas le niveau moyen d'une classe bénéficient d'une formation renforcée dans les matières où ils se montrent insuffisants ;

– la création d'internats d'excellence, pour que les enfants de milieux modestes – handicapés par leur environnement familial, social, ou humain – qui disposent d'un potentiel puissent réussir leur scolarité ;

– la suppression de la carte scolaire, avec l'objectif clair de développer les établissements de qualité vers lesquels s'orientent les parents, fût-ce au risque de la disparition d'établissements en situation d'échec.

La revalorisation de la situation matérielle des enseignants a accompagné ces évolutions. La quasi-totalité des économies réalisées grâce à la suppression de soixante mille postes leur a été reversée. Là encore, Nicolas Sarkozy possède une conviction profonde : les professeurs de notre pays sont insuffisamment rémunérés. Il est envisageable qu'ils travaillent plus, mais en les payant davantage. Le mécanisme d'allègement fiscal des heures supplémentaires leur était d'ailleurs applicable.

Il y a en revanche un dossier sur lequel nous sommes restés timides, et un autre où nous n'avons pas avancé du tout. Nous avons été timides sur l'autonomie des établissements. Dans environ cent cinquante collèges en ZEP, le ministre de l'Éducation nationale, Luc Chatel, a impulsé avec courage un pas important vers l'autonomie : laisser les chefs d'établissement choisir leurs professeurs. Le temps nous a manqué pour aller plus loin.

J'ai un regret plus important : nous n'avons pas avancé sur la réforme du collège. Sans doute avons-nous été échaudés par une expérience. Nous avions mesuré toutes les difficultés qu'il y avait à tenter quoi que ce soit dans les lycées lorsque nous avons entrepris une simple réforme des programmes. Pour la faire admettre, le ministre de l'Éducation nationale de l'époque, l'excellent Xavier Darcos, avait dû recourir au soutien de Richard Descoings, le directeur de Sciences Po. Pourtant, cette réforme des programmes était loin d'être une révolution. La vraie réforme des collèges attendra donc.

Dans le domaine économique aussi, l'élan de modernisation a été considérable. Je tiens à le dire, car Nicolas Sarkozy a été si injustement critiqué que l'on finirait par oublier tout ce qu'il a réalisé. Le Fonds stratégique d'investissement (FSI), décidé le 30 octobre 2008, avait pour but d'aider nos entreprises à trouver les participations en fonds propres qui leur manquent pour développer leurs projets. Cette mesure a financé des centaines de sociétés. Le FSI fait figure de prédécesseur du volet investissement de la Banque publique d'investissement (BPI), créée par le gouvernement socialiste, qui ne peut donc légitimement s'en attribuer la paternité.

Le crédit d'impôt recherche (CIR) a été triplé en 2008 afin de doper les capacités de recherche de nos entreprises. Alors qu'après 2012 les socialistes n'avaient comme principale vision politique que de supprimer ce que Nicolas Sarkozy avait réalisé, ils l'ont pourtant maintenu. Son efficacité est incontestable.

La taxe professionnelle a été supprimée à compter de 2010, permettant un allègement significatif de la pression fiscale sur les entreprises.

Le statut d'autoentrepreneur, lancé en 2008 par Hervé Novelli, avec une vraie ambition de société, a certes perturbé quelque peu le monde de l'artisanat et du petit commerce, mais il a réveillé l'esprit d'entreprise dans notre pays. De plus en plus de personnes font le choix de créer leur propre entreprise et de vendre leurs services plutôt que de travailler comme salariés. C'est sans doute l'amorce d'une profonde évolution de notre société, qui a un besoin absolu de développer les entreprises, seules créatrices de richesse.

La politique des filières industrielles de Christian Estrosi, lancée sous les applaudissements de la CGT, consistait à rassembler les différentes entreprises d'un secteur d'activité ainsi que les établissements de recherche pour les inviter à travailler ensemble. Soit de façon volontaire, soit dans le cadre des pôles de compétitivité, lancés en 2004 lorsque Nicolas Sarkozy était à Bercy, afin de concentrer les efforts sur des axes stratégiques.

Le grand emprunt de 35 milliards d'euros en décembre 2009, dont l'idée revient à Henri Guaino, a tout juste été écorné par les socialistes, qui l'ont même étendu. Son objet était unique : développer l'excellence dans la recherche, dans les filières industrielles et technologiques d'avenir.

La loi de modernisation de l'économie a assoupli les règles du travail du dimanche, même si ce fut trop peu à notre gré. Elle a aussi amélioré les conditions de la concurrence, avec des conséquences importantes sur les prix, et donc sur le pouvoir d'achat des familles.

La loi de modernisation agricole a introduit dans la filière laitière des rapports contractuels de moyen terme entre les éleveurs et les transformateurs. Ceux-ci ont permis de garantir des revenus convenables aux producteurs de lait avant que ne surviennent de nouvelles perturbations du marché par la suppression des quotas laitiers. Au moment de la crise de la viande, fin 2015, j'entendais certains responsables agricoles déplorer que la contractualisation n'ait pas été étendue au-delà de la filière laitière.

N'oublions pas non plus l'environnement et le développement durable, avec en point d'orgue les deux « Grenelle de l'environnement ». Ceux-ci ont été des moments privilégiés de réflexion sur les questions de développement durable et l'occasion de décisions de grande ampleur. À leur suite, le ministre Jean-Louis Borloo a fait adopter par le Parlement une grande loi qui rassemblait tous les moyens de la transition énergétique par l'adaptation du parc automobile, l'isolation des logements, mais aussi par le développement des énergies renouvelables. Ces dernières entraient en 2010 pour 11 % dans notre bilan énergétique. Elles seront de 23 % en 2020. Dans le même esprit, le gouvernement fit adopter la loi créant la taxe sur les poids lourds. Cette loi, il faut le rappeler, fut votée à l'unanimité. Elle ne devait donc pas être si mauvaise… Malheureusement, sous la pression des violences bretonnes, elle a été abandonnée avec un coût pour l'État d'un milliard d'euros d'investissements, versés en pure perte à Ecomouv'.

J'ai peine à comprendre pourquoi on n'a pas restitué à la mesure son équilibre d'origine. Cela aurait consisté à supprimer la taxe à l'essieu pesant sur les seuls poids lourds français pour taxer, sur des critères environnementaux, la totalité des véhicules. Et cela aurait permis d'égaliser les conditions de concurrence entre les transporteurs français et les transporteurs étrangers. En même temps, des tarifs réduits étaient prévus pour la Bretagne, objectivement excentrée parmi les régions françaises. Pierre Méhaignerie était venu me voir pour plaider la cause des productions bretonnes. En 2011, la taxe à l'essieu, sans doute pour la seule raison qu'il fallait trouver des recettes, a été rétablie. Ce fut une mauvaise décision. Elle aurait pu être rattrapée, ainsi aurions-nous disposé d'un premier embryon de fiscalité écologique. Depuis l'abandon de la taxe poids lourds, c'est tromper l'opinion que de prétendre qu'il y a eu des initiatives de fiscalité écologique en augmentant de nouveau les taxes sur les carburants. Les taxes sur les carburants ne sont rien d'autre que des recettes fiscales, donc un prélèvement sur le pouvoir d'achat.

Le président des riches ?

Au nombre des réformes importantes, on oublie trop souvent à mes yeux la réforme constitutionnelle de 2008, à la suite des travaux du comité de réflexion présidé par Édouard Balladur. Pour Nicolas Sarkozy, il s'agissait d'adapter le fonctionnement de nos institutions à notre époque, d'aller vers davantage de démocratie. En résumé : tirer les conclusions du fait que le général de Gaulle n'était plus à la tête de l'État. À cette occasion, des questions fondamentales furent posées. Avec la sagesse et le sens de l'anticipation qui le caractérisent, Édouard Balladur estimait que le moment était venu d'envisager un régime présidentiel, en raison de l'omniprésence du chef de l'État dans la vie publique depuis l'instauration du quinquennat. Mais Nicolas Sarkozy ne souhaitait pas aller aussi loin. Il ne voulait pas être accusé de vouloir cumuler tous les pouvoirs, même si sa pratique de la présidence – comme celle de ses successeurs – ressemblait déjà à celle d'un régime présidentiel.

Cette réforme, qui ne fut adoptée qu'à deux voix de majorité, fut néanmoins profonde. Sur un plan pratique, son application ne nous a d'ailleurs pas toujours facilité la tâche. L'idée la plus forte était d'élargir les compétences du Parlement. Désormais, la moitié de l'ordre du jour devait être d'initiative parlementaire. Résultat : sauf à disposer d'une majorité parfaitement docile, le gouvernement a davantage de difficultés à mettre en œuvre ses projets. Incontestablement, nos institutions sont plus démocratiques. Mais c'est un facteur – il y en a bien d'autres – de la lenteur des travaux parlementaires. Cela pose un vrai problème face à un monde qui va si vite, et où des phénomènes de grande ampleur exigent une réponse immédiate.

D'autres innovations ont vu le jour à l'occasion de cette réforme. La création du Défenseur des droits, par exemple, qui succédait au médiateur de la République ainsi qu'à des défenseurs de droits sectoriels, comme celui des enfants. Une fois votée, cette réforme se révéla difficile à faire aboutir, car les défenseurs de droits catégoriels estimaient que les catégories dont ils avaient la charge seraient moins bien protégées. C'était sans compter les pouvoirs nouveaux, notamment celui d'injonction, donnés au Défenseur des droits. C'était aussi compter sans les personnalités remarquables qui ont été désignées à cette fonction : Dominique Baudis, puis Jacques Toubon.

Une dernière innovation est à rappeler : l'exception d'inconstitutionnalité. Elle aussi représente un vrai progrès pour permettre à nos concitoyens de faire valoir leurs droits. Avant cette réforme, le Conseil constitutionnel appréciait la constitutionnalité des seules dispositions législatives qui lui étaient soumises après le vote des lois. Il en résultait que les dispositions précédant son institution, ou celles qui ne lui avaient pas été soumises, pouvaient être contraires à la Constitution sans pour autant pouvoir être examinées par lui, et éventuellement sanctionnées. Désormais, au travers des filtres du Conseil d'État et de la Cour de cassation, toute question de nature constitutionnelle peut faire l'objet d'une décision du Conseil constitutionnel. Ce fut un vrai débat au sein de l'équipe présidentielle. Les adversaires de cette innovation considéraient que la procédure risquait de créer des insécurités juridiques. Ils n'avaient pas tort. Mais, quand on a à cœur d'être un État de droit, on respecte le droit dans toutes ses composantes.

La question du bilan social de Nicolas Sarkozy mérite aussi d'être abordée. Il a trop souvent été caricaturé comme le « président des riches ». Rien n'est plus injuste. Ce n'est pas parce que l'on soutient le développement économique que l'on favorise les « riches ». Pour la bonne raison qu'il s'agissait de faciliter l'activité, et donc l'emploi, en même temps que l'on garantissait les ressources qui permettaient la préservation de notre système social. Deux grandes réformes structurelles sont à mettre à son actif : celle de l'hôpital, qui visait le maintien d'un système de soins de qualité sur l'ensemble du territoire, incluant la revalorisation de la situation des infirmières, et celle des retraites, dont le dessein n'était rien de moins que de sauver le système.

Cette réforme ne figurait pas au programme de 2007. L'aggravation du chômage, qui accompagnait la crise économique, la rendait néanmoins indispensable. Ce fut une véritable épreuve politique. Les syndicats étaient contre, organisant de gigantesques manifestations. En toute irresponsabilité, comme à son habitude, le Parti socialiste s'y opposa aussi. Arrivé au pouvoir, sous le gouvernement de Jean-Marc Ayrault, il devait cependant la rendre plus ambitieuse, compte tenu des contraintes qui s'étaient ajoutées, mais seulement après 2021… Dans l'immédiat, le gouvernement décidait d'ajouter des dépenses. C'est aux décisions prises dans la difficulté, éventuellement contre l'opinion, que l'on reconnaît les hommes d'État.

Bien d'autres initiatives furent menées dans le domaine social sous le quinquennat de Nicolas Sarkozy :

– la séparation du patrimoine professionnel et du patrimoine personnel pour les petites entreprises, afin qu'en cas de difficulté les chefs d'entreprise ne perdent pas leur maison en plus de leurs biens professionnels ;

– l'exonération des droits de succession pour 95 % des patrimoines, parce qu'il est socialement juste que quelqu'un qui a travaillé toute sa vie, et déjà payé des impôts sur tout ce qu'il a économisé, puisse transmettre son bien à ses enfants ;

– la rupture à l'amiable du contrat de travail, qui facilite bien des situations ;

– le service minimum dans les transports et l'éducation en cas de grève ;

– l'augmentation de 25 % de l'allocation adulte handicapé (AAH) et du minimum vieillesse. À ceux qui prétendent que Nicolas Sarkozy n'a pas mené de politique sociale, je conseille de comparer ces augmentations aux quelques euros consentis par les gouvernements de François Hollande pour revaloriser ces deux allocations ;

– la confirmation du plan Cancer, mis en œuvre par Jacques Chirac, et le lancement du plan Maladie d'Alzheimer, pour laquelle les meilleurs spécialistes espéraient des découvertes rapides qui ne sont malheureusement pas encore à l'ordre du jour.

Nicolas Sarkozy démontra une volonté constante, exprimée avec le concours précieux de son conseiller social Raymond Soubie, d'entretenir un vrai dialogue avec les organisations syndicales. Chaque année, les partenaires sociaux étaient invités à l'Élysée en présence du Premier ministre et des ministres concernés. Un programme de travail leur était soumis. La règle fixée était claire : « Voici les intentions du président de la République et du gouvernement. Nous invitons les partenaires à se réunir et à tenter de trouver des accords. S'ils n'y parviennent pas, il appartiendra à la représentation nationale de décider. »

Nicolas Sarkozy a toujours attaché une sincère attention aux partenaires sociaux. Il a sans cesse souhaité réformer par le consensus en leur accordant sa confiance pour trouver des solutions. Quelques succès ont été obtenus, comme sur la représentativité syndicale où l'unanimité a pu être trouvée. Le plus souvent cependant, il a fallu négocier avec les seuls syndicats réformistes. La position de la CGT a presque toujours été un refus de la réforme. En tant que citoyen, je persiste à trouver désolant qu'une grande organisation comme la CGT ne puisse se comporter que dans le conservatisme. D'autant que ses responsables font souvent preuve, dans les conversations privées, d'idées intéressantes et d'approches constructives.

Je sais bien que la position des dirigeants syndicaux n'est pas simple. Qu'ils doivent faire face à un problème majeur, et parfaitement compréhensible : être approuvés par leurs mandants. Bien sûr, ceux-ci sont *a priori* plus enclins à refuser la nouveauté qu'à envisager des innovations, qui sont pour eux autant d'inconnues. Mais je sais aussi que les Français, syndiqués ou non, sont lucides. Dès que leurs droits fondamentaux ne sont pas en cause, les Français sont prêts à évoluer. On trouve parmi les responsables syndicaux beaucoup de générosité, beaucoup de savoir. Ceux-ci possèdent un lien irremplaçable avec ce que l'on appelle « la base ». Mais quel que soit le gouvernement en fonction, il apparaît toujours complexe d'avancer ensemble, pouvoirs publics et syndicats. Et, si les syndicats refusent d'avancer, il faut le faire quand même. Le peuple, lui, veut que les choses bougent.

Le vrai bilan de la sécurité

Beaucoup d'inexactitudes ont été proférées sur le bilan de Nicolas Sarkozy en matière de sécurité. Une vérité incontestable se doit donc d'être rappelée : entre 2002 et 2012, la délinquance a été réduite de 17 %. Un chiffre considérable. Cela signifie que l'année 2012 comptait 630 000 victimes de moins que dix ans plus tôt. Le taux d'élucidation, lui, augmentait de près de 50 %, en passant de 26 % à 38 %. Alors qu'en 2002 les auteurs d'un crime ou d'un délit n'étaient retrouvés qu'une fois sur quatre, ils étaient désormais interpellés une fois sur trois. Cette réussite fut le fruit d'une action réfléchie et volontaire dans laquelle la défense des victimes était une priorité.

C'est avec cette même conviction que Nicolas Sarkozy reprit en 2002 la modernisation de la police. La réforme, que j'avais mise en œuvre lorsque j'étais directeur de la police nationale, s'est ainsi prolongée. Elle a abouti à un nouveau statut qui valorise davantage les compétences et la polyvalence des effectifs. Elle s'est étendue à la gendarmerie nationale, qui a été placée sous l'autorité du ministre de l'Intérieur. Nicolas Sarkozy a payé de sa personne, comme il estimait devoir le faire.

À l'instar de ce que j'avais réalisé quelques années auparavant en tant que DGPN, il a rencontré des dizaines de milliers de policiers et de gendarmes. Il a créé des formules d'évaluation des performances inédites au ministère de l'Intérieur. En tant que ministre des Finances, il a donné suite aux promesses qu'il avait faites comme ministre de l'Intérieur. Il est allé jusqu'au bout de sa tâche en faisant adopter une loi d'orientation et de programmation pour la police et la gendarmerie. Il a donné le coup d'envoi d'une vraie politique de reconnaissance des traces génétiques, qui était balbutiante et nous mettait au ban de la communauté scientifique policière en Europe. Il a considéré que les victimes devaient être la première préoccupation des forces de sécurité, redéployé les compétences territoriales de la police et de la gendarmerie.

Il a aussi inspiré, voire imposé, plusieurs lois pénales qui portent le nom du ministre de la Justice qui les a présentées au Parlement, comme la « loi Perben » sur la drogue. Il a refait de la lutte contre les stupéfiants une priorité pour enfin enrayer ce fléau social. Il a changé le regard que l'on pouvait avoir sur la délinquance des mineurs en exigeant que la justice soit plus efficace à leur égard. Il a lancé bien des idées que nous nous sommes efforcés de mettre en œuvre, même si nous n'avons pas réussi à les faire aboutir telles que nous le souhaitions. Comme ces principes que les Français appellent de leurs vœux : que la loi soit respectée par tous et soit réellement appliquée par la justice, que l'école soit un lieu d'éducation et de respect mutuel qui apaise les souffrances de la jeunesse.

Autre précision : le Parti socialiste fut bien peu inspiré de dénoncer les réductions d'effectifs auxquelles la situation budgétaire nous avait conduits entre 2007 et 2012. Car ces réductions venaient après des créations de postes réalisées lorsque Nicolas Sarkozy était ministre de l'Intérieur entre 2002 et 2007. La vérité dans ce domaine ne souffre d'aucune contestation : toutes catégories confondues, le nombre de policiers a augmenté entre 2002 et 2012. De plus, malgré les engagements du gouvernement de François Hollande de créer des postes, à la fin de l'année 2014, les effectifs de la police ont été réduits de deux mille fonctionnaires par rapport à 2012. Depuis, il y a eu des promesses d'effectifs sous la pression du terrorisme. Parenthèse refermée !

Hyperactif et novateur sur la scène internationale

Dernier point du bilan : la politique étrangère. Dans ce domaine aussi, Nicolas Sarkozy s'est montré hyperactif et novateur. Son baptême du feu a eu lieu dès l'été 2008, au nom de l'Union européenne dont il assurait la présidence. Dans la nuit du 7 au 8 août, la Géorgie envoya des troupes contre les milices de sa province séparatiste d'Ossétie du Sud. De leur côté, les Russes dépêchèrent des moyens militaires pour soutenir les séparatistes. Nicolas Sarkozy, qui se trouvait alors en vacances, rappela aussitôt son équipe diplomatique.

Il provoqua une réunion du Conseil européen et se précipita à Moscou, où il rencontra le président Medvedev et son Premier ministre Vladimir Poutine, puis à Tbilissi, pour mettre un terme au conflit armé. Il offrit sa médiation, obtint un cessez-le-feu, puis un accord. C'était sa marque de fabrique : réagir, se porter aux avant-postes, négocier jusqu'à parvenir à une conclusion. S'il l'avait emporté en 2012, je peux témoigner qu'il aurait appliqué cette même méthode et ce même volontarisme à la résolution du conflit israélo-palestinien. Il me l'avait confié, comme à plusieurs de ses proches. La recherche d'une issue à ce conflit eût été son premier acte de politique étrangère. Il y aurait mis toute son intelligence et toute son énergie.

Les idées nouvelles sur la scène internationale furent nombreuses. Certaines ont abouti, d'autres non. Les plus importantes concernaient la gouvernance mondiale. À l'occasion de la crise financière de 2008, Nicolas Sarkozy fit le constat qu'il n'existait pas d'instance capable de traiter les problèmes économiques au niveau planétaire. Pourtant, les questions de régulation et les sujets d'harmonisation entre les politiques économiques étaient légion. Certes, le G8 existait, mais sa vocation était d'abord politique et celui-ci ne rassemblait que les vieilles puissances. Ni la Chine, ni l'Amérique du Sud, ni le Moyen-Orient, ni l'Afrique n'y étaient représentés. D'où l'idée de créer le G20, qui représentait plus de 90 % de la richesse produite dans le monde.

Il fallut d'abord convaincre les États-Unis. Ce ne fut pas facile. Disons que George Bush se laissa faire. Nicolas Sarkozy le rencontra à la Maison-Blanche et finit par le convaincre. La première réunion du G20 se tint en novembre 2008 à Washington. Les participants établirent un programme ambitieux de régulation et de contrôle des institutions financières ainsi que d'une relance de l'activité économique. Depuis, le G20 se réunit chaque année. Bien sûr, tout n'est pas parfait dans son fonctionnement. Malgré les décisions communes, certains États retrouvent leur autonomie et le souci de leur intérêt lorsqu'ils sortent de l'enceinte de la concertation. Mais un cadre inédit existe désormais et permet à la sagesse des dirigeants de s'exprimer.

C'est le même souci d'adapter les institutions internationales à l'évolution du monde qui poussa Nicolas Sarkozy à émettre des propositions révolutionnaires pour les Nations unies. Il proposa de créer une instance onusienne consacrée à l'environnement. Il suggéra une réforme de la gouvernance du FMI, afin que les pays émergents y trouvent leur place. Surtout, il proposa que le Conseil de sécurité fasse une place à ces pays émergents. La plupart des conflits ayant lieu en Afrique et au Moyen-Orient, est-il normal et efficace que ces deux régions du monde ne disposent d'aucune représentation parmi les membres permanents de ce conseil? Ces propositions n'ont pas abouti, mais elles demeurent pertinentes.

En Afrique, Nicolas Sarkozy a souvent été accusé d'entretenir la Françafrique car il rencontrait, tout comme moi d'ailleurs, des experts du continent qui ne faisaient pas partie de notre appareil diplomatique. Cette accusation était encore une fois profondément injuste car, en réalité, Nicolas Sarkozy a mis un terme à ce système de Françafrique. Sans renier les liens qui nous unissent à ce continent pour des raisons historiques et culturelles, et en conservant des relations privilégiées avec lui, le président a répété avec force sa volonté de tourner cette page pour entretenir avec l'Afrique des rapports dépassionnés, d'égal à égal, dans lesquels chacun défendrait ses intérêts sans que le paternalisme européen y tienne la moindre place. À l'appui de cette volonté, il a étendu le champ de la coopération au-delà de l'Afrique francophone, en la prolongeant vers l'ensemble du continent. Dès 2006, avant même le début de la campagne présidentielle, il en avait pris la décision, sur la base des travaux que nous avions menés avec Bruno Joubert, alors directeur Afrique au Quai d'Orsay.

Toujours, Nicolas Sarkozy a démontré sa volonté de cesser les ingérences dans la politique intérieure des États. Pour que cela soit bien compris, il a réduit notre présence militaire permanente en Afrique. Une présence qui était considérée par nombre de gouvernements du continent comme une ultime garde prétorienne de leur régime. À ceux qui croient nous mettre en porte à faux en rappelant que les forces françaises sont intervenues en Côte-d'Ivoire en avril 2011, je rappellerai que ce fut à la demande des Nations unies, pour rétablir la légalité dans ce pays, puisque Laurent Gbagbo, le président en place, refusait le résultat des élections.

Sur le plan européen, il faut le reconnaître, Nicolas Sarkozy a d'abord hésité. Dans les premiers mois qui ont suivi son élection, comme d'autres présidents avant lui, il a essayé de s'affranchir de l'exclusivité du partenariat franco-allemand en recherchant une coopération plus active avec le Royaume-Uni dans l'orientation de la politique européenne. Ces efforts de rapprochement ont eu des effets durables, notamment dans le domaine de la Défense, où la collaboration entre les forces françaises et britanniques a atteint un niveau très élevé, notamment en matière nucléaire. Mais, très vite, le réalisme reprit le dessus. Nicolas Sarkozy s'est donc convaincu de la nécessité absolue de faire en sorte que l'Allemagne et la France s'assignent conjointement la mission de guider le reste de l'Europe. C'est l'intérêt de chacun des deux pays, et c'est l'intérêt de l'Union.

Certes, cela n'est pas toujours facile. Dans le jeu institutionnel de son pays, la chancelière allemande a les coudées moins franches que le président français. Elle dépend de façon étroite du Bundestag et n'a que rarement la possibilité de prendre des initiatives ou des décisions sans le consulter. Parfois aussi, des désaccords de fond surviennent. Je me souviens de l'un d'entre eux, particulièrement important, dont l'évocation m'offre l'occasion de rétablir une vérité historique. On attribue généralement à Angela Merkel la maternité du gouvernement économique de l'Europe. En réalité, c'est Nicolas Sarkozy qui a eu cette idée. Pendant un an, l'Allemagne a refusé cette perspective. Les efforts de conviction ont été incessants et les Allemands ont fini par se rallier à notre thèse. C'est finalement une bonne chose que le mérite de cette création leur soit attribué : cela signifie que le couple fonctionnait.

Plus récemment, on a vu, avec la crise grecque ou avec l'afflux des migrants, à quel point des fissures dans l'axe franco-allemand pouvaient être dommageables. Il est navrant que, faute de solidarité avec la France, une Allemagne obligée de jouer seule le rôle de leader se voit sans cesse rappelée à son passé. L'Allemagne a fait son repentir. Comme les autres pays, elle a souffert de ce passé. La génération au pouvoir n'est pour rien dans les horreurs de la Seconde Guerre mondiale. Sa jeunesse est entièrement tournée vers l'avenir. Nous devons l'être aussi. Il est tout aussi grave que certains trouvent argument de nos divisions pour s'écarter des disciplines communautaires, qui ne sont que la manifestation de la solidarité que nous devons les uns aux autres. Il est impératif que le couple franco-allemand redevienne moteur.

En guise de conclusion à ce rapide bilan, je voudrais me livrer à une comparaison. Fin 2011, à l'issue du mandat de Nicolas Sarkozy avec François Fillon à Matignon, la dette de la France était de 1725 milliards d'euros. Au 31 mars 2017, elle s'élevait à 2209,6 milliards d'euros. Fin 2011, le nombre de demandeurs d'emploi inscrits à Pôle emploi, toutes catégories confondues, était de 4,5 millions pour la

France entière. Fin 2016, il était de 6,575 millions, s'établissant ainsi au plus haut niveau depuis dix-huit ans. Durant le quinquennat de François Hollande, le chômage a augmenté de 20 % en France, tandis qu'il a baissé de 20 % en Europe.

Au cours des années 2007 à 2011, si l'on veut bien faire abstraction de l'année 2009, marquée par la récession mondiale, la moyenne de croissance du PIB a été en volume de 1,67 % par an. Durant les années 2012 à 2016, elle aura été de 0,8 % en moyenne chaque année. En rythme annuel, la croissance a donc été deux fois plus forte sous Nicolas Sarkozy que sous François Hollande. En 2016, la croissance s'est limitée à 1 %. Nous étions en 2015 au quinzième rang des dix-neuf pays de la zone euro. En 2016, la croissance de la zone euro a été de 1,7 %.

Sous la présidence de Nicolas Sarkozy, le pouvoir d'achat a crû de plus de 6 %. Sous celle de François Hollande, jusqu'à fin 2015, la croissance du pouvoir d'achat s'est limitée à 0,6 %. À la fin de 2016, elle aura été selon les prévisions de l'ordre de 2 %. Et encore, cela aura été largement dû à la baisse du prix du pétrole, dont chacun conviendra que le gouvernement français n'y est pour rien.

De 2002 à 2007, la période durant laquelle Nicolas Sarkozy a été ministre de l'Intérieur puis président, la délinquance a reculé de 17 %. Depuis 2012, on ne sait plus : les statistiques ont été changées… Malgré les efforts entrepris pour ne plus permettre d'analyser les évolutions, les rares nouveaux chiffres dans ce domaine indiquent une dégradation certaine de la situation.

Face à ce comparatif, je pense à cette phrase d'Henri Bergson : « N'écoutez pas ce qu'ils disent, regardez ce qu'ils font. »

23

Pour l'avenir, le choix de notre identité

Je n'ai aucun mandat, aucune légitimité qui me permette de m'exprimer au nom d'un groupe, fût-ce ma famille politique. Je suis seul, je ne dispose pas des moyens de proposer et de bâtir un projet détaillé pour la France. Je possède néanmoins une expérience et un regard qui m'autorisent à faire part de quelques convictions et à avancer quelques suggestions. Des suggestions que je voudrais cohérentes, car ce n'est pas d'idées multiples que notre pays a besoin, mais d'une ligne directrice.

Voulons-nous cesser d'être un peuple?

En tant que Français, il me semble que nous devrions nous poser une simple question: qui voulons-nous être? Après tout, une telle interrogation est-elle moins digne d'intérêt que le choix d'un taux de TVA? Depuis des années, nous sommes assiégés par un relativisme selon lequel tout se vaut. Souhaitons-nous continuer à nous vautrer dans cette logique où seules les différences méritent d'être exaltées? Ou allons-nous réaffirmer notre attachement aux valeurs de la France inscrites dans la Déclaration des droits de l'homme, dans l'humanisme des Lumières, dans notre patrimoine juridique et dans notre histoire? Le président Macron doit à cet égard nous éclairer sur sa vision. Un pays comme le nôtre se doit d'avoir un projet de civilisation.

Le relativisme mène tout droit au communautarisme. Au nom du droit à la différence, on en arrive à la différence des droits. Au nom de la liberté de chacun, nous finirons par cesser d'être un peuple. Depuis des années, les valeurs ont dérivé. Dans ce domaine, la droite est tout autant responsable que la gauche. N'en déplaise aux « dénis-oui-oui », il est inutile de dissimuler une vérité que tous les Français ne peuvent que constater : il existe dans notre pays des quartiers où la seule loi que l'on respecte est la loi religieuse ou celle de la tradition des origines. Ce n'est pas la loi de la République, que du reste on ignore ouvertement. Sur le territoire français, des communautés vivent séparées de l'ensemble national et imposent à leurs membres leurs croyances propres. Ces membres, au demeurant, en voient leurs chances de réussite réduites à néant. Les femmes y subissent une condition que toutes nos lois et toute notre éthique réprouvent. D'autres conséquences en résultent, et la France entière en souffre.

Un sujet devient un peu moins tabou : dans certaines de nos écoles, les professeurs ne peuvent aborder des chapitres de notre histoire. Affirmer « 732 : Charles Martel arrête les Arabes à Poitiers » déclenche des tumultes insurmontables. Il en est de même de l'évocation des origines chrétiennes de la France ou des croisades. Je suis évidemment d'accord pour convenir que les croisades n'ont pas été les expéditions magnifiques que l'on nous présentait dans nos livres d'enfants. Mais elles ont existé, elles ont exprimé la mystique des peuples d'Europe. Au nom de quelle idéologie accepterions-nous qu'elles disparaissent de l'histoire ? Pis, dans ces écoles il n'est pas rare que des élèves aient un héros : Hitler. Pourquoi ? Lorsqu'on les interroge, ils répondent : « Parce qu'il a tué des juifs. » Une telle réponse, bien évidemment suggérée par ce qu'ils entendent dans leur milieu familial, est la négation même des principes fondamentaux que l'Éducation nationale a la mission de communiquer à la jeunesse. Nous ne pouvons l'accepter.

Comme nous ne pouvons accepter que l'on exige des repas confessionnels dans les cantines scolaires, que l'on arbore un voile lorsqu'on représente un service public à un guichet, que l'on exige à l'hôpital un médecin de tel ou tel sexe en refusant de se plier au fonctionnement du service qui conditionne la qualité des soins pour tous. Nous ne devons pas non plus accepter que se développent dans une grande entreprise publique comme la RATP des comportements de mépris à l'égard du personnel féminin.

Notre pays est laïc. La laïcité n'est pas une arme de guerre contre les religions, au contraire. Selon la loi du 9 décembre 1905 : « La République assure la liberté de conscience, garantit le libre exercice des cultes », mais « elle ne reconnaît, ne salarie ni ne subventionne aucun culte ». En clair : dans la République française, chacun est libre de ses croyances, mais la loi civile s'impose et n'est soumise à aucune loi religieuse. La vie des citoyens est réglée par elle et non par une religion, quelle qu'elle soit. Je crois, au plus profond de moi-même, que nous devons rester fidèles à ce principe de laïcité, ne tolérer aucune entorse. Car d'entorses en exceptions, on arrive vite à la négation des valeurs qui font la singularité de notre société et l'unité de la nation.

Entendons-nous bien : il est naturel que ceux qui viennent d'ailleurs, et qui sont autorisés à résider régulièrement chez nous, restent fidèles à une religion qui n'est pas dominante en France. Il est normal qu'ils conservent un lien particulier avec les coutumes de leurs parents ou de leur pays d'origine. Mais dès lors qu'ils sont admis à vivre en France, ils doivent parler le français, adhérer à nos valeurs et à nos lois. Pas seulement les accepter : y *adhérer*.

Ils doivent renier définitivement les coutumes qui humilient et les pratiques qui portent atteinte à l'intégrité physique. Ils doivent soutenir l'enseignement prodigué à leurs enfants, pour lesquels, au demeurant, il est une chance.

Nous vivons nos valeurs de façon si naturelle que nous avons tendance à ne plus les nommer. Je souhaite en rappeler quelques-unes : la démocratie, les libertés collectives, les libertés individuelles, celle d'aller et venir, celle d'avoir les opinions que l'on souhaite et de les exprimer. Je rajouterai l'égalité entre les hommes et les femmes, une valeur d'autant plus précieuse qu'il nous a fallu une longue histoire pour y parvenir. Nous possédons aussi une culture, une histoire, des habitudes de vie auxquelles nous tenons. C'est tout cela qui fait notre identité. Notre identité nationale.

Plus exigeants envers ceux qui arrivent

Nous ne devons pas tolérer que ces règles soient bafouées. Nous ne devons pas même envisager d'accepter que notre pays soit à deux vitesses, avec la partie de sa population la plus nombreuse qui vivrait selon les valeurs de la République, tandis qu'une autre ne les respecterait pas. La France ne serait plus un pays, plus une nation. Ce sont les nouveaux venus en France qui doivent s'adapter à nous, non l'inverse ! Ils doivent s'assimiler. On dira que c'est plus facile à dire qu'à faire. Ce n'est pas faux. C'est une raison de plus pour nous montrer déterminés. Nous devons être plus exigeants à l'égard de ceux qui arrivent d'ailleurs et plus exigeants à l'égard de nous-mêmes.

Pourquoi à l'égard de nous-mêmes ? Car les politiques d'intégration successivement mises en place n'ont pas été à la hauteur des besoins. De telles politiques doivent avoir pour objet d'organiser les conditions d'une assimilation réussie. Cela suppose que les personnes autorisées à s'installer en France soient préparées à cette venue avant même d'être admises. Que la qualité de cette préparation soit une condition de l'autorisation. Cela suppose aussi que les personnes nouvellement arrivées soient accompagnées dans leur apprentissage de notre pays. Si elles ne le sont pas, elles seront naturellement tentées par le repli communautaire. Bien sûr, il faut des moyens au service de cette exigence. Mais commençons déjà par mettre les moyens existants au service d'une direction claire, celle de l'assimilation dans le respect de ce que nous sommes !

Il nous faut aussi être plus exigeants envers ceux qui n'acceptent pas la règle commune. D'abord en faisant respecter la loi. Car, malgré la loi, chacun peut observer que de plus en plus de femmes se promènent sur la voie publique couvertes d'un voile intégral qui dissimule leur visage. C'est interdit ? Alors appliquons les sanctions prévues ! La polygamie est également interdite dans notre pays ? Eh bien, poursuivons ceux qui la pratiquent ! Si on le veut, on le peut. Et si les sanctions prévues par la loi ne suffisent pas, utilisons l'arme de la suspension des allocations familiales.

Les actes d'indiscipline à l'école peuvent être sanctionnés ? Appliquons les textes ! Encore faut-il que les professeurs soient soutenus par leur hiérarchie. Trop souvent, dans le passé, des professeurs qui voulaient rétablir la discipline dans leur classe ont été lâchés en haut lieu pour éviter des problèmes ou, peut-être pire, au nom du relativisme ambiant. Il faut aussi prévoir des dispositions pour que les parents fassent en sorte que leurs enfants rentrent dans le rang. Là encore, la suspension des allocations familiales représente un moyen de pression.

Osons le dire : il est possible d'aller jusqu'à l'expulsion des familles qui affichent leur hostilité à la République. L'imam de la mosquée Aicha de Montpellier est de nationalité canadienne ? Eh bien, cet imam, qui proclame que la femme est inférieure à l'homme, doit être reconduit chez lui ! Les livres qui prônent le djihad doivent être interdits, les commerces qui vendent des vêtements incluant le voile intégral pour des fillettes de quatre ans doivent être fermés. La République est émancipatrice, elle doit jouer son rôle. Dans notre pays, trop de femmes de culture étrangère vivent dans la servitude. Nous ne devons pas le tolérer.

Deux cent mille immigrés réguliers chaque année

Ces réflexions sur la fidélité que nous nous devons à nous-mêmes amènent inévitablement à évoquer la question de l'immigration. Je l'ai déjà dit : près de deux cent mille installations régulières chaque année, c'est plus que nous ne pouvons absorber. Parce que nous ne pouvons donner du travail à tous, parce que ce poids est trop lourd pour nos systèmes sociaux. Et surtout parce que le nombre des migrants est trop important pour que nous puissions les intégrer d'abord et les assimiler ensuite. Une chose me semble fondamentale dans cette problématique : notre capacité à demeurer un pays uni autour de son histoire, de ses valeurs, de ses principes. C'est en fonction de cet impératif que l'immigration doit être régulée.

L'immigration zéro que préconisent certains est impossible. Bien des immigrés font honneur à notre pays et nous nous félicitons qu'ils nous aient rejoints. Mais l'immigration ne doit pas bouleverser nos façons de vivre ni susciter des mouvements d'opinion racistes ou xénophobes, que nous réprouvons mais que nous ne pouvons pas toujours contenir. Pour limiter l'immigration légale, bien des mesures sont à prendre. À mes yeux, l'une d'elles s'impose parce qu'elle sera la plus efficace d'un point de vue quantitatif :

suspendre le regroupement familial sous toutes ses formes pendant une période de deux ans. Cet intervalle doit être utilisé pour refonder l'ensemble de notre politique, notamment redéfinir les conditions du regroupement.

S'agissant de l'immigration irrégulière, qu'elle provienne de l'entrée frauduleuse ou du maintien des demandeurs d'asile déboutés, il n'y a qu'une seule solution : le renvoi dans le pays d'origine. D'expérience, je sais que ce n'est pas facile. En matière d'immigration, deux niveaux d'analyse coexistent : celui des données globales et celui des cas individuels. Même chez les immigrés venus de façon irrégulière, il y a des itinéraires douloureux et des drames. Les cas individuels sont toujours difficiles à traiter. Mais il faut savoir ce que l'on veut. Reconduire dans leur pays les irréguliers en plus grand nombre est une action politique difficile mais réalisable. Là encore, il faut le vouloir.

J'ajouterai qu'il faut aussi que l'Union européenne soutienne l'action des États dans ce domaine. Pour une raison simple : afin de mener à bien une reconduite, il faut bénéficier d'un minimum de concours des pays d'origine. Or, ces pays sont pour la plupart puissamment aidés par l'Union européenne. Et ce d'autant plus que nous avons accepté de mutualiser nos propres efforts d'aide au développement et que nous sommes de ce fait démunis de moyens d'influence.

Indépendamment de la question des reconduites, l'Union européenne doit également définir une politique unitaire de l'immigration et de l'asile. Souvent, on évoque la nécessité de revoir le fonctionnement des accords de Schengen, qui prévoient la libre circulation en Europe des étrangers qui entrent régulièrement dans un pays membre. Je crois, moi aussi, qu'il faut revoir ce fonctionnement. Certains pays ne sont pas en mesure de faire face à l'afflux des immigrés, d'autres ne se dotent pas des moyens suffisants. Il faut en tirer des conclusions en prévoyant des mécanismes de suspension. Mais il faut aussi faciliter la mise en œuvre de la clause de sauvegarde qui permet de rétablir des contrôles aux frontières en cas de circonstances particulières. Il faut encore que la grille des contrôles à effectuer à l'entrée dans un pays soit plus performante, que tous les États membres alimentent scrupuleusement le fichier des personnes à contrôler.

Mais plus importante encore est la définition d'une politique européenne de l'immigration. Les pays de l'Union ont à l'égard de l'immigration des objectifs et des pratiques différents. Or, une fois que les immigrés sont admis sur l'un des territoires, il leur est facile d'aller chez les autres. Il faut donc unifier les politiques des différents pays dans ce domaine, tout comme il faut affirmer que le principe de libre circulation ne s'applique qu'aux ressortissants communautaires.

En même temps, il importe que l'Union européenne redéfinisse sa coopération avec les pays d'émigration. Une bonne part de l'immigration est, en effet, une émigration de la misère. En trente ans, la population de l'Afrique va doubler. Au rythme actuel de sa progression démographique, l'Afrique comptera à la fin du siècle quatre milliards d'habitants. L'Europe a les moyens d'aider les pays du Sud à conserver leur population, et d'inciter les individus à rester dans leur pays.

Une France qui veut rester elle-même, c'est aussi une France qui sait accueillir sa population de confession musulmane. Qui sait faire en sorte que cette population se sente bien avec les Français d'autres confessions, et que les Français d'autres religions se sentent à l'aise avec leurs compatriotes musulmans, dans un attachement commun aux valeurs de notre pays. Cette question se trouve avivée par l'actualité terroriste qui frappe la France, comme par les épouvantables exactions de l'État islamique au Moyen-Orient. À chaque fois que survient un attentat, certains de nos compatriotes sont portés à redouter la religion musulmane en général. Quant aux musulmans, ils expriment leurs craintes de l'amalgame.

Une réalité ne doit pas être occultée : les attentats commis en France et dans les autres pays, comme les atrocités perpétrées en Syrie et en Irak, le sont au nom de la religion musulmane. Une autre réalité est à considérer avec lucidité : souvent, les comportements communautaristes trouvent aussi leurs fondements dans une certaine conception de l'islam. Je crois qu'il est impératif de mettre un terme aux malentendus et aux équivoques. Je ne suis pas un spécialiste de la religion musulmane, mais je sais que sa pratique a été très différente au fil des siècles, oscillant entre un grand rigorisme et une culture de la joie de vivre. Je sais qu'il existe un gouffre entre les convictions que nous assènent l'État islamique, Al Qaïda, ou les salafistes, et la religion ouverte, tolérante et généreuse qui est celle de mes nombreux amis musulmans.

J'observe aussi que, sous la pression des menaces islamistes, des pays musulmans comme le Maroc, l'Égypte, et même à certains égards l'Arabie saoudite, essaient d'opérer une refondation théologique destinée à mettre la religion musulmane au diapason du monde moderne. Certes, l'État n'a pas qualité pour s'occuper de théologie. Mais les enjeux sont suffisamment importants pour qu'ils justifient que l'État demande avec fermeté à ceux qui représentent la religion musulmane dans notre pays – au motif de l'unité nationale et du bien-être pour tous – de confier à un groupe de penseurs et de philosophes musulmans la mission de mettre au point une théologie de l'islam de France. Une théologie en parfaite convergence avec nos principes, nos valeurs, notre société. Ainsi, les jeunes musulmans de notre pays se trouveront enfin privés des interprétations rétrogrades du Coran et seront incités à vivre dans l'harmonie avec les autres, en même temps que dans la sincérité de leur foi.

En parallèle, nous ne devons pas hésiter à renvoyer chez eux, ou à sanctionner s'ils n'ont que la nationalité française, ceux dont le comportement et les proclamations sont contraires à nos lois et à nos principes les plus fondamentaux. Des dispositions législatives et réglementaires supplémentaires sont à cet égard indispensables. Mettons-les sans attendre en chantier !

24

Pour l'avenir, le choix du redressement

Tous les gouvernements, tous les partis politiques, l'affirment : l'éducation est une priorité. C'est un premier acquis important. Un autre constat devrait faire l'unanimité : les chiffres qui soulignent la dégradation de notre appareil scolaire sont autant d'appels au sursaut.

Un jeune Français sur cinq est en situation d'illettrisme

Les résultats accablants qu'affiche chaque année la France dans les enquêtes PISA[1] véhiculent avec eux une immense tristesse : l'échec de notre appareil scolaire est celui de dizaines de milliers de jeunes destins brisés, privés du droit de réussir leur vie personnelle et professionnelle. Et la situation se dégrade ! Selon l'enquête Pisa de 2003[2], 16 % des élèves de collège étaient en situation d'échec, incapables de prolonger leurs études. Dix ans plus tard, selon l'enquête de 2013, ces 16 % étaient devenus 22 %. Les conséquences sont évidentes : près de 50 % des jeunes échouent à l'issue de leur première année d'université, 25 % des moins de vingt-cinq ans sont au chômage, contre 7 % en Allemagne.

---

1. Programme international pour le suivi des acquis des élèves.
2. Chiffres cités pas François-Xavier Bellamy dans *Les Déshérités ou l'urgence de transmettre* (Plon, 2014).

Le ministère de l'Éducation nationale, lui, relève qu'un jeune Français sur cinq est dans une situation d'illettrisme. Tout aussi grave : « L'école française est aujourd'hui celle des pays de l'OCDE où l'origine sociale des enfants pèse le plus lourd dans les résultats scolaires[1]. » Autant dire que l'école émancipatrice, réductrice des inégalités sociales, qui fait partie de notre idéal républicain, est devenue un accélérateur d'inégalités. Redresser la situation représente une entreprise titanesque. Quelques grandes orientations me semblent devoir la guider :

– La mise en place de tous les moyens nécessaires pour qu'à la sortie de l'école primaire les enfants sachent lire, écrire, compter, soient en mesure de comprendre un texte et de s'exprimer clairement. Cela signifie que les élèves qui décrochent et s'éloignent de l'objectif doivent être rattrapés. La modification des rythmes scolaires, décidée par le gouvernement socialiste, a introduit à l'école une multitude d'activités annexes qui accaparent le temps. Il serait préférable que les heures de ces activités ludiques soient consacrées à la remise à niveau des élèves en échec par un suivi personnalisé. D'autant que ces activités, mises en place à grands frais par les communes, coûtent aussi cher à l'État et aux parents.

– La création à l'école d'une véritable communauté éducative. Dans sa configuration actuelle, l'école fait trop figure de citadelle pour enseignants. Ce que les parents apprécient dans l'école privée, c'est d'avoir leur mot à dire, d'avoir voix au chapitre. Cela ne signifie évidemment pas que les maîtres de l'enseignement public refusent le dialogue avec les parents. Mais il y a une marge entre un contact consenti et un échange organisé qui établit une continuité entre l'action éducative de l'école et celle des parents.

1. *Ibid.*

– Une autonomie des établissements. L'Éducation nationale possède de nombreuses règles qui s'expriment par d'innombrables circulaires dont tout ministère a le secret. Mais la particularité des instructions de celui de l'Éducation nationale, c'est qu'elles traitent de la pédagogie. Or, nous disposons de très bons enseignants, la plupart adorent leur métier et l'exercent comme une vocation. Ils sont tout à fait en mesure de respecter les programmes, d'atteindre les objectifs qui leur sont fixés en choisissant des moyens pédagogiques adaptés aux classes dont ils ont la charge. Je me souviens d'avoir lu, lorsque j'étais préfet en Bretagne, un rapport qui avait été demandé pour comprendre pourquoi les résultats des élèves bretons étaient supérieurs à la moyenne nationale. La conclusion était intéressante : la différence venait de ce que les enseignants bretons n'appliquaient pas les circulaires… Mais l'autonomie suppose aussi qu'un dispositif d'évaluation soit opérationnel au plus près de l'école. Et existe-t-il meilleur moyen d'évaluation qu'un chef d'établissement doté d'une véritable autorité sur ses professeurs et assisté d'un conseil pédagogique de l'établissement ?

– Plus important que tout est la réaffirmation de la première vocation de l'école : la transmission des connaissances. Pendant des années, les doctrines pédagogiques dominantes sont allées à l'encontre de cette conception. L'élève était devenu l'égal du maître, il fallait lui apprendre à apprendre, il se construirait tout seul. Cette idéologie pédagogique a exercé suffisamment de ravages pour qu'on y mette un terme. C'est ce que nous avions voulu faire en supprimant les IUFM. Malheureusement, je crains qu'ils aient été reconstitués avec les mêmes défauts, sous un autre vocable. Avec la réaffirmation de la volonté de transmettre, vient aussi la revalorisation du statut des maîtres. Revalorisation matérielle, mais aussi revalorisation sociale : les maîtres doivent être plus respectés, à l'intérieur de l'école comme en dehors. Cela suppose aussi quelques initiatives de leur part. À l'époque où j'étais enfant, je me souviens que, dans mon village, toutes les activités sportives et culturelles étaient encadrées par nos instituteurs. Les temps ont changé bien sûr, mais davantage d'implication dans la vie associative permettrait aux enseignants de gagner un immense respect et un vrai supplément d'autorité. Je suis sûr que beaucoup d'entre eux y seraient favorables. Dans toutes ces directions, Jean-Michel Blanquer, le nouveau ministre de l'Éducation nationale, avance, avec pragmatisme, des idées intéressantes. Je m'en réjouis.

Pour ce qui est du collège, une question revient sans cesse : faut-il maintenir le collège unique ou le diversifier pour tenir compte des aptitudes et des goûts des enfants ? Je pense pour ma part que cette question ne peut être traitée indépendamment de celle de la formation professionnelle. Dans ce domaine, la France doit se doter d'un grand dessein. Bien que trop dispersé, notre système de formation possède une filière d'excellence : l'apprentissage. Quel que soit son domaine, un apprenti trouve un emploi à l'issue de sa formation, souvent chez son maître de stage. En Allemagne, l'apprentissage représente l'une des clés de la réussite des entreprises et le meilleur atout pour l'emploi des jeunes. Ma conviction est que l'apprentissage doit incarner la voie de droit commun de la formation professionnelle.

Cela suppose des réformes nombreuses et profondes : extension des compétences des régions à l'ensemble de la formation professionnelle, y compris celle qui est dispensée par l'Éducation nationale ; engagement des branches professionnelles et des entreprises ; création, au sein des collèges, d'une filière de préparation à l'enseignement professionnel, et notamment à l'apprentissage. Bien sûr, cette évolution en profondeur nécessite que les apprentis bénéficient toujours d'un enseignement général de qualité.

Eux aussi doivent accéder à la culture. Bien sûr, des passerelles doivent demeurer disponibles, afin que les jeunes qui veulent changer d'orientation puissent le faire. Mais la généralisation de l'apprentissage est certainement une voie de l'avenir.

Quant à l'université, un simple chiffre devrait nous faire réfléchir : 48 % des étudiants échouent au terme de leur première année. C'est un gâchis scandaleux ! Pour les jeunes d'abord, car ils perdent un an de leur vie sans résultat, mais aussi pour l'argent public. L'université représente un lieu d'enseignement supérieur et de recherche, elle a pour objet l'excellence. Elle n'est donc pas une étape d'approfondissement de la culture générale. Il convient de professionnaliser davantage les filières universitaires. Il faut aussi rendre plus performants nos dispositifs d'orientation, ce qui – ne nous cachons pas la vérité – passe par une certaine sélection. La sélection n'est pas condamnable dès lors qu'elle propose des alternatives culturelles et professionnalisantes. Mieux : la sélection peut être – et doit être – le moyen d'éviter l'échec, d'optimiser les chances de réussite.

La mondialisation n'est pas une option

Notre attitude face à la mondialisation représente un autre choix collectif auquel nous devons apporter une réponse. Le sujet continue à faire débat. Pour certains, la mondialisation est la cause de tous nos maux. Selon eux, il faudrait nous isoler du reste du monde, nous autosuffire en quelque sorte. D'autres admettent que la mondialisation existe et se résignent à la subir. Peu nombreux sont ceux qui se résolvent à l'affronter, à la prendre à bras-le-corps. Le drame, c'est que ce refus de choisir scinde la France en deux. D'un côté, les Français qui vivent pleinement dans la mondialisation, passent d'un pays à l'autre, pratiquent plusieurs cultures, tirent profit de toutes les opportunités d'un espace globalisé. De l'autre côté, les Français qui demeurent éloignés de cette façon de vivre, qui ont le sentiment de ne subir que les effets négatifs de la mondialisation. À leurs yeux, il apparaît seulement que les cartes économiques ont été redistribuées entre les continents, que leur emploi et leur niveau de vie en pâtissent.

En réalité, la mondialisation n'est pas un phénomène nouveau, même si l'appellation est récente. La mondialisation n'est que l'aboutissement d'un mouvement qui ne cesse de s'étendre depuis des siècles : le développement du commerce et l'émergence de nouveaux pays dans la production. Cela crée plus de concurrence, mais aussi plus de marchés et davantage d'opportunités pour ceux qui se mettent en capacité de les saisir. Aujourd'hui, beaucoup assimilent la mondialisation à la montée en puissance de la Chine, devenue l'usine du monde. Mais, auparavant, il y a eu le Japon, la Corée du Sud, les États-Unis, et même les pays d'Europe de l'Est avec le grand marché intérieur de l'Union européenne. Globalement, cela engendre plus de richesse collective, qui nous est profitable. D'autant que les conditions de concurrence se rééquilibrent avec le temps. Auparavant, le niveau de salaire des ouvriers d'Europe de l'Est jouait un rôle dans les décisions de délocalisation de l'industrie automobile. Avec la hausse des salaires locaux, c'est de moins en moins le cas.

Qu'on le veuille ou non, l'économie est mondialisée. Il ne sert à rien de le contester. Même si, bien entendu, il nous faut aussi lutter contre les concurrences déloyales. La conclusion que l'on doit tirer de ce constat est que nous n'avons pas le choix. Une seule voie s'ouvre à nous : tout faire pour que nous tirions au mieux notre épingle du jeu afin de préserver nos emplois, développer notre niveau de vie, faire face aux graves problèmes sociaux qui nous assaillent.

Cela signifie que nous devons gagner en compétitivité pour nos produits, ce qui passe par la recherche, l'innovation, l'investissement et la définition de politiques sectorielles. Cela suppose que nous fassions clairement le choix de l'excellence dans notre système de recherche, que nos entreprises aient des marges bénéficiaires suffisantes pour financer la mise au point de produits nouveaux. Cela suppose aussi que la fiscalité du capital incite à l'investissement. Faire clairement le choix de l'excellence peut paraître aller de soi. Malheureusement, notre système de recherche n'est pas toujours organisé pour s'orienter dans ce sens. Les évaluations des équipes et de leurs travaux ne sont pas suffisamment systématiques. Le *statu quo* est une tentation à laquelle il est facile de succomber.

Définir des politiques sectorielles, c'est faire en sorte que l'État mobilise tous ses moyens réglementaires et financiers. Mais cela signifie d'abord que l'État pèse de tout son poids pour que nos filières industrielles retrouvent de la cohérence et de la performance dans la conquête des marchés. Que notre magnifique agriculture cesse de perdre du terrain par rapport à nos concurrents et reprenne sa marche en avant. Notre économie est libérale, mais cela n'interdit pas à l'État de montrer la voie, d'être un stratège, et même, en cas de besoin, un intervenant.

Nous devons également gagner en compétitivité par les prix. Cela implique en premier lieu de réduire la dépense publique, qui est financée par les impôts, les taxes et les cotisations obligatoires. Tout cela enlève du pouvoir d'achat aux Français et bride la consommation. Cette fiscalité pèse aussi sur les coûts de production, et par conséquent sur les prix de nos produits, que ceux-ci proviennent de l'industrie ou des services. Autant de handicaps par rapport aux produits importés, autant de handicaps à l'exportation… qui pèsent de surcroît sur notre capacité et notre volonté d'entreprendre.

La dépense publique représente 56,5 % du PIB de la France. En Allemagne, elle ne représente que 44,8 %. Une différence de 11,7 points. Avec une population de 80 millions d'habitants, l'Allemagne possède une dépense publique inférieure de 200 milliards d'euros à la nôtre. Certes, nos pays ne sont pas identiques et nos systèmes sociaux sont différents. Pourtant, l'Allemagne n'éduque-t-elle pas convenablement ses enfants? N'entretient-elle pas efficacement son réseau routier? Ne fait-elle pas bénéficier ses citoyens d'un système de santé de grande qualité?

Pour des raisons évidentes – nous réalisons 25 % de notre commerce extérieur avec l'Allemagne –, la nécessité d'une convergence fiscale entre nos deux pays est régulièrement évoquée. Nicolas Sarkozy et Angela Merkel avaient souhaité la faire d'abord progresser en ce qui concerne l'impôt sur les sociétés. Ce projet est aujourd'hui relancé. Tout le monde peut comprendre que cela est irréalisable si l'on n'abaisse pas la dépense de l'État. Le constat étant fait, reste à savoir de quelle manière et dans quels domaines des économies doivent être réalisées.

Repenser le périmètre de la sphère publique

Ma réponse est claire: on peut en faire partout, tout en affirmant des priorités. Parmi ces priorités, j'inscris la Défense, qui ne peut plus accepter des baisses d'effectifs. Au contraire: notre armée a un besoin criant de renouvellement de ses équipements et d'amélioration des conditions matérielles de ses soldats. Conformément à nos engagements internationaux, le budget de la Défense doit atteindre 2 % de notre richesse nationale. Sauf à repenser profondément le fonctionnement de l'hôpital, il apparaît aussi difficile de toucher à la fonction publique hospitalière. Mais ces constats de bon sens ne changent rien à l'essentiel : il faut reprendre le chantier de la diminution du nombre de fonctionnaires.

La France compte 5,4 millions de fonctionnaires, toutes fonctions publiques confondues. C'est huit cent mille de plus qu'en 2000. Qu'est-ce qui justifie une telle augmentation? En quinze ans, y a-t-il eu tant de besoins supplémentaires? Les effectifs de la fonction publique territoriale continuent d'augmenter de 3 % par an. Là encore, en quoi est-ce justifié? À l'exception des domaines que j'ai cités, il est possible de réduire les effectifs partout sans sacrifier la qualité du service. Pour assurer certains services publics, on peut recourir à des agents qui ne relèvent pas du statut de fonctionnaire. Les services y gagneraient en souplesse et en coût.

Même l'Éducation nationale peut réduire ses effectifs. Contrairement à ce que prétendent les tenants du *statu quo*, des effectifs nombreux ne sont pas les garants de la qualité de l'enseignement. N'oublions pas quelques chiffres : nous comptons huit cent cinquante mille professeurs pour douze millions d'élèves, soit un professeur pour quatorze élèves. Pourtant, rares sont les classes de quatorze élèves ! Je sais que la comparaison de ces chiffres est trop sommaire, que les élèves de lycée ont plus d'heures de cours que les professeurs qui en ont la charge. Une classe nécessite donc davantage qu'un temps plein pour l'accompagner. Reste que des réorganisations et des adaptations de programmes sont nécessaires. Rien n'interdit d'être audacieux ! Les Français, même parmi les jeunes, comptent parmi ceux qui maîtrisent le moins bien l'anglais. Qu'on le veuille ou non, il s'agit d'une langue devenue universelle. Pourquoi ne pas imaginer de réserver aux professeurs – ce qui réduirait leur nombre – les enseignements relatifs à la littérature et à la grammaire en confiant à de jeunes Anglo-Saxons le soin d'apprendre à nos enfants la pratique de l'anglais?

Il convient de repenser en profondeur le périmètre de la sphère publique. Cela implique de réaliser un examen critique de toutes les missions de l'État et de la façon dont elles sont exercées. Lorsque je suis devenu fonctionnaire, il y a quarante-cinq ans, nous étions encore dans l'après-guerre. L'État était alors un acteur majeur de la reconstruction du pays et de son développement. Aujourd'hui, il faut se rendre à l'évidence : le moteur de la croissance, ce sont les entreprises.

L'État et les collectivités doivent cesser de s'occuper de tout. Le rôle économique de l'État doit être plus limité : il doit faire en sorte que les services publics fonctionnent, veiller à ce que l'environnement économique, social, fiscal et réglementaire favorise le développement des entreprises. C'est tout. J'irai même jusqu'à dire qu'il doit cesser de gêner les entreprises, comme il en donne trop souvent l'impression. Bien sûr, il faut des règles. Mais quatre cent mille normes, n'est-ce pas beaucoup trop ? Pour que les règles soient respectées, encore faut-il que celles-ci aient du sens. Encore faut-il que leur contrôle ne soit pas vécu comme une volonté de punir l'entreprise.

Nous avons des fonctionnaires compétents et bien formés. Mais, j'ose le dire, plus ils sont nombreux, plus ils portent atteinte au fonctionnement naturel de notre tissu économique. Par le passé, lorsqu'une mission était supprimée ou lorsque la technologie permettait de l'exercer avec moins d'effectifs, on créait une nouvelle mission pour occuper les fonctionnaires. Ce temps doit être révolu. Mettons un terme au foisonnement des agences et autres établissements publics, qui sont autant de faux nez des administrations. Ce sont des structures qui n'ont été créées que pour permettre d'échapper aux règles générales de la fonction publique et aux normes de progression des effectifs !

Obligeons aussi les collectivités locales à cesser leurs inlassables recrutements, quitte à trouver les moyens juridiques permettant de passer outre au principe constitutionnel de libre administration. Certes, nos concitoyens aiment que les services municipaux soient fournis en effectifs. Mais ce ne sont pas les commodités de vie quotidienne qui sont en cause : c'est un enjeu à caractère national !

Nous devons changer de paradigme à tous les niveaux. Traditionnellement, un « bon budget » d'un ministère est un budget en augmentation. Cela ne doit plus être le cas. Un ministère qui affiche un « bon budget » doit désormais être celui qui fournit le meilleur service grâce aux moyens dont il dispose. Une règle doit devenir impérative : rechercher en priorité les actions qui ne coûtent rien ou le moins cher possible en vue de fournir le meilleur service.

Prenons le secteur du logement. Malheureusement, nous manquons encore d'habitations. Mais plutôt que de nous épuiser financièrement à imaginer des dispositifs fiscaux ou des systèmes de subventions trop onéreux pour doper la construction, trouvons d'autres pistes. Pourquoi ne pas supprimer certaines normes pour réduire le coût de la construction? À titre d'exemple, est-ce bien raisonnable que des normes antisismiques s'appliquent à des régions qui n'ont jamais souffert du moindre tremblement de terre? Baisser les coûts aurait les mêmes effets que la bonification de taux d'intérêt. N'est-ce pas préférable? Pourquoi ne pas obliger les organismes HLM à vendre une partie de leurs logements à leurs occupants?

Le gouvernement de Nicolas Sarkozy avait à cet effet obtenu des engagements de leur part. Ils n'ont été que très faiblement respectés. Une politique puissante allant en ce sens aurait deux effets : celui de permettre à d'anciens locataires de devenir propriétaires au prix d'un loyer, et celui de relancer la construction de logements sociaux sans apport financier de l'État grâce au produit des ventes.

Pourquoi ne pas lever l'un des principaux obstacles à la construction neuve, qui est le malthusianisme des maires, en confiant aux intercommunalités l'attribution des permis de construire? C'est un sujet délicat. Nous avons essayé, notre propre majorité l'a refusé. Le problème est pourtant bien réel. « Maire bâtisseur, maire battu », a dit un jour un édile. Pourquoi? Parce que les habitants d'une commune ne veulent pas voir leur cadre de vie changer et parce que les nouveaux habitants peuvent modifier la sociologie politique de la ville. Le gouvernement de Manuel Valls a introduit des dispositions en ce sens. Évidemment, elles sont combattues. Pourtant, il faut s'y tenir. L'acuité de la question vaut bien que l'on essaie! D'autant que cela ne coûte rien à l'État.

Être plus efficace en matière de sécurité

Autre domaine primordial : la sécurité. La sécurité reste une exigence forte de nos concitoyens, et on peut les comprendre. Nous devons protéger leur intégrité physique et leurs biens, mettre un terme aux comportements qui les inquiètent, leur assurer un climat de tranquillité. Il existe plusieurs façons de répondre à leurs aspirations. La réponse spontanée est toujours d'augmenter les moyens en hommes et en matériels. Mais nous pouvons aussi faire preuve d'imagination.

En matière de lutte contre le terrorisme, il faut être lucide : jamais nous ne pourrons prévenir tous les attentats. Nous pouvons cependant nous montrer plus efficaces dans la prévention, en dépassant la simple mise en vigilance des forces de l'ordre ou des militaires. Sans céder à la panique ou à la psychose, c'est le pays tout entier qui doit être mis en situation de vigilance par la généralisation de mesures de précautions élémentaires dans les lieux publics, les écoles, les lieux de culte, les transports ou les entreprises. À titre d'exemple : les contrôles doivent se faire à l'entrée des aéroports, et pas seulement en salle d'embarquement. De même, il n'est pas normal qu'il ait fallu attendre près de six mois après le massacre de Nice pour protéger les grands rassemblements par des obstacles physiques. Avant même cet attentat du 14 juillet, l'État islamique diffusait sur Internet des menaces d'attaques utilisant des camions et en donnait le mode opératoire.

Notre appareil sécuritaire et juridique doit être adapté. Tout le monde s'étonne que des personnes impliquées dans les attentats commis depuis janvier 2015 étaient déjà connues des services de police. Ces personnes étaient certes identifiées, mais les services n'étaient pas parvenus à les suivre dans leurs activités. Il est évident que l'on ne peut surveiller de façon permanente des milliers d'individus. Pour autant, l'organisation de notre dispositif de suivi n'est-elle pas perfectible?

En créant la DGSI (Direction générale de la sécurité intérieure), en lui donnant son autonomie par rapport à la police nationale, je crois que le gouvernement a commis une lourde erreur. La DGSI est un service concentré dans les grandes villes. Il faut absolument démultiplier les surveillances en s'appuyant sur les autres services de police et sur la gendarmerie. C'est facile à faire, il suffit de le décider. Nous devons aussi nous doter des moyens juridiques indispensables. Je l'ai répété à de multiples reprises : il faut déchoir de la nationalité française les binationaux qui renient toutes nos valeurs en allant faire le djihad et ne plus les réadmettre s'ils reviennent en France. Une déchéance de nationalité conçue comme une peine complémentaire, s'appliquant après quinze ou vingt ans de prison, n'a strictement aucun intérêt en termes de sécurité.

Il faut aussi adapter la loi pour que le ministre de l'Intérieur puisse expulser des étrangers se livrant à des activités qui portent atteinte à notre sécurité, voire qui mettent gravement en cause nos valeurs et nos modes de vie. Je le dis sans ambages : un individu de nationalité étrangère qui dénonce la musique comme diabolique ou remet en cause l'égalité entre les sexes n'a pas sa place chez nous.

Les textes actuels sont très insuffisants pour permettre les expulsions, il faut donc les améliorer.

Les pays de l'Union européenne doivent aussi mettre en œuvre de toute urgence le PNR (*Passenger Name Record*), qui vient d'être enfin adopté par le Parlement européen après des années de tergiversations. Ce fichier des passagers aériens doit permettre aux services de police et de renseignement de connaître les déplacements des individus. De la même façon, les contrôles aux frontières extérieures de l'espace Schengen doivent être réels et sérieux. Les pays qui n'assurent pas l'indispensable qualité des contrôles doivent être suspendus.

Un fichier européen du terrorisme doit être créé pour que chacun des pays de l'Union européenne le nourrisse des renseignements dont il dispose sur les individus suspects. Cela réduirait les risques que les personnes soupçonnées de terrorisme par un pays puissent franchir les frontières sans être inquiétées. Si un tel fichier avait existé, lors du funeste 13 novembre 2015, les gendarmes qui ont contrôlé Abaaoud sur l'autoroute du Nord auraient pu l'interpeller. Les gendarmes n'en ont pas eu la possibilité, car cet individu était connu des services belges mais pas des services français.

Il faut encore que les États européens donnent à Europol la mission de préparer des enquêtes et des interpellations coordonnées. Car si Europol remplit très bien sa mission de coopération policière entre les pays pour les affaires de stupéfiants, par exemple, ce n'est pas le cas pour le terrorisme. Dans ce domaine, malheureusement, les différents services de renseignement suivent encore une logique souverainiste en conservant leurs informations pour eux. Il est urgent de changer la donne.

Pour ce qui est de la sécurité générale, comme on dit en termes techniques pour désigner la sécurité quotidienne, nous pouvons, certes, songer à des recrutements massifs. Mais dans l'esprit d'améliorer la situation tout en limitant autant que possible la dépense, d'autres orientations sont possibles :

– l'amélioration en équipements de haute technologie des forces de sécurité, comme des dispositifs de reconnaissance faciale dans les aéroports, voire dans les gares internationales. Nous pouvons aussi envisager d'utiliser les techniques les plus récentes en matière de reconnaissance des empreintes digitales ;

– une politique de prévention généralisée centrée sur la sécurité et non sur une dimension sociale. Le principe est simple : rappeler à l'ordre ceux qui s'écartent du droit chemin, notamment les jeunes, et les aider à y revenir. Sur le fondement de la loi de 2007 sur la prévention, certains maires, comme Bernard Reynès à Châteaurenard (Bouches-du-Rhône), se sont engagés dans sa mise en œuvre en obtenant des résultats remarquables ;

– une articulation plus explicite et mieux organisée entre la police nationale et la gendarmerie d'une part, et entre les polices municipales et les sociétés privées d'autre part. Pourquoi un vigile en faction devant un magasin ou une banque n'aurait-il pas une liaison radio avec la police pour participer à la mission générale de sécurité ? Pourquoi les polices municipales ne seraient-elles pas systématiquement armées ? Pourquoi n'auraient-elles pas accès à certains fichiers de police ?

Enfin, je crois qu'il faut créer ce que Charles Pasqua appelait une « garde nationale ». Mais une vraie, pas celle annoncée par François Hollande, qui n'est qu'une autre appellation pour les réservistes de l'armée.

Lorsque j'étais ministre, j'avais été particulièrement frappé par l'initiative prise par des pères de famille d'organiser des patrouilles dans un quartier de Paris. Ils n'en pouvaient plus des trafics de drogue dont leurs enfants étaient les victimes. Cela m'était apparu à la fois dangereux et intéressant. Dangereux, car patrouiller pour chasser des trafiquants de drogue représente des risques, et que nul ne peut s'arroger la responsabilité de faire régner l'ordre dans un État de droit. Mais intéressant, car il s'agissait d'une mobilisation citoyenne qui représentait potentiellement une capacité renforcée de faire face à l'insécurité.

Dans quelques quartiers difficiles, cet exemple m'avait conduit à faire appel à des volontaires pour essayer de ramener à la raison des individus qui s'écartaient du droit chemin. Munis d'un brassard, ceux-ci effectuaient des patrouilles en liaison avec la police. J'avais pensé que des pères ou des grands frères de jeunes tentés par la délinquance étaient susceptibles d'avoir sur eux plus d'influence que des fonctionnaires de police. Un millier de volontaires ont répondu à cet appel et ont obtenu de bons résultats. On me dit qu'il en existe toujours. J'ai également observé qu'en milieu rural, alors que se multipliaient les vols de carburant ou de matériel agricole, le plus souvent à l'initiative de malfrats venus de pays de l'Est, les agriculteurs s'organisaient eux aussi pour effectuer des patrouilles. Je crois que toutes ces bonnes volontés méritent d'être accueillies et organisées au sein d'une garde nationale.

Sauf cas exceptionnels, les membres de cette garde ne seraient pas porteurs d'armes à feu. Ils seraient en revanche dotés de moyens d'autodéfense, comme des matraques. Ils seraient dédommagés, comme les sapeurs-pompiers volontaires. Leurs missions seraient définies et effectuées en liaison étroite avec la police et la gendarmerie, afin que celles-ci puissent leur prêter main-forte en cas de besoin. Je suis convaincu que plusieurs milliers de volontaires pourraient ainsi rapidement appuyer les forces de l'ordre.

Une politique sociale qui fasse davantage appel à la solidarité

Pour ce qui est de l'action sociale, je crois là aussi à la création de politiques efficaces qui fassent davantage appel à des concepts de solidarité et de proximité. Deux besoins massifs existent en la matière : la garde des jeunes enfants et l'assistance aux personnes âgées. D'autant que les personnes âgées sont appelées à être de plus en plus nombreuses, avec tout ce que cela comporte en termes de perte d'autonomie. Pour ces deux fonctions, pourquoi ne pas faire appel à des bénéficiaires du RSA ? Ces derniers rembourseraient ainsi à la société l'aide financière qu'elle leur octroie tout en apprenant un métier. Pourquoi aussi ne pas faire appel à des bénévoles ? Les Restos du cœur, le Secours catholique, le Secours populaire font quotidiennement la démonstration que le bénévolat existe… et que cela fonctionne.

Toujours dans le domaine social, tant en matière de santé que de retraite, on pourrait imaginer l'introduction de stabilisateurs automatiques. L'objectif serait de corriger les systèmes de financement ou de remboursement selon des règles préétablies, afin de maintenir l'équilibre des régimes. C'est facile à concevoir pour les retraites : un déficit pourrait entraîner obligatoirement un allongement de la durée de cotisation. C'est plus compliqué pour la santé, mais nous pouvons y réfléchir.

Lorsqu'il était au gouvernement, Martin Hirsch avait proposé une formule : le bouclier sanitaire. Celui-ci permettait de modifier le taux de remboursement en fonction de l'équilibre du régime, en deçà d'une limite qui garantirait la prise en charge des dépenses lourdes, notamment des ALD (Affections de longue durée). Bien entendu, cette mesure tiendrait compte des ressources des assurés. C'est une idée qui mérite réflexion.

Nous pourrions davantage nous inspirer de ce qui se fait à l'étranger. La retraite par points, par exemple, fonctionne très bien en Suède. En France, certains syndicats y sont favorables. Dans le cadre de la réforme de 2010, nous avions promis d'étudier son éventuelle transposition dans notre pays. Je ne suis pas sûr que beaucoup de travaux aient été réalisés dans ce sens.

En matière de santé, j'observe que les systèmes allemand et néerlandais garantissent une excellente qualité de soins tout en affichant des comptes équilibrés. Sans copier à l'identique ce qui se fait ailleurs, peut-être pourrions-nous trouver chez les autres quelques sources d'inspiration.

Le temps de travail représente un autre facteur de compétitivité. Entendons-nous : il ne s'agit pas de faire travailler les Français comme en Chine ou au Sri Lanka. Et ceux qui travaillent davantage doivent évidemment être mieux rémunérés. Mais force est de reconnaître que nous ne luttons pas à armes égales. Chacun connaît les ravages économiques qu'a entraînés la fixation de la durée légale à 35 heures. Immédiatement, le coût du travail pour les entreprises s'est trouvé accru de 11 %. Malgré tout, on entend aujourd'hui certains représentants du Parti socialiste déclarer qu'il faudrait réduire encore cette durée afin de distribuer le travail existant à un plus grand nombre de salariés. C'est consternant d'ignorance ! Le travail n'est pas un gâteau que l'on partage, le travail est une dynamique. Plus il y a de travail, plus on en crée. Mais si nous mettons de côté la question devenue idéologique des 35 heures, que constatons-nous ?

D'abord que la durée effective du travail en France est de 1661 heures par an alors qu'elle est de 1847 heures en Allemagne et 1900 heures au Royaume-Uni. Ensuite, comme le relève l'économiste Robin Rivaton, nous constatons aussi que la durée annuelle du travail par habitant est en France de 609 heures, contre 708 heures en Allemagne et 684 heures dans la zone euro. Ce n'est donc guère surprenant que nous subissions des problèmes de compétitivité et des attentes non satisfaites en matière de pouvoir d'achat. Je souscris totalement à l'ouverture, au plus près de l'entreprise, de *vraies* négociations pour la prospérité de notre pays et le niveau de vie des Français.

Je voudrais évoquer un autre principe structurant de notre avenir : la liberté. Toute notre vie sociale est corsetée par des réglementations tatillonnes. Tout est défini au niveau national. Quand ce n'est pas le Code du travail qui le fait, ce sont les négociations entre partenaires sociaux qui y pourvoient. Je suis évidemment d'accord : le Code du travail doit subsister. Mais celui-ci doit se limiter à quelques garanties fondamentales. Pour le reste, il faut que l'État et les partenaires sociaux fassent confiance aux salariés et à leurs représentants dans l'entreprise.

Qui mieux qu'eux sait quel est leur intérêt? Leur liberté n'a pas à être entravée par qui que ce soit. S'ils veulent travailler plus pour gagner plus, laissons-les libres de faire ce choix ! S'ils sont d'accord pour moduler leur temps de travail en fonction du carnet de commandes de l'entreprise, laissons-les faire ! J'ai toujours été choqué du mépris que les instances nationales manifestent à l'égard des « salariés de base », à qui elles ne laissent pas le choix de leurs conditions de travail, et par conséquent de vie.

Dans le même esprit, le contrat de travail doit être repensé. Lors de la campagne présidentielle de 2007, à la suite d'un certain nombre de travaux universitaires mis en œuvre dès 2004 à Bercy, nous avions lancé l'idée du contrat unique, assorti de droits augmentant avec l'ancienneté. Aujourd'hui, compte tenu de l'incertitude conjoncturelle, les nouveaux arrivés dans l'emploi ne peuvent plus guère espérer que des contrats à durée déterminée (CDD). Là encore, il faut de la souplesse, de la liberté. Je trouve aberrant de vouloir, comme l'a fait le gouvernement de

François Hollande, imposer un minimum de vingt-quatre heures par semaine à la durée du temps partiel. Au nom de quoi interdirait-on à quelqu'un d'avoir plusieurs emplois de moins de vingt-quatre heures ? Est-il préférable de compléter les revenus d'une personne qui travaille moins de vingt-quatre heures ou de la prendre totalement en charge à travers les allocations chômage ?

Le concept de liberté doit aussi s'appliquer à l'entreprise. Allégeons les contraintes, les procédures, les obligations de tous ordres. Bien sûr, l'entreprise doit payer ses impôts, respecter des règles de concurrence, des normes de qualité des produits. Mais reconnaissons enfin que c'est l'entreprise qui crée les richesses. Laissons-la respirer et se développer.

Une organisation territoriale qui ne marche pas sur la tête

Un autre défi attend la France depuis longtemps : l'organisation territoriale. En 2010, le Parlement a adopté une réforme des collectivités que nous lui avions présentée. Ce texte était en deçà de nos ambitions, mais il représentait un progrès considérable par rapport au millefeuille existant. Il créait la fonction de conseiller territorial, siégeant à la fois au conseil général et au conseil régional. Cette mesure garantissait une unité de vue et d'action entre les deux collectivités, ainsi qu'une vraie complémentarité de leurs moyens respectifs au service d'objectifs uniques. Pour l'essentiel, ce texte mettait également fin à la clause de compétence générale pour les régions et les départements. Cette clause, qui permettait à ces collectivités d'intervenir dans n'importe quel champ de l'action publique, était remplacée par une spécialisation dans des domaines désignés. Les seules collectivités disposant encore de la clause générale de compétence étaient l'État et les communes.

Le gouvernement socialiste est revenu sur ce texte, dans la perspective de réaliser sa propre réforme.

Le moins que l'on puisse dire, c'est que les hésitations ont été d'ampleur. En janvier 2014, lors de ses vœux à Tulle, François Hollande affirmait son attachement au département, déclarant que celui-ci incarnait la pierre angulaire de la démocratie locale. Quelques semaines plus tard, c'était leur disparition qui devenait la pierre angulaire de la démocratie ! Finalement, les départements demeurent, les compétences entre les régions et les départements ont été reventilées à la marge. De la réforme annoncée, il ne restait plus que la réduction du nombre de régions, présentée comme un formidable moyen de dynamiser l'économie des territoires en même temps qu'une source d'économies considérables. La répartition des compétences a connu quelques bizarreries, comme le fait de confier l'organisation des transports scolaires aux régions, c'est-à-dire à un centre de décision lointain alors qu'il s'agit de services de proximité.

Plus globalement, le discours gouvernemental s'est une fois de plus révélé trompeur : je ne vois pas en quoi des régions plus grandes vont diminuer les coûts des personnels techniques dans les lycées ou réduire les dépenses de formation professionnelle. Je ne vois pas non plus pourquoi des régions plus grandes auraient plus d'influence dans le développement économique. Le gouvernement compare les nouvelles régions aux länder allemands. Mais ce n'est pas la taille qui compte dans la capacité d'initiative des länder, ce sont leurs compétences, qui sont forcément plus larges dans le cadre d'un État fédéral. Bref, la réforme des collectivités reste à faire.

À de très rares exceptions près, il faut en finir avec la clause générale de compétence des régions et des départements. Celle-ci, permettant aux collectivités de faire ce qu'elles veulent dans n'importe quel domaine, représente un facteur d'inflation de la dépense publique. De surcroît, elle ralentit l'aboutissement des projets. Imaginons qu'une commune lance un projet : celle-ci va solliciter le département, la région, un ou plusieurs ministères ainsi qu'une contribution européenne dans la plupart des cas. Le projet traînera en longueur, puisque chaque collectivité possède ses propres procédures de décision. Un délai qui peut être lourd de conséquences, surtout pour des projets qui ont une incidence économique. Avec la fin de la clause générale de compétence, on fera disparaître la propension à entreprendre des investissements plus ou moins utiles, dès lors qu'on ne pourra plus compter sur les financements des autres. Mécaniquement, la dépense publique s'en trouvera atténuée.

La structure communale mérite elle aussi la plus grande attention. Nous comptons en France trente-six mille communes, autant que dans le reste de l'Europe. S'y ajoutent quinze mille syndicats intercommunaux. Afin de rationaliser l'organisation communale, de donner aux collectivités davantage de capacité d'action, les gouvernements successifs ont encouragé la création de communautés de communes. Selon diverses formules, l'idée était que le regroupement de quelques communes permettrait des économies de personnel et éviterait des investissements redondants. Il existe aujourd'hui environ cinq mille communautés de communes. Cela reste une bonne idée. Mais, trop souvent, ces structures se sont révélées des échecs.

Les effectifs qu'elles ont engendrés ne se sont pas substitués mais ajoutés à ceux des communes. De plus, les compétences transférées à la communauté restent parfois exercées simultanément par les communes. Il faudra donc aller jusqu'au bout de la réforme. Les Français sont très attachés à leur commune, et ils ont raison. Mais l'avenir, ce sont les cinq mille communautés de communes qui devraient devenir de fait l'échelon communal de droit commun. Les actuelles communes deviendraient des quartiers ou des sections de communes, qui du reste conserveraient leurs noms – les Français y tiennent. Elles pourraient rester l'échelon de contact avec la population. Mais nous ne pouvons plus nous permettre le coût des doublons actuels.

Pour ce qui est des départements, il faut les rapprocher des régions, comme nous l'avions esquissé. Les départements doivent exercer une responsabilité de proximité, comme celle de l'aide sociale qu'ils gèrent déjà. Mais ils peuvent aussi confier cette mission aux communes, encore plus proches qu'eux de la population.

Un développement durable qui ne soit pas « idéologisé »

En matière de développement durable, je crois que la droite doit également mener une politique claire et forte. Je trouve tout à fait anormal qu'un parti politique, Europe Écologie-Les Verts (EELV), s'arroge le monopole de la représentation de l'écologie, alors qu'il est en fait un parti qui oscille entre la gauche et l'extrême gauche. Une politique de développement durable de droite est nécessaire, mais celle-ci ne peut être la même que celle que prône une formation d'extrême gauche. Sur bien des dossiers, le parti écologiste français est partisan de la décroissance. La droite, elle, est favorable à la croissance et à l'augmentation de la production des richesses, qui conditionne la création d'emplois et le mieux-être des familles.

Je crois sans réserve que nous devons être favorables à la protection de la biodiversité, lutter contre les usages abusifs des pesticides, réduire farouchement tous les gaspillages, mener une politique ambitieuse de développement des énergies renouvelables. Mais, en même temps, nous ne devons pas perdre de vue la nécessité du développement économique. Nous ne sommes pas prêts à sacrifier l'industrie nucléaire, productrice d'une énergie entièrement «décarbonée». Nous ne devons pas nous interdire la perspective d'exploiter un jour le gaz et l'huile de schiste. Il est invraisemblable de refuser par principe de réaliser un état de la ressource, comme c'est le cas aujourd'hui. Soyons attentifs à l'avenir de notre agriculture lorsque nous réglementons l'emploi des engrais et des pesticides.

Peser dans l'ordre mondial

Dernier axe de propositions: la politique étrangère. Je l'ai déjà dit: à mes yeux, la France doit mener une politique indépendante. En refusant d'être aligné sur qui que ce soit, notre pays doit se garder la possibilité de peser dans l'ordre mondial, de jouer un rôle dans la résolution des tensions. Dans mon esprit, cela signifie que la France peut être amie de la Russie tout en demeurant l'alliée des États-Unis. Cela veut dire aussi qu'elle doit aider les démocraties encore neuves à définir leur propre modèle institutionnel plutôt que leur imposer nos institutions occidentales, qui ne leur sont pas toujours adaptées. Je rêve encore d'une Constitution africaine qui ne soit pas le décalque de celle de l'ancien colonisateur. Mais je souhaite surtout m'attarder un instant sur la politique européenne.

La crise grecque a montré, s'il en était besoin, que l'Europe est fragile. Les Européens ont perdu le sens de l'Europe. Dans l'action de l'Union, ils ne discernent plus d'idéal, d'initiative capable de susciter l'enthousiasme ou même la simple adhésion. Les peuples ne comprennent même pas comment l'Union européenne fonctionne. Ils la considèrent trop technocratique, ils ont le sentiment qu'elle ne se préoccupe pas suffisamment des problèmes concrets. Ils ne savent pas non plus qui la dirige. Comment leur donner tort? Combien de personnes sont capables de détailler le partage des responsabilités entre le Conseil, la Commission, le président permanent du Conseil, le président tournant, le collège des commissaires et le Parlement? Or, malgré tout, l'Europe demeure un magnifique idéal.

Je crois qu'il est du rôle de la France d'être porteuse d'idées susceptibles de relancer la dynamique européenne et la confiance que lui accordent les peuples. Quelques principes doivent être affirmés ou réaffirmés.

Sur la nature de l'Union, doit-on aller vers une fédération d'États? Ou consolider une union d'États en acceptant des règles de partage de souveraineté respectueuses des nations qui la composent? Ma conviction va bien évidemment vers la seconde option. Que les responsables de l'Union l'affirment haut et fort rassurerait beaucoup nos concitoyens. Cette conception est à la base du principe de subsidiarité, qui veut que l'Union ne s'occupe que de ce que les États ne peuvent pas faire mieux qu'elle. Nos concitoyens n'ont nulle envie que toutes les décisions soient prises dans des cercles sur lesquels ils ont l'impression de n'avoir aucune prise. À cet égard, la menace du Royaume-Uni de sortir de l'Union européenne aurait dû être considérée comme une chance. C'était l'occasion de remettre à plat les compétences de l'Union par rapport à celles des États. Si cela avait préalablement été réalisé, peut-être aurions-nous évité le Brexit.

Une Union à vingt-huit – demain à vingt-sept – est devenue physiquement ingouvernable. Les réunions du Conseil européen rassemblent plus de cent personnes. Pour se voir d'un bout à l'autre de la table, des dispositifs vidéo sont nécessaires ! Mais il se pose surtout pour nos concitoyens la question de la nature, humaine et culturelle, de l'ensemble européen. Quand on leur annonce que l'Ukraine pourrait faire partie de l'Union européenne, le moins que l'on puisse dire c'est qu'ils sont surpris. Quand on évoque le cas de la Turquie, ils se cabrent. Les limites géographiques de l'Europe sont simples à définir : elles découlent du territoire géographique du continent.

L'Europe doit aussi être incarnée, le gouvernement de l'Union doit être mieux connu. À cet égard, la décision du président de la Commission, Jean-Claude Juncker, de désigner des commissaires européens chefs de file allait dans le bon sens. Malheureusement, ceux-ci ne sont pas parvenus à se faire connaître. Il faut encore accepter une Union européenne à géométrie variable. Deux Europe coexistent déjà : celle de l'Euro et celle des autres pays. À l'évidence, les pays de la zone euro ont besoin d'une intégration plus forte. Dans la tourmente de ces dernières années, ils ont déjà accompli nombre de progrès dans cette direction. L'union bancaire est une avancée formidable, mais cela ne suffit pas. Nous devons aller vers un véritable gouvernement économique de la zone euro. Une union monétaire ne peut vivre que si elle impose à ses membres une politique économique harmonisée et le respect des règles communes. Sa tâche est impossible si les pays qui la composent possèdent des structures économiques trop différentes. Pour réduire les disparités, il faut à mon sens un budget propre de la zone euro, qui donnerait à ses dix-neuf États une plus grande cohérence structurelle. Cette perspective permettrait aux pays les moins développés de se hisser progressivement au niveau des plus développés.

Il faut enfin que l'Union européenne redonne confiance aux peuples, crée chez eux une espérance en leur donnant le sentiment qu'elle les protège contre la concurrence déloyale. Personne ne comprend que la commande publique en Europe soit ouverte au monde entier alors que le *Buy American Act* nous ferme les marchés publics aux États-Unis. Il est inadmissible que le projet de traité transatlantique ait envisagé de pérenniser cette situation.

Pour rétablir la confiance des citoyens, l'Europe doit aussi définir une politique de l'immigration qui réponde à leurs inquiétudes. Elle doit relancer des grands projets de recherche, d'infrastructures, d'éducation, au détriment de la multitude de petits projets locaux qui n'ont pas d'intérêt au regard de l'idéal européen. Un grand projet européen de recherche sur le cancer aurait bien plus de sens que le financement d'une salle polyvalente dans n'importe quelle ville. Le rêve européen est trop beau pour que nous le laissions se désagréger. Aujourd'hui, alors qu'il est mis en cause par le nouveau président des États-Unis, l'heure est venue de nous ressaisir. Relançons l'Europe avant qu'elle ne meure.

25

Face aux affaires

Depuis 2013, je dois faire face aux affres judiciaires et aux avilissements médiatiques. J'ai été mis en examen pour la vente de deux tableaux réalisée en 2008. Sur l'hypothèse d'une opération fictive. Sans le début d'une preuve, sans aucun élément concret. Dans cette affaire, les juges d'instruction ont même saisi mon logement, afin que je ne puisse organiser mon insolvabilité. Comme si j'allais me priver de logement ! Et comme si, dans l'hypothèse où je le voudrais, ils étaient dans l'incapacité de le saisir. La mesure conservatrice est surtout une mesure vexatoire. J'affirme qu'une entreprise de démolition a été soigneusement orchestrée à mon égard et qu'elle a pu se transformer en conjuration – sinon délibérée, du moins de fait.

La vérité sur l'affaire des tableaux

Pour rétablir mon honneur, je voudrais rappeler quelques faits.

Tout le monde y est allé de ses appréciations sur la valeur des tableaux en citant des statistiques. Mais nul n'a rappelé que le prix d'une œuvre est fixé par l'acheteur. Dans le cadre d'une vente aux enchères, des tableaux s'acquièrent souvent pour une valeur dix ou trente fois supérieure aux estimations. Quelques experts de renom ont affirmé que les prix cités étaient normaux en s'appuyant sur des précédents. Aucun n'a été repris par les médias ! L'intervention de l'un d'entre eux sur BFMTV n'a même pas été accessible en replay. Heureusement, celle-ci avait été enregistrée.

L'accusation d'une vente fictive a été avancée, mais personne n'a fait état du fait que le dossier d'instruction possède la preuve que l'acheteur détient toujours les tableaux – sans compter les témoignages de plusieurs personnes qui se souviennent les avoir vus à mon domicile.

Quand l'« affaire des tableaux » a fait long feu, elle a été remplacée par l'« affaire du virement de 25 000 euros de Jordanie ». Au « 20 heures » de TF1, la formulation « virement suspect » était devenue une information en soi. Mais pourquoi « suspect » ? J'avais signé un contrat avec une entreprise dont j'étais le président du conseil d'orientation, j'avais effectué un vrai travail. Qu'y avait-il donc là d'anormal ? Et pourquoi s'en prendre à moi ? Aucun autre ancien haut fonctionnaire ne pratique-t-il ce type d'activité ? Les administrateurs du Cac 40 ne touchent-ils pas des jetons de présence dans les conseils où ils siègent ? Bien évidemment. Rien ne pouvait m'être reproché. Mais qu'importe, le mal était fait.

Retiré de la vie politique, j'avais cru à tort que j'étais redevenu une personne privée. Ce n'était pas le cas : je restais un homme à abattre. Car, en m'abattant, on affaiblissait Nicolas Sarkozy. J'affirme que derrière ce triste spectacle se cachent des individus à la manœuvre. Il s'agit d'une machination, savamment menée pour me détruire. Mon véritable crime est connu : je suis un fidèle d'entre les fidèles de Nicolas Sarkozy et je plaidais pour son retour en politique. Sans doute était-il judicieux de faire vaciller ses soutiens pour lui nuire. L'objectif était de faire diversion face aux scandales qui frappaient le Parti socialiste, comme l'affaire Cahuzac.

Peut-être était-ce aussi une façon de détourner l'attention face à la hausse du chômage, au recul du pouvoir d'achat et à l'affaiblissement de notre pays. Derrière chaque violation du secret de l'instruction se dissimulait *quelqu'un* qui alimentait les médias. Cette machination est la même que celle orchestrée contre Nicolas Sarkozy, dans les affaires «Bettencourt», «Karachi» ou du prétendu «financement libyen». Il est évidemment normal que la justice fasse son travail, même si ses investigations sont déplaisantes lorsqu'on est concerné. Mais son instrumentalisation est scandaleuse. Je ne peux pas dire qui a communiqué à la presse les éléments qui me valent d'être cloué au pilori depuis plusieurs années. Dans le cadre d'une enquête préliminaire, il n'y a cependant que trois hypothèses sur la source des fuites :

– le parquet lui-même, mais je n'y crois guère ;

– la police, mais celle-ci n'organise pas de fuites aussi savamment gérées ;

– le pouvoir qui, quoi qu'il en dise, a connaissance des procédures sur les personnalités. Si tel était le cas, ce serait un scandale d'État !

J'ai été outré de lire dans un journal que le procureur de la République de Paris avait déclaré qu'il avait ouvert une information judiciaire contre moi – en fait, c'était contre X, mais le lapsus est intéressant – pour démontrer son indépendance après avoir entamé des poursuites contre Jérôme Cahuzac. J'ai été tout autant choqué de la manière dont il a diligenté l'enquête après que je me fus plaint d'une violation du secret de l'instruction lors de la première perquisition dans le cadre de «l'arbitrage Tapie».

Dès le lendemain, *Le Monde* faisait état de la saisie d'un cahier m'appartenant. J'écrivis au procureur pour me plaindre. Quelques semaines plus tard, il me répondit que l'enquête sur les fuites n'avait pas abouti. J'ai appris par mon avocat que seuls des policiers avaient été entendus – aucun magistrat. Pis, à une exception près, les policiers entendus ne pouvaient rien révéler puisqu'ils n'avaient pas participé à la perquisition à laquelle je faisais référence ! Ceux-ci n'étaient présents que lors de la deuxième perquisition, réalisée plus tard dans l'après-midi. Un comble d'incompétence ou de mauvaise volonté que n'aurait pas renié Kafka ! Un parquet dirigé par l'un des plus hauts magistrats de France a osé se contenter d'une enquête sabotée pour prétendre qu'il n'avait rien trouvé...

La vérité sur les primes en liquide

Le 8 octobre 2015, j'ai comparu devant le tribunal correctionnel avec quatre anciens collègues pour avoir reçu entre 2002 et 2003 des primes en espèces lorsque nous étions membres du cabinet du ministre de l'Intérieur. Nous avions bénéficié de ces versements parce qu'une réforme des indemnités de cabinet avait imposé à l'époque une ligne budgétaire qui ne nous permettait pas de toucher le salaire auquel nous avions droit. Nous n'étions pas les seuls : jusqu'à la fin de l'année 2013, des milliers de fonctionnaires, policiers ou administratifs, ont également bénéficié de ce type de prime. Le ministre de l'Intérieur au moment de l'enquête, Manuel Valls, a présenté à la presse le rapport qu'il avait commandé à l'Inspection générale de l'administration et à l'Inspection générale de la police nationale sur le sujet.

Ce rapport souligne que j'ai dit la vérité ! Le document précise que le versement des primes était conforme à l'usage en vigueur au ministère de l'Intérieur depuis des décennies. Il relève en outre qu'il a fallu trouver en 2002 un système transitoire, parce que la dotation budgétaire destinée aux primes de cabinet était insuffisante. Seul le journal *Le Monde*[1] a rétabli la vérité sur ces faits. Pour

1. Dans l'édition du 11 juin 2013.

les autres médias, l'information consistait à affirmer en substance : « Guéant s'est mis 10 000 euros dans la poche tous les mois. » Cette somme était en réalité destinée aux membres du cabinet – dont moi-même, c'est vrai –, parce que le niveau indemnitaire ne pouvait être garanti. Mais qu'importe la vérité...

J'aimerais que l'on réponde à une question : mis à part Laurent Borredon du *Monde*, un seul journaliste a-t-il réellement lu ce rapport avant de le commenter ? Ou toute la presse s'est-elle contentée de répéter une phrase mise en avant par les communicants du ministère de l'Intérieur ? Et pourquoi cette phrase a-t-elle été suggérée, si ce n'est pour me nuire ?

Le Parquet national financier (PNF) – censé avoir été créé pour lutter contre la grande criminalité financière – ne ferait-il pas mieux de s'attaquer à la fraude à la TVA, qui coûte 14 milliards par an à notre pays, plutôt que de poursuivre cinq hauts fonctionnaires qui ont la particularité d'être d'anciens collaborateurs de Nicolas Sarkozy ? Lors de notre audience, le parquet a fait preuve d'une violence et d'une démagogie qui n'avaient d'égale que la légèreté de ses arguments juridiques. Le seul moment où le parquet retrouvait un peu d'humanité était lors des pauses, durant lesquelles ses représentants bavardaient avec le correspondant de Mediapart... Le tribunal a suivi le parquet : le 13 novembre 2015, jour par ailleurs de sinistre mémoire, j'ai été condamné à deux ans de prison avec sursis. Un an plus tard, le 23 janvier 2017, la cour d'appel a durci le jugement : j'ai été condamné à un an de prison ferme et un autre avec sursis.

Lorsque, avec mes collègues, nous avions fait appel de la décision de première instance, nous avions cru que le droit prévaudrait. Nous espérions ne plus entendre une présidente de tribunal interrompre un avocat en lui assenant : « Nous ne sommes pas ici pour faire du droit administratif. » Peu importe à ses yeux que la seule question était pourtant de déterminer si le droit – le droit public en l'espèce – avait été respecté. Nous escomptions davantage de hauteur de vue, nous avons été servis…

Dès les premières minutes de l'audience, le président de la cour d'appel affichait sa partialité et son « préjugé », au sens le plus étymologique du terme. Ce magistrat exprima très longuement sa conviction qu'un jugement devait être compris des prévenus avant de donner lecture de sa décision sans s'embarrasser de la moindre motivation. L'arrêt n'en comporta pas davantage : aucun des arguments présentés par nos avocats ne reçut la moindre réponse. Le président s'offrit même le luxe d'insulter l'un des prévenus, un homme qui s'était illustré dans les plus importantes fonctions de l'État ! Son attitude ne nous laissait guère d'illusions sur la relaxe espérée. Le verdict me fit l'effet d'un uppercut. Mes collègues accusèrent eux aussi le coup. Nous étions animés de la même foi dans le service de l'État. Toute notre vie, nous avons scrupuleusement respecté et fait respecter la loi. Avec passion, nous avons cultivé le devoir envers le service public.

Face à l'humiliation de ce jugement, nous avons décidé de nous pourvoir en Cassation en espérant qu'il existe des juges qui respectent encore le droit. Je connais le droit public, certainement mieux que les membres de la cour d'appel. Je l'ai pratiqué pendant quarante ans ! Et j'affirme que dans cette affaire nous n'avons commis aucune faute. Ces juges ont voulu donner une portée qu'elle n'avait pas à la décision prise par Lionel Jospin, fin 2001, de mettre un terme au versement de primes en liquide sur les fonds spéciaux. Ils l'ont interprété comme si elle interdisait tous les versements en espèces. Or, cette décision ne portait que sur les fonds spéciaux, tous les textes et commentaires de l'époque le démontrent sans ambiguïté. Cela n'a aucun rapport avec les primes dont nous avons bénéficié, qui étaient versées depuis des décennies dans le respect des procédures et selon les usages en vigueur au ministère de l'Intérieur. J'ajoute que, dès que le budget disponible nous l'avait permis, j'avais moi-même décidé de mettre fin à ce fonctionnement provisoire.

Je sais que, dès qu'il est question d'argent, on a toujours tort. Je suis conscient que je n'ai pas à me plaindre sur le plan matériel. Mais oserais-je rappeler que, même si j'additionne mon salaire et toutes les primes, ma rémunération de directeur du cabinet du ministre de l'Intérieur ne dépassait pas 27 euros de l'heure ?

La vérité sur l'affaire des sondages et sur l'arbitrage Tapie

J'ai été mis en examen dans l'affaire dite des « sondages de l'Élysée », pour « complicité de favoritisme ». Peu importe que je n'aie jamais commandé un seul sondage… En m'informant de sa décision, inévitable puisque plusieurs de mes collaborateurs avaient été mis en examen pour le même motif, le juge m'a avoué qu'il ne savait pas le droit qui s'appliquait à l'époque à la présidence de la République et que d'autres juridictions le détermineraient. À l'époque, justement, tout le monde avait la conviction que le droit commun de la gestion publique ne s'appliquait pas à l'Élysée, comme il ne s'applique ni à l'Assemblée nationale ni au Sénat. Par conséquent, aucun collaborateur de Nicolas Sarkozy ne pouvait avoir commis une faute intentionnelle dans cette affaire, ce qui est la condition posée par la loi pour que le délit soit retenu.

J'ai été entendu dans l'affaire de l'arbitrage Tapie. Dans cette affaire aussi, le parquet a requis ma mise en examen. Comme si j'avais pu, en quoi que ce soit, prêter la main à un éventuel arrangement frauduleux ! Après m'avoir interrogé, les juges ne m'ont pas mis en cause.

Après avoir été si longtemps de l'autre côté du décor, avec la police, j'ai découvert que les Français avaient de quoi s'inquiéter du fonctionnement de leur justice. Bien entendu, il est fréquent qu'une personnalité politique mise en cause crie au complot. Mais examinons les faits.

Les injustices de la justice

J'ai eu affaire à deux services de police. Le premier, la sous-direction des affaires financières de la préfecture de police, œuvrait pour la recherche de la vérité, sans complaisance mais avec professionnalisme et objectivité. C'est la police judiciaire telle que j'ai souhaité la bâtir lorsque j'en avais la charge. Le deuxième, la sous-direction des affaires financières de la direction centrale de la police judiciaire, ne cherchait pas la vérité, aspirant seulement à me mettre en accusation. Ses enquêtes étaient partielles et partiales, laissant de côté des pans entiers d'investigation. J'ai même relevé dans ses rapports d'évidentes contre-vérités assénées avec assurance.

Ce que j'ai constaté amène à poser la question de l'influence des rapports des services de police enquêteurs sur les magistrats. Une autre question se pose : pourquoi ce service se comporte-t-il ainsi ? Est-il trop maigre en effectifs pour mener à bien ses missions ? Ne possède-t-il pas les capacités suffisantes ? Reçoit-il des instructions ? Est-il guidé par sa propre politique ? Je ne saurais le dire. Mais si j'en suis la victime, d'autres le seront encore.

J'ai aussi constaté l'utilisation abusive et disproportionnée de la garde à vue. Une garde à vue, que l'on fait durer à souhait, peut étrangement être calibrée en fonction des journaux télévisés. Une mise en examen peut être instrumentalisée de la même façon. Lorsque ce fut mon cas dans l'affaire de la vente de mes tableaux, j'ai appris que l'heure précise de cette notification avait été annoncée à la sécurité du pôle financier dès la veille. Pourquoi alors ai-je subi une audition de dix-neuf heures si la décision avait déjà été prise ? D'autant que j'eus la surprise d'apprendre que la décision du juge avait été annoncée avant même qu'elle me soit notifiée ! Il est vrai qu'une défaillance du système informatique avait retardé notre entretien. Ce n'était pas prévu, et il ne fallait pas rater le « 20 heures »…

Étant directement impliqué, donc plus attentif qu'à l'habitude, j'ai eu la confirmation d'une tendance des juges judiciaires à s'improviser arbitres des décisions politiques et administratives. Il s'agit d'une logique un peu technique, mais qui mérite que l'on s'y arrête.

Prenons l'affaire dite des « sondages de l'Élysée ». L'Élysée étant une administration, elle dépend de juridictions administratives, comme la Cour des comptes. Le juge judiciaire n'est compétent que si des personnes qui y travaillent ont fait preuve de comportements pénalement répréhensibles. En l'espèce, le juge judiciaire empiète donc sur le terrain de l'opportunité de la décision administrative. Quelqu'un a-t-il jamais imaginé qu'un membre du cabinet du président de la République ait tiré un profit personnel de ces sondages ? Si ce n'est pas le cas, le juge judiciaire n'est donc pas compétent.

Prenons ensuite l'affaire de l'arbitrage Tapie. La justice pénale est bien sûr compétente si des indélicatesses ont été commises. Mais elle n'a pas à porter une appréciation sur l'opportunité du recours à une décision d'arbitrage, qui au demeurant a été validée par la juridiction administrative. C'est pourtant ce qu'elle a entrepris de faire. Il ne s'agit de rien de moins qu'une réflexion sur l'équilibre des pouvoirs.

La justice, selon la Constitution, est une autorité. Mais elle n'est pas un pouvoir au même titre que le président de la République ou le Parlement. N'en déplaise aux nombreux magistrats qui voudraient en faire un pouvoir supérieur aux autres ! J'ai été choqué par les protestations émises par certains magistrats après la décision du président de la République, François Hollande, d'accorder sa grâce à Jacqueline Sauvage. Après tout, celui-ci n'a fait qu'exercer un droit qui lui est conféré par la Constitution, la loi suprême de notre pays ! J'ai été offusqué, comme beaucoup de Français, par l'intrusion de la justice dans la campagne présidentielle de 2017. Elle aurait tout aussi bien pu laisser passer l'élection. C'est au peuple qu'appartient la souveraineté.

J'ai aussi vu sous un autre jour le rôle et l'action du parquet, dont les membres – il faut le rappeler – ne sont pas reconnus comme des magistrats par la Cour européenne des droits de l'homme. Tout au long de mon parcours professionnel, j'ai toujours entretenu d'excellentes relations avec le parquet. Désormais, mon regard a changé. Dans le dossier sur mes primes de cabinet, le moins que l'on puisse dire est qu'il a poursuivi avec légèreté. Soit par une volonté délibérée, soit parce qu'il avait reçu des instructions. L'enquête a été menée exclusivement à charge… dans un dossier qui aurait tout aussi bien pu être classé sans suite, mais que le ministère public voulait *emblématique*. Il a même fait en sorte qu'il ne soit pas instruit par un juge qui, lui, est censé instruire à charge et à décharge. En principe du moins, car il y aurait beaucoup à dire à ce propos…

Lorsque je suis la victime, qui défend mes droits ?

En revanche, dès qu'il s'agit de défendre mes droits, je suis bien obligé de constater que le parquet est absent. Lorsque j'étais ministre de l'Intérieur, j'ai porté plainte pour diffamation à deux reprises. La première contre le député socialiste Bruno Le Roux, devenu mon successeur au ministère de l'Intérieur, la deuxième contre un organe de presse. Selon la loi, c'est au parquet d'assurer la défense d'un ministre. Quelle ne fut pas ma surprise quand, en mars 2013, mon avocat m'a demandé de retirer mes deux plaintes au motif que le parquet n'avait pas visé les bons articles du code, réduisant à néant mes chances d'obtenir une victoire judiciaire. ! Une telle erreur ne peut être que le résultat de l'incompétence ou d'un acte volontaire. Quelle que soit l'explication, je n'ai pas été défendu.

Une autre mésaventure mérite d'être contée. Après ma première plainte pour violation du secret de l'instruction, j'en ai déposé une autre après de nombreuses nouvelles « fuites » dans le cadre des affaires judiciaires à mon endroit. Un mois et demi plus tard, le parquet m'envoya une réponse me demandant si je maintenais ma plainte, compte tenu du volume de travail qui devrait être fourni (*sic*) ! Je l'ai maintenue en précisant que, si d'importantes investigations devaient être menées, c'était donc bien que j'avais été victime de multiples indiscrétions. Disposant d'éléments susceptibles de faire émerger la vérité, j'ajoutais que j'étais en mesure de donner des orientations qui faciliteraient l'enquête. Deux mois plus tard, une nouvelle réponse du parquet me parvint : ma plainte était classée sans suite. Ma proposition d'orienter les recherches n'a reçu aucun écho. Comme seule démarche, le parquet avait fait interroger les journalistes auteurs des « révélations » couvertes par le secret de l'instruction : tous ont objecté le secret des sources ! Cette approche minimaliste ne pouvait évidemment pas permettre de découvrir la vérité. Le parquet a-t-il eu peur que l'on *sache* ? Il me semble profondément regrettable que la justice ne protège pas les principes les plus fondamentaux de son fonctionnement.

Autre expérience, cette fois avec le siège. J'ai porté plainte en diffamation contre Ziad Takieddine, qui m'avait accusé à la télévision d'avoir obtenu des autorités libyennes plus de 300 millions d'euros, que j'aurais placés en Suisse. Bien entendu, j'ai gagné mon procès. Je n'ai jamais touché un centime de la Libye et Ziad Takieddine s'est montré incapable d'apporter le moindre élément pour appuyer ses dires. Reste que la condamnation de Takieddine à 1 euro de dommages et intérêts, ainsi que 2000 euros pour mes frais d'avocat, était bien loin de couvrir mes dépenses. D'autant que je ne percevrai jamais ce dédommagement, puisque les avoirs de ce millionnaire notoire ont été saisis…

Être contraint de payer de sa poche pour rétablir son honneur est insupportable. C'est la raison pour laquelle j'avais décidé de ne plus attaquer en diffamation, me retirant, du reste, de plusieurs plaintes en la matière. Pourtant, en décembre 2016, j'ai de nouveau porté plainte contre le même Takieddine, qui avait cette fois déclaré qu'il aurait remis, à Nicolas Sarkozy et à moi-même, cinq millions d'euros en espèces. Je ne pouvais pas laisser passer un tel mensonge.

Face à la diffamation, tout le monde n'est pas logé à la même enseigne. Quand mon directeur de cabinet au ministère de l'Intérieur fut poursuivi, pour avoir laissé passer une virgule dans un communiqué de presse, par un individu de nationalité algérienne qui était engagé au côté d'activistes islamistes, il fut, lui, condamné à verser plusieurs milliers d'euros.

Si elles m'ont été très douloureuses, toutes ces expériences m'ont beaucoup appris sur le fonctionnement de la justice. Après avoir longtemps mené ma réflexion sur le plan des principes et de la recherche d'une plus grande efficacité de ce service public, je possède désormais une expérience de l'« usager », si j'ose dire. J'ai désormais la conviction qu'il est indispensable de réformer cette institution. J'ai été témoin que la justice, au lieu de protéger, peut porter atteinte à nos libertés, et même devenir la complice volontaire ou involontaire de la destruction d'êtres humains. La justice peut se révéler *injuste*, surtout lorsqu'elle est instrumentalisée. Et il est difficile pour la Justice, face à une instrumentalisation médiatique, de rester indépendante. Il faut beaucoup de courage aux magistrats pour oser résister aux vents dominants.

Le hasard? Ou le Cabinet noir?

Plus que jamais, je suis convaincu que l'orchestration médiatique et l'instrumentalisation judiciaire organisées autour de moi ne sont pas le fait du hasard. Quand la presse annonce ma garde à vue avant que celle-ci ne me soit notifiée, *quelqu'un* a fait circuler l'information. Quand des médias annoncent avec un an d'avance que le parquet a décidé de me renvoyer devant un tribunal, *quelqu'un* a cherché à le faire savoir. Quand *Le Monde* publie des comptes rendus d'écoutes téléphoniques de mes conversations – qui n'ont strictement aucun rapport avec l'enquête –, *quelqu'un* est à la manœuvre pour me nuire.

Est-il admissible que l'officier de police judiciaire qui m'auditionne reçoive, gêné, un coup de téléphone du « ministère » – donc pas de sa hiérarchie – l'interrogeant sur mes propos alors que mon interrogatoire n'est pas encore terminé? L'OPJ s'est empressé de faire savoir à son interlocuteur qu'il ne pouvait lui répondre, le renvoyant vers ses supérieurs. Reste une question : par quelle faculté le « ministère » parvient-il à trouver si facilement l'OPJ qui m'interroge? L'habitude d'une relation avec cet OPJ peut-être... Est-il admissible que le juge d'instruction qui me reçoit se croie obligé de me dire qu'il veut « en finir rapidement avec mon dossier en raison des pressions dont il fait l'objet »? Ces deux anecdotes sont l'exacte vérité. Mon avocat en a été le témoin.

Lorsque, au cours d'une conférence de presse consacrée à des questions internationales, le président François Hollande déclare à mon propos que l'institution judiciaire doit «faire son travail», avec l'habileté et l'hypocrisie qui le caractérisent, il fixe une ligne de conduite à la justice. Dans l'affaire des primes, nul ne peut contester que c'est Manuel Valls, alors Premier ministre, qui a saisi le parquet. Je suis convaincu que, sous la présidence de François Hollande, il a existé dans l'appareil d'État une organisation qui pilotait le traitement des affaires dans lesquelles nous étions accusés, Nicolas Sarkozy et moi. Une équipe s'y consacrait au ministère de l'Intérieur lorsque Manuel Valls en était le responsable. Je ne suis pas homme à parler à la légère, je connais même les noms d'une partie de ceux qui y ont participé. Malheureusement, je ne peux les révéler: en sabotant l'enquête pour violation du secret de l'instruction, le parquet m'a privé de la possibilité d'apporter les preuves. Et puis un gouvernement qui a soigneusement choisi le directeur des affaires criminelles et les chefs de juridiction sait et peut beaucoup de choses. Souvenons-nous de madame Taubira démentant avoir connaissance d'une affaire judiciaire et brandissant un document qui, photographié, révélait qu'elle en était parfaitement informée!

Je veux aussi dénoncer un autre scandale: les services fiscaux ont été utilisés à des fins politiques! Il est troublant de compter le nombre de collaborateurs et de relations de Nicolas Sarkozy qui ont fait l'objet de vérifications fiscales depuis l'élection de François Hollande. Dans mon cas, les services de Bercy ont ordonné un redressement sur mes fameuses primes de cabinet perçues en 2002 et 2003. Il y avait prescription. Au mépris total de la jurisprudence, les services fiscaux se sont obstinés, m'imposant de multiples désagréments. À moins d'une incompétence absolue, ils ne pouvaient ignorer leur tort. Il a fallu que je saisisse le tribunal administratif pour que le redressement soit enfin annulé. Au passage, je note que ces services ont dépensé durant deux ans l'argent du contribuable en menant une action dont ils savaient qu'elle ne pourrait aboutir. Et que dire de la publication dans la presse d'éléments me concernant censés être couverts par le secret fiscal ? Là encore, *quelqu'un* a bien pris l'initiative de piétiner ce principe habituellement respecté.

Mes accusations sont graves, mais je suis prêt à les assumer. Je ne suis pas le seul à subir de telles machinations. L'irréprochable Éric Woerth a été traité de la même façon durant des années avant d'être blanchi par la justice. Nul n'effacera jamais l'enfer qu'il a vécu. Nicolas Sarkozy a subi le même sort dans les affaires Karachi et Bettencourt avant d'être innocenté. À quel prix ! Dans la même veine, l'affaire dite des « présumés emplois fictifs de Penelope Fillon et de ses enfants » a bien été lancée par quelqu'un qui détenait les informations. Or qui y avait accès, à part les services de l'Assemblée nationale et les services des impôts ?

Pour une raison ou pour une autre – la vengeance, l'inimitié ou la rivalité par exemple –, tous les Français peuvent être concernés par ces dysfonctionnements de la justice. Célèbre ou anonyme, n'importe quel individu peut se retrouver broyé par cette machine infernale. La présomption d'innocence est chaque jour balayée d'un revers de main. Pourtant, le rôle de la justice n'est pas que de dire le droit : il est aussi de protéger les principes et les personnes.

Ils ont voulu me détruire

Je ne doute pas un instant que je finirai par obtenir gain de cause face à la justice. Je ne peux imaginer qu'un citoyen puisse être condamné alors qu'il est innocent de tout ce dont on l'accuse. Quel qu'en soit l'aboutissement, les auteurs de la machination dirigée contre moi ont déjà largement réussi leur entreprise. Ils ont détruit ma réputation et ma crédibilité politique. Ils m'ont brisé professionnellement. Ils ont souillé mon honneur. Ils ont éloigné de moi des personnes que j'avais plaisir à rencontrer. Et pire que tout : ils s'en sont pris à mes enfants ! Jamais je ne leur pardonnerai la souffrance de mon fils. Jamais je ne leur pardonnerai les menaces et les intimidations de la police à l'égard de ma fille. Jamais je ne leur pardonnerai la situation dans laquelle ils ont mis ma famille. Désormais tous étiquetés PPE (« personnes politiquement exposées »), nous subissons l'infamie dans les démarches du quotidien. À tel point que ma fille s'est vu refuser un prêt bancaire. C'est ignoble ! Mais, si contents d'eux soient-ils, les auteurs des machinations n'ont pas réussi à m'achever. Même à terre, je ne me laisserai pas piétiner, je continuerai à me battre jusqu'à les confondre.

Je suis seul, il est vrai. Je le suis depuis la mort de la merveilleuse femme qui fut la mienne durant trente-neuf ans. Je le suis parce que mes enfants, qui m'entourent de leur amour autant qu'ils le peuvent, vivent leur vie, tout naturellement. Je le suis parce que mes amis sont moins nombreux. Certains sont décédés, les liens avec d'autres se sont distendus. La solitude n'est pas sans conséquence. De nombreuses joies de l'existence découlent de l'échange, du partage. Et je ne peux plus partager. Pourtant, j'ai encore tant de choses à accomplir.

Le nouveau métier que j'ai choisi m'offre de grandes satisfactions. Il m'ouvre des horizons vers des activités que je ne connaissais pas. Je découvre des univers dont j'ignorais tout et j'apprends tous les jours. Dans le domaine politique, je possède des convictions et j'ai acquis une expérience. Je dispose d'une véritable expertise dans de nombreux champs de l'action publique. Je sais que je peux encore rendre service à mon pays et à mes concitoyens. Je n'en suis pas moins lucide : à soixante-douze ans, il y a peu de chance que cela arrive. Mais si on l'estime utile, je le ferai.

Ces dernières années, je dois reconnaître qu'il m'est arrivé de baisser les bras, d'être tenté de laisser passer les orages sans réagir. Après tout, les souffrances d'une vie sont nombreuses. Qu'il en survienne un peu plus change-t-il la donne? Un sentiment m'a empêché de me résigner: la conviction que l'existence doit servir à défendre ses principes.

Les métiers que j'ai exercés au service de l'État ont toujours été tournés vers les autres. Ils ont tous eu pour justification de procurer un peu plus de bien-être aux Français, ou de les soulager de leurs difficultés. Cette ligne directrice m'a apporté de grandes satisfactions. Elle a été un ressort lors des moments de bonheur que j'ai vécus. Lorsque je regarde mes six magnifiques petits-enfants, leur joie de vivre et les espoirs qui les animent, je me dis que je n'ai pas le droit de les décevoir. Je dois me battre. Ma vie fut honnête, mais elle fut aussi un combat. Et la vie continue.

J'ai commencé l'écriture de ce livre le 22 juin 2013. C'était un projet que j'avais en tête depuis longtemps, bien au-delà de mes ennuis judiciaires. Je souhaitais mettre noir sur blanc la passionnante existence que j'ai eu la chance de vivre. Pour mes enfants et mes petits-enfants, afin qu'ils sachent qui j'ai été, ce que j'ai fait. Et pour rétablir certaines vérités. À l'origine, j'imaginais écrire cet ouvrage dans une atmosphère paisible, celle d'un retraité encore actif, mais moins bousculé par les exigences du quotidien. Tout ne s'est pas passé comme prévu.

J'ai rédigé les premières pages sous la dictée de l'émotion. Au cours des quatre années qui ont suivi, j'ai écrit par à-coups. Je suis resté parfois plusieurs mois sans me mettre à mon manuscrit. Parce que j'avais d'autres soucis. Même si je retrouvais le plaisir de l'écriture, j'ai toujours ressenti une vraie souffrance à démarrer.

Au printemps 2016, je me suis décidé à terminer cet ouvrage. J'avais de nombreuses choses à dire à propos de mon parcours, de mes valeurs et de ma révolte contre l'injustice qui m'est faite.

Je voulais rappeler que, toute ma vie, j'avais servi mon pays.

Table